語用論研究法ガイドブック

A Guidebook for Research in Pragmatics

加藤重広・滝浦真人 編

ひつじ書房

はじめに

　「語用論って何？」という問いも決して答えやすいとは言えないが、「語用論ってどうやるの？」と聞かれてすぐに答えが浮かぶ人は、そういないだろう。答えから逃げたいときは、定番の教科書を挙げて、「まあこれでも読んでみたら？」と言えば答えの代わりになる。「語用論って何？」の答えの代わりになりそうな教科書は、日本語で書かれたものも含め、目的やレベルに応じて選べるくらい良書がそろってきた。ところが、「語用論ってどうやるの？」に答えようとすると、代わりになる手ごろな教科書がないことに気づかされる[i]。本書は、そのときに挙げてもらえる1冊になることを目指した。

　語用論について、言語学の「くずかご」という言い方を聞いたことがあるかもしれない。語用論が扱う対象は、古典的な言語学の枠組みには収まらず、しかし人びとが日々営むコミュニケーションでは、言語を使う「ひと」との関わりにおいて看過できない現象である。それが言語学のテーブルから落ちてくずかごにたまっていたのを、拾い出して並べてみたらとても魅力的に見えたという話は面白い。と同時にそこからは、語用論にとって最大の課題が「方法」だろうという、いわば裏側の意味も読み取ることができる。「ひと」との関わりから語用論の方法が自ずと浮かび上がってくるならよいが、それどころか、そもそも近代言語学は、言語を「ひと」から切り離して自律的な対象（ラング）として立て直すことによって成立したとさえ言うことができる。語用論を無謀な試みと考えた言語学者も少なくないはずである。

　語用論の教科書は充実してきたが、ではその1冊をしっかり勉強した人が、自分で得た問題意識に沿って研究を始めることができるだろうか？　それはかなりむずかしいだろうというのが、この本を企画した加藤さんの着眼だった。教科書には、語用論の黎明期から、前提と含意、グライスの原理と原則、発話行為論、ポライトネス、会話分析、等々の章が並んでいるが、書

かれているのは概念と枠組みを理解するのに必要な事柄が主である。その理解は当然の基盤とはなっても、いざ自分も研究しようと思ったときに、「方法」として何かに適用できる次元の事柄ではないことが多い。研究するにはそれぞれの対象に応じた方法が必要である。しかしそれは概説書に書かれていない。ならばそれを具体的に解説する本があってもいいのではないか？

　本書は次のように構成されている。まず、いわゆる概説的な部分として、研究を始める前に、あるいは行いながら、立ち戻りたい学史的背景や基本概念と枠組みを、長めの「総説」にまとめた。続いて各論として、現在「研究」の成果が盛んに発表されている分野から9つを選んで配置した。目次を見ればおわかりいただけると思うが、各章の著者はその分野における第一線の研究者であり、具体的な現象への適用を念頭に置いて、その適用法や適用例を盛り込んだ解説をとお願いした。すべての著者が、編者らの注文の多い編集方針に、快く応えてくださった。内容の点でも読みやすさの点でも、期待しうる相当のレベルを実現できたのではないかとひそかに自負している。

　本書を手に取ってくださる読者は、語用論の勉強をしたことがあって、実際の研究にも関心のある大学院生や学部学生が主だろう。すでにプロの研究者や教員という方々も意外に多いかもしれない。研究の手触りを感じながら全体を知りたい、ディシプリン中心の概説書よりも具体的な現象とその語用論的解釈などを知りたい、等々の目的に幅広く対応したいと考えた。あるいは、この本で初めて語用論を学ぶことも可能かもしれない。それらのために、大学（院）のゼミなどで教科書的に使うのにも適しているだろう。

　語用論をただ学ぶだけでなく、自分で方法を考えながら研究する面白さを味わっていただけたら、編者二人これにすぎるよろこびはない。

滝浦真人 記す

注

i　おそらく唯一と言っていい稀有な例外は、
　　田中典子（2013）『はじめての論文―語用論的な視点で調査・研究する』春風社
　　である。異文化比較の語用論を関心の中心としながら、具体的問題意識から先行研究のレビュー、調査を経て論文を書くところまで、ワークショップ方式で懇切に解説する。

目　次

はじめに ………………………………………………………………… iii

第 1 章　総説 ………………………………………………… 1
　　　　　加藤重広

1.　はじめに ……………………………………………………………… 1
2.　語用論とは何か ……………………………………………………… 1
　　2.1　言語学と語用論 ………………………………………………… 2
　　2.2　意味論と語用論 ………………………………………………… 3
　　2.3　方法論としての語用論と視点 ………………………………… 7
3.　会話の原理という考え方 …………………………………………… 9
　　3.1　会話の協調原理 ………………………………………………… 9
　　3.2　協調原理の整理と修正 ………………………………………… 12
4.　行為としての発話 …………………………………………………… 14
　　4.1　発話と遂行 ……………………………………………………… 17
　　4.2　発話行為の種別と特性 ………………………………………… 18
5.　推意と関連概念 ……………………………………………………… 22
　　5.1　推意の区分と特性 ……………………………………………… 23
　　5.2　推意の定義の変異 ……………………………………………… 27
　　5.3　含意と前提 ……………………………………………………… 30
6.　文脈 …………………………………………………………………… 34
7.　話者と聴者の関係 …………………………………………………… 38
　　7.1　聴者の数と種類 ………………………………………………… 39
　　7.2　話者交替 ………………………………………………………… 40

7.3	伝達と配慮 …………………………………………………	42
8.	語用論的研究の広がり ……………………………………………	43

第 2 章　指示と照応の語用論 ……………………………… 49
　　　　　澤田　淳

1.	はじめに ……………………………………………………………	49
2.	指示詞の用法 ………………………………………………………	50
2.1	現場指示 …………………………………………………………	50
2.2	文脈指示 …………………………………………………………	54
2.3	記憶指示 …………………………………………………………	58
2.4	コ・ア対ソ ………………………………………………………	61
3.	現場指示詞と聞き手の注意・視点 ………………………………	63
3.1	指示詞が三系列体系をなす言語の中称(非近称・非遠称) ………	63
3.2	指示詞が二系列体系をなす言語の遠称 …………………………	68
4.	おわりに ……………………………………………………………	71

第 3 章　社会語用論 ………………………………………… 77
　　　　　滝浦真人

1.	はじめに ……………………………………………………………	77
2.	語用論の問題としてのポライトネス ……………………………	77
3.	社会語用論の視角 …………………………………………………	80
3.1	3つの位相：規範・偏移・変化 …………………………………	80
3.2	Ｂ＆Ｌが引き起こした用語と概念の問題 ………………………	82
4.	社会語用論を研究する ……………………………………………	85
4.1	言語行為の(対照)語用論 ………………………………………	85
4.2	会話のダイナミズムを捉える …………………………………	87
4.3	規範の変化を捉える：「させていただく」の考察 ……………	92
5.	おわりに ……………………………………………………………	98

第 4 章 歴史語用論 ……………………………………………… 105
　　　　　椎名美智

1. はじめに：歴史語用論の基本的な考え方 …………………………… 105
2. 歴史語用論のサブカテゴリーとアプローチ ………………………… 107
    2.1　語用論的フィロロジー ………………………………………… 108
    2.2　通時的語用論 …………………………………………………… 110
3. 歴史語用論の抱える諸問題 …………………………………………… 112
    3.1　データ問題：何が歴史語用論のデータになり得るのか？ …… 112
    3.2　語用論的変化の過程には普遍的な法則はあるのか？ ………… 116
    3.3　実際の分析における留意点 …………………………………… 117
4. コーパスとコーパス言語学：データと方法論 ……………………… 119
    4.1　コーパス言語学によるパラダイムシフト …………………… 119
    4.2　三世代のコーパス：どんなコーパスがあるのか？ ………… 120
    4.3　コーパスアノテーション ……………………………………… 123
5. 研究対象となる言語現象とデータの種類 …………………………… 124
6. 歴史語用論研究において外せないポイント ………………………… 125
7. おわりに：今後の展望 ………………………………………………… 126

第 5 章 対照語用論 ……………………………………………… 133
　　　　　堀江　薫

1. はじめに：対照語用論と語用論的類型論 …………………………… 133
2. 対照語用論の 2 つのケーススタディ ………………………………… 138
    2.1　韓国語の「kes-kathun(것 같은)」と日本語の「みたいな」の
    　　 対照語用論的研究 ……………………………………………… 138
    2.2　日本語のヘッジ表現の中間言語語用論的研究 ……………… 146
3. おわりに ………………………………………………………………… 153

第 6 章　統語語用論 ……………………………… **159**
加藤重広

1. はじめに ………………………………………………… 159
2. 文法と語用論の関わり ………………………………… 159
3. 語用論的な説明の導入 ………………………………… 162
4. 情報構造ととりたて詞 ………………………………… 166
5. 語用論が関心を持つ文法現象 ………………………… 169
   - 5.1　助動詞の過去形の推意 ………………………… 170
   - 5.2　可能の語用論的機能 …………………………… 172
6. 構造を崩す用法 ………………………………………… 176
   - 6.1　文の幻想と言いさし …………………………… 177
   - 6.2　いわゆる人魚構文 ……………………………… 180
7. 統語語用論の展開：まとめに代えて ………………… 182

第 7 章　関連性理論・実験語用論 ……………… **187**
松井智子

1. はじめに ………………………………………………… 187
2. 関連性理論における発話解釈プロセス ……………… 189
   - 2.1　意図明示的コミュニケーションにおける伝達意図の認識の役割　189
   - 2.2　発話解釈と認識的警戒心 ……………………… 191
   - 2.3　推論的発話解釈と心の理論 …………………… 193
3. 発話解釈プロセスの実験的検証 ……………………… 194
   - 3.1　いつごろから話し手の伝達意図を理解できるのか … 194
   - 3.2　話し手の信頼性を見抜くのはいつごろか …… 198
   - 3.3　言葉にならない話し手の意図や態度の理解はいつごろからできるのか … 201
   - 3.4　発話解釈プロセスと語用障害 ………………… 203
   - 3.5　発話解釈プロセスと脳活動 …………………… 208

4.	おわりに	212

第8章　応用語用論　217
　　　　清水崇文

1.	はじめに	217
2.	研究の目的	217
	2.1　異文化間語用論	217
	2.2　中間言語語用論	218
3.	研究テーマと研究課題	218
	3.1　異文化間語用論	218
	3.2　中間言語語用論	219
4.	研究デザイン	222
	4.1　研究方法	222
	4.2　データ収集方法	224
5.	分析例	230
	5.1　量的研究の分析例	231
	5.2　質的研究の分析例	232

第9章　会話分析と談話分析　239
　　　　熊谷智子

1.	はじめに	239
2.	会話分析と談話分析：異なる2つのアプローチ	239
3.	会話分析と語用論研究	241
	3.1　"今・ここ"で立ち現れる「発話の働き」	241
	3.2　会話分析におけるさまざまな分析概念	243
	3.3　会話の転記：データ整備の手法	247
4.	談話分析と語用論研究	249
	4.1　談話分析のアプローチ	249

  4.2 談話分析の対象データ ………………………………………… 253
 5. 分析方法・分析データの効果的選択・活用に向けて ………… 255

第 10 章　語用論調査法 ……………………………………… 261
    木山幸子

1. はじめに ……………………………………………………………… 261
2. これまでの量的方法論に基づく語用論研究 …………………… 262
3. 統計分析のための基本事項 ……………………………………… 264
  3.1 変数の種類 ………………………………………………………… 264
  3.2 仮説検定 …………………………………………………………… 266
4. 語用論の量的研究の一例：
   クロス集計表に基づいたカイ二乗検定 ……………………… 267
  4.1 お母さんを何と呼ぶ？：質問紙による頻度データの分析例 …… 268
  4.2 カイ二乗検定の手続き …………………………………………… 269
  4.3 セルが 3 つ以上のクロス集計表の分析：残差に注目する ……… 270
  4.4 統計分析の報告 …………………………………………………… 273
5. 語用論的機能の評定の信頼性：形式的手がかりがないとき ……… 275
6. おわりに ……………………………………………………………… 278

あとがき ……………………………………………………………………… 283
索引 …………………………………………………………………………… 285
執筆者紹介 …………………………………………………………………… 293

第1章　総説

加藤重広

1. はじめに

　語用論は言語研究の中でも若い学問であり、pragmatics の訳語として日本で「運用論」「実用論」などが混在する中から「語用論」に定着してからも、30 年とたっていない。若い学問は可能性に満ちているが、基本的な研究手法や考え方が確立して、共有され、広く浸透するまでには、紆余曲折があるものである。しかし、これまですでにいくつもの基本概念やパラダイムが提案され、中には広く共有されているものも少なくない。

2. 語用論とは何か

　単に話しことばの研究を指して「語用論」ということがあるが、これは必ずしも誤りではないものの、話しことばを研究するだけでそのまま語用論の研究というわけではない。語用論の基礎知識として、グライスの会話の協調原理が有名なせいか、「会話」＝「話しことば」と短絡してしまいやすいものの、この会話 (conversation) も話しことばと同義ではない。ただ、会話で用いる話しことばには、たいてい話者と聴者がおり、それぞれの意図と解釈があって、両者を取り巻く環境があり、やりとりの流れ・前後関係などが伴っている。これを「文脈」と見なせば、文脈を利用して、言語形式が表す字義通りの意味とは異なる解釈を引き出すことが可能であり、語用論的な研究の条件は整うことになる。逆の見方をすれば、音声言語によるやりとりで

なくでも、文字言語によるやりとりであっても、語用論の研究対象になりうるのである。

語用論(pragmatics)という領域を20世紀前半に初めて提案したモリス(Morris 1938)は、記号の研究として、記号と記号の関係を扱う統語論、記号と対象の関係を扱う意味論、記号と解釈者の関係を扱う語用論、という分担を想定していた。同時期にカルナップは「記号と発話者の関係」を扱うのが語用論とした(Carnap 1942)。解釈者(聴者)か発話者(話者)かという違いはあるが、この「記号」を言語記号と読み替えれば、現在の言語研究における語用論に近いとは言える。20世紀の言語学がソシュールの言うラング(langue)の社会的事実として面を重視して研究対象とし、言語使用者としての個々の人間への関心が薄かった(de Saussure 1916)ことを考えると、語用論が言語を使う存在としての人間を重視していたことがよくわかる。

言語の主要な機能の1つに伝達があることは言うまでもないが、人はあるメッセージを発することで他人にある種の考えを伝える。このとき人が発することばを**発話**(utterance)という。発話は、1つ以上の文からなると通常は考えるが、このときの文は未完結の言いさしや一語文も含む。発話もメッセージの一種である。身ぶりや表情も、何かを伝えるという点ではメッセージになりうるが、それ自体は言語形式を用いていないので発話ではない。ただし、発話が身ぶりや表情を伴うことはあり、言語に平行して提示されていることから身ぶりなどを**パラ言語**(para language)あるいはパラ発話として扱うことはできる。なお、手話はそれ自体が言語形式なので発話の要件を満たしており、また、SNSの発信など電子的な文字メッセージも音声言語ではないものの言語形式を用いているので、一種の発話と見なすことが可能だ。

2.1 言語学と語用論

日本における言語学では、その中核的な分野を音韻論・形態論・統語論・意味論・語用論のように分けていることが多い。20世紀前半の構造言語学の時期には意味の研究は未発達であった。意味論(semantics)は、M. ブレアルに始まるとされる(Bréal 1897)が、当初の意味研究は意味に関わる言語変

化が中心で比較言語学の下位領域であり、意味そのものを研究することは哲学者の仕事であった(言語学的な意味論と区別して哲学的な意味論と呼ぶ)。言語学の枠組みの中で意味が研究され始めるのは20世紀後半になってからと言ってよく、語用論が言語学の領域と認められるようになったのは、1970年代以降と考えてよい。このため、意味を研究する際に意味論と語用論が領域を分担するのが一般的で、語用論の初期の成果は哲学や論理学の研究に負うところが大きいため、それを言語研究の中に取り込んで行うようになってからもそれほど時間が経過していない。このため語用論は若い学問なのである(国際語用論学会(IPrA)は1986年創立、日本語用論学会(PSJ)は1998年設立、アメリカ語用論学会(AMPRA)は2013年設立)。結果的に、言語学の一領域と見なされる語用論は、基本的に意味論との分担、意味論との境界が問題になる。

　一方で、語用論を「ことばの真の解釈はその形式とは異なる」ことを重視して研究する方法論や枠組みとして理解することもある。この場合は、理論言語学や生成文法、あるいは認知言語学など、基本的研究観のほかに方法論や解明すべき目標を共有した研究の枠組みの1つとして語用論を扱うことになる。方法論としての語用論は、特に意味論との境界を意識することなく、会話分析や社会言語学、発話理解や心理言語学、対話形成や人工知能・情報工学など多様なテーマを論じることが可能である。

2.2　意味論と語用論

　領域としての語用論は意味論との境界が問題とされることが多かったことから、さまざまな形で両者の違いが議論されてきた。その中でよく取り上げられるのが、**文脈**(context)の関与の有無である。つまり、意味論は文脈の関与しない意味や解釈を扱い、文脈が関与する意味や解釈を扱うのは語用論だと考えるのである。意味論で扱う意味は、発話者や発話状況の影響を受けず、辞書と文法書があれば、確定できることになる。

（1）　　雨が降り始めた。

（2）　　あれ、雨が降り始めたよ。

　例えば、(1)は発話者が誰で発話の場所がどこであれ、「雨が降り始めた」ことを発話者が認識したことを意味している。そして、それは日本語の単語の語義がわかる辞書と形態規則や統語規則を載せている文法書があれば、誰でもわかる。そして、その意味は誰が解釈しても変わらない《普遍性》をもっている。もちろん(1)を「その日、この町に雨が降り始めた」のようにすると、「その日」の指す日にちや「この町」の指す場所が、意味論的に明確にならないので、意味は確定せず、その内容を確定するために文脈に関する情報が必要になり、語用論的にしか意味は明らかにできない。また、(2)にある「あれ」や「よ」は意味論的な意味を決める上で関与せず、語用論的な要素であって、(2)の意味論的な意味は(1)と同じだと言える。

　しかし、これから散歩に出ようと考えている2人の会話で(1)(2)が用いられれば、それは事実を伝えるほかに「散歩に出ることを見合わせよう」と提案しているかもしれないし、あるいは、「雨具をもって散歩に行こう」と提案しているかもしれない。あるいは、外に洗濯物が干してある状態で家族に向かって言えば「早く洗濯物を取り込むべきだ」と伝えている可能性もある。これらの文字通りの意味とは一致しない解釈は、語用論的な意味に相当する。語用論的な意味は、発話者や発話状況や発話意図や踏まえている知識によって変わりうるもので、意味論的な意味のような普遍性はない。加えて、どの意味もそう解釈できるというだけのことで、必ず成立するという保証はない。

　総じて、言語形式が表す文字通りの意味は、①文脈の影響を受けず、②確定させることができる。これが意味論で扱われる意味である。一方、言語形式から文字通りの意味とは異なる解釈を引き出すことができるが、これは、①文脈の影響を受け、②1つに確定するとは限らない、と言える。語用論が扱うのはこの意味・解釈である。理念的に考えれば、特定の文脈における発話の意味を扱っている状況から文脈的要素を取り去る操作としての**脱文脈化**（decontextualization）を行えば、意味論的な分析を行うことになり、特定

の言語形式に対して文脈的要素を与える操作としての**文脈化**（contextualization）を行うことで語用論的な分析の状況が整うことになる。

　もちろん、文脈化・脱文脈化という理解はあくまで概念的なものであり、具体的にどういう操作を行うのかが明確にならなければ実用的な分析には役立てにくい。また、そもそも「文脈」が何を指しているのかについて、最低限の共通理解がなければ誤解を生む可能性があるので、注意を要する。

　意味論と語用論の違いについては、このほかにもさまざまな提案があるが（表1）、全体として理念的・概念的な区分が多い。

表1　意味論と語用論の相違点

意味論	相違点	語用論
意味(meaning)	分析対象	使用(use)
慣習的(conventional)	慣習性	非慣習的(non-conventional)
真理条件的(truth-conditional)	真理条件	非真理条件的(non-truth-conditional)
文脈に非依存(context independence)	文脈性	文脈に依存(context dependence)
字義通り(literal)	解釈	字義通りでない(non-literal)
文(sentence)	研究単位	発話(utterance)
規則(rule)	機構	原理(principle)
言語能力(competence)	現れ方	言語運用(performance)
タイプ(type)	対象抽象度	トークン(token)
内容(content)	研究対象	作用(force)
言語的意味(linguistic meaning)	意味種	話者による意味(speaker's meaning)
言っていること(saying)	動作性	推意していること(implicating)
言語的に符号化(linguistically encoded)	符号化	非言語的に符号化(non-linguistically encoded)
構成性あり(compositionality)	構成性	構成性なし(non-compositionality)
意図に非依存(intention independence)	意図性	意図依存的(intention dependence)

しかし、区分の観点は全体として相互に一貫性を持って関わりあっている。語用論的な解釈が文脈の影響を受けて変わりうるということは、慣習的に定まっておらず、規則に従って処理しにくいということであり、発話者から切り離した文の意味を真理条件的に扱うことが可能でも語用論的な解釈は真理条件的に論じるわけにはいかない。文の意味は、言語形式に対応するものなので、話者や聴者とは関わることなく、決められる。ことばは人が用いるものであるが、言語学が扱う音素・形態素・統語規則・意味などは、誰が用いたかに関係なく、その価値や位置づけを決めることができる。単純化して言えば、そのように価値を決めたり分析したりできないことを語用論が扱うと言える。それに対して、「だめです」が文脈や場面によって禁止を相手に命じたり、申し出を拒絶したり多様な作用を果たすことは、語用論でなければ扱えず、意味論だけでは適切な分析ができない。このように、語用論が意味論に対してどのような位置づけであるかを規定することは可能であるが、実際に語用論という枠組みで何を論じ、どういう研究課題を立てるかは、個々の研究者によって異なるのである。

　上に述べたように、理論的には意味論と語用論の間に境界線を引くことが可能でも、一方で、実際の分析の中では区分しにくいところや厳密に分けられないところがあることも、また事実である。この点を重視するなら、意味論と語用論を区分したりせずに両者を分析対象とする立場をとることも考えられる。例えば、**認知言語学**（cognitive linguistics）では、言語表現の背後にそれを成立させ、使用を動機づける認識のシステムがあると考え、意味論と語用論にあたる区分をもうけない。また、実際にことばを用いる中から、表現のシステムなどが形成されると考える（＝使用基盤モデル（usage-based model））ことから、意味論の先に語用論を設定する伝統的な考え方ではなく、語用論から意味論への関与の方向性を想定する点も興味深い。全体的な方向性として、認知言語学は語用論と意識することなく語用論的な研究を含むことが多く、その成果を語用論の研究が取り込んで活用することも可能であることから、両者は協働すべき関係にあると考えればよい。

2.3　方法論としての語用論と視点

　言語学の下位分野の1つとして語用論を位置づけるほかに、研究手法あるいは方法論として語用論を考えることがある。20世紀の言語研究はソシュールの言うラング（langue）を研究対象と定め、それによって、言語は抽象度の高い、観念的なものとみなされ、使用者たる人間は切り離されてしまった。しかし、実際に使用される言語としてのパロール（parole）は個々に異なり、言語知識も個人間に差異や変異が見られる。言語学の研究では実際の言語使用をデータとして収集し、それを記述するが、記述が純粋さを求めると高度に抽象化され、形式性が強くなり、ラングとして扱われることになる。このような枠組みに対する反省は20世紀の後半に現れ、社会言語学のように集団における変異を扱う領域として確立した方法論もある。語用論も、言語学が言語の形式性を求めるあまり排除した使用者を分析対象とする点で社会言語学と共通点があるが、心理学や社会心理学の成果としてのコミュニケーション研究の発展ともあいまって、言語使用者を中心に据えた方法論であり、会話分析（第9章）や談話分析、言語習得など多様な領域を関連領域として拡張している段階にある。

　20世紀前半において pragmatics の名称と概念規定が哲学者モリスに始まることは先に述べたが、このときモリスらは言語学ではなく記号学の分野として下記のように語用論を規定した。この「記号」を「言語」と読み替えればおおよそ言語学の下位分野の規定とも重なるが、言語研究における語用論として考えるのであれば、「記号」は「発話」に相当するので「発話と解釈者の関係」と見るべきだろう。統語論は、文を構成する単位としての語や句、あるいは節の相互関係を扱うとするべきで、意味論は、語など文の構成要素の意味や機能（＝語意味）を扱うか、文のレベルでの意味（＝文意味）を扱うか、区分を考える必要がある。発話レベルの意味は同様に発

表2　モリスによる記号学の下位領域

扱うもの	対応する領域名
記号と記号の関係	統語論（syntactics[1]）
記号と対象の関係	意味論（semantics）
記号と解釈者の関係	語用論（pragmatics）

話意味ということもあるが、文脈による変異を想定して**発話解釈**ということにしよう。

　西洋の哲学的伝統の中では、言語は論理的に意味を表示する合理的表現手段と見なされることが多かったが、実際の言語使用の中では論理的に処理できないことも多い。こういった認識のもとに、哲学的な問題は言語に関する問題を考察することなしに深く論じられないという考え方への転換を言語論的転回 (linguistic turn) と呼び、G. フレーゲ (Gottlob Frege 1848–1925)、B. ラッセル (Bertrand Arthur William Russell 1872–1970)、ウィトゲンシュタイン (Ludwig Josef Johann Wittgenstein 1889–1951) を中心に説明される。この流れは、論理と同じように扱えない「日常言語」の研究として 20 世紀の半ばにオックスフォード大学の哲学者を中心に進展が見られたので、**日常言語学派** (ordinary language school) と言う。このあと詳しく扱う発話行為論のオースティンや会話の協調原理のグライスも日常言語学派の流れを汲むことから、語用論の知見の中核は日常言語学派の哲学・論理学・記号論の影響が大きいと言える。Levinson (1983) は、語用論の主要なテーマとして、指示論 (第 2 章)、前提、推意、発話行為、会話構造などを挙げており、これらが語用論の中核であることは今も変わらないが、20 世紀末が近づくに従って語用論は哲学から脱して、言語研究やコミュニケーション研究としての語用論が多様な形で発展するようになった。

　現在では、テクスト言語学、談話分析、会話分析 (第 9 章)、談話文法・統語語用論 (第 6 章)、ナラトロジー論、社会語用論 (第 3 章)、文理解・発話解釈を中心とした心理語用論、人工知能や情報工学と関わる対話理解・対話形成、歴史語用論 (第 4 章)、文化語用論・対照語用論 (第 5 章)、言語習得や外国語教育と関わる応用語用論 (第 8 章)、発達障害やコミュニケーション障害を扱う臨床語用論など、あらゆる方向性が見られる。例えば、自閉スペクトラム症に伴うコミュニケーション障害などは、統語能力よりも語用能力の発達障害とする考え方があり、発話の真意の理解と、注意や感情の理解・共有などは語用能力の基盤をなすと一般に考えられている。しかも、その分析には実験的手法を用いることが有効なテーマもあり、実験語用論とよ

ばれる領域を形成し（第 7 章）、近年では、コーパスを利用するコーパス語用論があり、データの処理や解析を伴う場合は統計処理などの知識（第 10 章）も重要になる。

3. 会話の原理という考え方

　語用論の基礎概念と目される**会話の協調原理**（conversational cooperative principle）は 1960 年代に日常言語学派の言語哲学者グライス（Paul H. Grice 1913–1988）によって提唱された。この考え方はその後微修正は加えられるものの、根本的には当初の枠組みが保持されており、語用論の主たる流れの 1 つとなり、その後、グライスの枠組みを継承する語用論の研究は総称してネオ・グライス語用論（Neo-Gricean pragmatics）と呼ばれている。グライスの成果は大きく分けて、会話の協調原理の提唱と、推意という概念と用語の導入の 2 点にあると言うことができる。

3.1　会話の協調原理

　2 人以上の人がことばを交わすとき、会話参加者はある種の原則を守って会話をするとグライスは考えた。たとえ反論したり拒絶したりする場合であっても、会話の内容は十分に相手に伝わり、理解されなければならない。そのためには話者と聴者を含む会話参加者が首尾よく会話が形成されるように協力し合うことが暗黙の了解になっているとグライスは考える。カントの倫理学に倣って、グライスはこれを会話の協調原理とし、さらに 4 つの maxim に分けて規定している。maxim とは、カントが用語として用いたもので倫理学では「格率」と訳すこともあるが、以下では「原則」とする。ただし、協調原理における原則（maxim）は日常的な意味ではなく、個々人が行動する上で従うべきよりどころという意味合いが強いことに注意したい。グライスは、会話の協調原理を以下のようにまとめている[2]。

会話の協調原理
あなたの発話を、その時点で、あなたが参加している会話の受容済みの目的や方向性に求められるものにしなさい。
Make your conversational contribution such as is required, at the stage at which it occurs, by the accepted purpose or direction of the talk exchange in which you are engaged.

さらに会話の協調原理は(1)量、(2)質、(3)関係性、(4)様態の4つの原則として具体的に規定される。ここで言う「量」とはおおむね言語化され伝達される内容や情報の量のことであり、「質」とは伝達内容の成立の見込みや可能性あるいは信憑性のことである。「関係性」は、文脈との関係を有し、情報として価値があること、「様態」とは伝達の方法や内容を言語形式にするやり方のことである。なお、「関係性」は relevance であり、「関連性」と訳すこともあるが、後述の関連性理論の概念としての関連性と区別するために、「関係性」としておく。

(1) 量の原則(Maxims of Quantity)
 1-1) Make your contribution as informative as is required.「必要な量の情報を発話に盛り込め」
 1-2) Do not make your contribution more informative than is required.「必要以上の情報を発話に盛り込むな」
(2) 質の原則(Maxims of Quality)
 2-1) Do not say what you believe to be false.「間違っていると思うことを言うな」
 2-2) Do not say that for which you lack adequate evidence.「十分な証拠のないことを言うな」
(3) 関係性の原則(Maxims of Relation)
 3-1) Be relevant.「関係・重要性のあることを話せ」
(4) 様態の原則(Maxims of Manner)

4-1) Avoid obscurity of expression.「曖昧な表現は避けよ」
4-2) Avoid ambiguity.「解釈が分かれるような言い方をするな」
4-3) Be brief (avoid unnecessary prolixity).「簡潔に話せ」
4-4) Be orderly.「順序よく話せ」

　グライスのこの会話の協調原理は、一般的に考えれば、過不足ない量の情報を提供し、正しい（と思う）ことを伝え、大事なことを述べ、わかりやすく表現するということであり、ごく自然で当然のことのように思われるかもしれない。しかし、私たちは、皮肉（irony）や同語反復文・トートロジー（tautology）を使うこともある。例えば、(4)のような「AはAだ」式の同語反復文は情報量がなく、(3)のような皮肉では本心ではまったく思っていないことや正反対のことを発話していることになる。(5)は矛盾した文であり、実現不可能なことを要求している。しかし、こういう発話も日常の会話の中には見られる。

(3)　【相手の下手な絵を見て言う】[3]「大変素晴らしい作品ですね」
(4)　【乱暴な遊びを好む子供を見て言う】「男の子はやっぱり男の子だね」
(5)　「おとといきやがれ」

　トートロジーは、意味論的には情報として無内容だが、語用論的には情報量を持っていなければならないと考えれば、(4)は「男の子は（注意しても）乱暴な遊びをしたがるものだ」のように解釈できる。(3)は発話状況から発話とは正反対の評価をしていることがわかり、(5)も「帰れ」「もう来るな」に相当するとわかる。こういったことから会話の協調原理は成立しないとする批判も見られたが、言語形式の文字通りの意味では不整合でも、語用論的に引き出した解釈で考えればうまく合致する。
　もちろん、短く簡潔に述べれば解釈が確定しないことがあり、明確に一義的に理解できるようにすればことば数が増えることはありうる。また、関係

があることを話していけば、過剰な情報量の発話になることもありうる。このことは、4つの原則のあいだに優先順位があり、相互に制約を課す可能性を考えるべきことを示している。

3.2　協調原理の整理と修正

　L. ホーン（Laurence Horn）は、グライスの挙げた原則のうち、質の原則は言語使用者に対する当然の制約として除外し、残りの原則を、量に関わる原理（quantity principle）と関係に関わる原理（relational principle）とに整理することを提案した（Horn 1984）。前者を Q 原理（Q-principle）、後者を R 原理（R-principle）と言う。

> Q 原理：発話を十分なものとせよ。（R 原理が満たされている場合には）できるだけ多く語れ
> The Q-principle: Make your contribution sufficient; Say as much as you can (given the R-principle).
> R 原理：発話を必要なものとせよ。（Q 原理が満たされている場合には）言わねばならぬことだけ語れ
> The R-principle: Make your contribution necessary; Say no more than you must (given the Q-principle).

　ホーンの Q 原理と R 原理は相互に影響を与え合うものと見なされており、グライスの会話の協調原理のように、4つの原則が独立しているかのような扱いはされていない点は重要である。

　また、ホーンは、**ジップの法則**（Zipf's law）を参考に語用論的な労力についても傾向として述べている。この法則は、頻度の高い単語と低い単語を比べると、高頻度の単語のほうが平均音節数が少ないことから、単語長と頻度は対数比例的関係をなすという法則で、アメリカの心理学者 G.K.Zipf が提唱したものである。よく使う形式は運用上負担が小さい、単純な形式になり、これは言語学的には無標（unmarked）なものと重なる。無標の形式は頻

度が高く、意味上も一般に想定される無標の解釈になる一方で、単純な表現でないなど有標の表現形式では無標の解釈から逸脱する有標の解釈になりやすい、とするのである。

　　語用的労力の分化(ホーンによる)
　　対応する無標形式があるのに(相対的に複雑・冗長な)有標形式を使うと、(無標の表現形式では伝えられない)有標のメッセージを伝えていると解釈されやすい。
　　Horn's division of pragmatic labour: The use of a marked (relatively complex and/or prolix) expression when a corresponding unmarked (simpler, less 'effortful') alternate expression is available tends to be interpreted as conveying a marked message (one which the unmarked alternative would not or could not have conveyed).

（6）　　Lee stopped the car.
（7）　　Lee got the car to stop.
（8）　　花子は車を止めた。
（9）　　花子は車を止めさせた。

　ホーンは、(6)は無標の表現であり、(7)が有標の表現で、通常のやり方とは違うやり方で車を止めたと解釈される傾向があるとする。対応する日本語の例(8)(9)で考えると多少はそのような傾向があるかもしれないが、(9)が通常でないやり方だと明確に言えるわけではなく、適用できる条件を掘り下げる必要があるだろう。
　S. レヴィンソン(Stephen C. Levinson)は、ホーンの2つの原理が経済性に関わる原理であることから、それぞれを意味最小化(意味的には、特定化された表現より一般的な表現の方がいい)と表現最小化の原理(表現形式が短い方がよい)と扱い、ホーンは両者の区別ができていないと批判した。さらにレヴィンソンは発話表層を支配する語用原理と情報内容を支配する語用原理

に再整理することを主張し、量に関わるQ原理、情報性に関わるI原理、様態に関わるM原理という、3つの原理を提示した (Levinson 2000)。これらは後述する推意と対応して規定され（それぞれQ推意・I推意・M推意が提唱されて）いる。簡単に記せば、以下のようになる。

> Q原理：より強い陳述を提示することがI原理と矛盾しない限り、話者は自分の世界知識が許さないほど情報性の弱い陳述をしてはいけない。よって聴者は、話者がその知識と一致する最も強い陳述を行ったと了解せよ。
> I原理：話者は、Q原理を念頭に置いて必要なことのみ言え（＝伝達目的を果たしうる最小の言語的情報を与えよ）。聴者は、最も具体的な解釈を見いだすことで話者の発話の情報内容を増幅せよ。
> M原理：話者は、無標の表現と対立する有標の表現形式を使うことで、普通でない非典型的な状況を示せ。普通でない方法で言われたことは普通でない状況を示し、有標のメッセージは有標の状況を示すと聴者は考えよ。

まず、M原理はホーンの語用論的労力の分化とおおむね主旨が同じだとわかる。レヴィンソンの3原理のうち重要なのはI原理であり、これは、話者が情報を最小化する**最小性の原理** (the maxim of Minimalization) に、聴者が**増幅規則** (the Enrichment rule) に従うというものである。Q原理と関わるものは、尺度・節・語義に関する推意に下位分類され、I原理は形式と意味ごとに細かなタイプの推意に分けられているが、後述する。

4. 行為としての発話

20世紀後半の重要な語用論の成果の1つは、ことばを発する（＝発話する）ことの捉え方の転換である。ことばを発することは、言語で出来事や状態といった事態を言いあらわしているに過ぎないとする考えがかつては主流

だった。しかし、J. オースティンは (John L. Austin 1911-1960) は、発話は「事態の記述」をするという考えを否定し、発話の機能を①行為遂行的 (performative) なものと、②事実確認的 (constative) なものに分けた。発話することが実はある種の行為だと考えると、確かに、私たちはことばを発することで、命令や依頼といった要求をしたり、感謝したり、謝罪したり、約束をしたり、さまざまな行為をしていることに思い至る。事実を述べることも、聴者の認識に働きかける行為と考えれば、発話とはことばを発することを通じて聴者に作用を及ぼす行為なのだと言える (Austin 1962)。

20世紀前半までは、文は事態を記述しており、それは真か偽かが決められる (＝真理値を持つ) と考えるのが主流であったが、行為遂行的な文の場合は、そう考えることはできない。例えば、「2 に 3 を加えると 5 になる」は事態を記述しており、真であると言えるが、「早く家に帰りなさい」は聴者に対する命令であり、真偽を決めるわけにはいかない。オースティンは、「記述・報告・事実確認をせず」「真・偽のいずれでもなく」「その文を述べることが行為の遂行そのものであるか、その遂行の一部分をなす」ときに行為遂行を行う文としたのである。

さらにオースティンは、言語を発する行為 (speech act) は以下の 3 つの面を持つとした (Austin 1962)。

①発話行為 (locutionary act) …ことばを用いること、言語形式を用いて発話による表現行為を行うこと
②発話内行為 (illocutionary act) …発話を行うことを通して、ある種の機能を持つ意図伝達行為を行うこと
③発話媒介行為 (perlocutionary act) …発話を行うことによって生じる効果・結果。

発話行為は、ことばを発する行為を単に指しているが、発話内行為は、言語形式が果たす機能や働きかける力がことばの中に秘められていると見て、その機能を果たす行為を指している。例えば、「ありがとう」と発すること

が発話行為であり、「ありがとう」と発することで相手がしてくれたことを評価し、感謝の意を伝えることが発話内行為となる。発話媒介行為は、発話行為のあとに生じることをその目的や実際の結果から見たものである。聴者が喜ぶことを意図していれば、それは発話媒介目標にあたり、現実に生じた結果が発話媒介結果である。思いどおりに事が運べば、両者は一致するが、一致しないこともある。

　私たちが人になにかを依頼するときは、「掃除を手伝え」と命令文でも、「掃除を手伝ってくれると助かります」と条件＋帰結の平叙文でも、「掃除を手伝ってもらえますか」と疑問文でも、意図することが伝えられる。このとき、掃除を手伝ってもらうことが発話媒介目標であり、それを実現するために「依頼」という発話内行為をしているが、用いる表現はさまざまであり、発話行為は色々な形をとりうる。発話行為論では、最も重要なのは発話内行為だと考え、発話内行為は、発話が持っている機能・作用・力を発動するものと見なす。そして、その**発話内力** (illocutionary force) が私たちの言語使用において重要であり、それに着目して発話行為を分類し、分析することになる。

　オースティンの枠組みを継承した J. サール (John R. Searle 1932–) は、発話行為を発語行為 (utterance act) と命題行為 (propositional act) に下位区分し、形式的な面と意味的な面を分けて捉えているが、後者では名詞など指示を行う要素がなにかに言及し、それについて述べる述語の要素が叙述を行うことで命題が形成されるのが典型的だと考えた。命題は、語順を変えたり、イントネーションを変えたり、文法要素を付加したりすれば、平叙文から疑問文に変えることができるが、「雨が降っている」も「雨が降っているか」も、命題は同じであり、発話内行為としての違いを統語的操作によって実現している（そのための統語操作や音声操作、言語形式をまとめて、発話内力標示装置 (illocutionary force indicating device) と呼んだ）。命題とそれ以外を構造上分ける考え方は機能言語学の考え方とも合致する。

　オースティンとサールの発話内行為と発話媒介行為のカテゴリーは、サールが発話媒介行為を現実の結果に重点をおいて捉えている以外はおおよそ同

じだと考えてよい。

4.1 発話と遂行

オースティンが行為遂行的としたものは、ある種の特徴を持った文であることが多い。例えば、感謝という行為を遂行するときの「私はあなたに感謝します」という発話、謝罪という行為をするときの「私はあなたに謝罪します」という発話、命令という行為の際の「私は君に営業部長として勤務することを命ずる」などを見ると、「今、ここで、私は」が明示でき、能動文で動詞は現在時制、作用が及ぶ相手は聴者であり、動詞の意味が行為遂行を特定しているとわかる。遂行行為を表す文を**遂行文**(performative sentence)と言い、その意味が行為遂行を直接表している動詞を**遂行動詞**(performative verb)と言う。「命令する」「命名する」「宣言する」「約束する」などは遂行動詞であり、遂行動詞を使って明示的な遂行文を作ることは可能だが、遂行動詞を使わなくても「君は本日から営業部長として勤務してください」(命令)、「明日10時に伺います」(約束)、「この犬の名前はケルプにする」(命名)など遂行文をつくることは可能である。

遂行文は、真偽には関わらないが、実際に使用してみると適切か不適切かが問題になる。遂行文が成立するための条件をオースティンは**適切性条件**(felicity condition)とした。さらに、発話が適切に成立しないケースをオースティンは3つの類型に分けて、以下のように示している。

表3 成立しない発話の類型

誤発動(misinvocation)	必要な条件を満たさないまま発話することで意図した結果が不首尾
誤執行(misexecution)	誤りによって意図した発話行為の遂行を失敗
濫用(abuse)	正当な発話行為をなす上で必要なことが欠けている不十分な発話行為

以下の(10)(11)(12)は、文法的な誤りは含まず、適切な遂行行為として

成立することもあるが、不適切な発話となって成立しないこともありうる。

(10)　「来年の3月には必ず大学を卒業するぞ」
(11)　「被告人カトウマサトを懲役8年に処す」
(12)　「その件については考えておきます」

　例えば、(10)は大学生が翌年3月に卒業できる年次に在籍しなければ実現不能である。例えば、高校生や大学1年生が(10)のように宣言しても、それは宣言という行為としては成立しない。このとき(10)は誤発動とみなされる。(11)は、被告人が別人であったとすれば、懲役刑を科す行為にはならず、誤りがあるために遂行が失敗しているので誤執行とみなされる。(11)はまた、裁判官が法廷で判決を述べる中で言わなければ、懲役刑を科すことにはならない。裁判官ではない人物がいう場合には、必要な条件を欠く状況であるために行為遂行はできず、濫用に分類される。(12)は、考える気がなく、断るつもりで発話すれば、濫用とみなされることになる。誤発動と誤執行は、状況が不適切であるために生じ、濫用は発話者の満たすべき誠実性に問題があるために生じるとされている。

4.2　発話行為の種別と特性

　発話行為の種類はどのように設定すればよいだろうか。オースティンは、遂行動詞をカテゴリーごとにまとめればそれが発話行為のカテゴリーに対応するとして、以下のような区分を考えた。

表4　オースティンによる遂行動詞の分類

遂行動詞型	主な例
言明解説型	肯定する、否定する、強調する、説明する、解答する、報告する
行為拘束型	約束する、挨拶する、誓約する、契約する、保証する、誓う
権限行使型	指名する、指定する、解雇する、拒否する、宣告する、警告する

| 判定宣告型 | 評決する、計算する、描写する、分析する、評価する、見積もる |
| 態度表明型 | 謝罪する、感謝する、嘆く、祝福する |

　この5分類は主な類型をカバーしているが、厳密には成立しないという問題点があることが指摘され、今ではこれをそのまま分析に使うことは少ない。また、もとの例は英語で、英語でもそのまま遂行動詞に自然に使えないものがあり、対応する日本語では遂行動詞にすると不自然なものも少なくないが、区分を参考にすることはできる。サールはオースティンが言う「遂行動詞の分類は発話内行為の分類だ」という考えを棄却し、新たに以下の5つの発話内行為の分類を立てた。これは、オースティンが普遍性を指向しながらも英語の遂行動詞分類に終わったのと異なり、言語を問わない分類だという（Searle 1975）。ここで、サールが重視したのは**発話内目的**（illocutionary point）だった。

表5　サールによる発話内行為の区分

発話内行為の種類	発話内行為の発話目的・適合の方向性・誠実性条件	
断定・断言型 （assertives）	発話目的	何かについてそれが事実であること、真実であることを話者に表明させる
	適合の方向性	ことばを世界に適合させる
	誠実性条件	（命題についての）信念
行為拘束型 （commissives）	発話目的	話者が将来何かすることを約束させる
	適合の方向性	世界をことばに適合させる
	誠実性条件	（話者がある行為をするという）意図
行為指示型 （directives）	発話目的	話者が聴者に何かをさせる
	適合の方向性	世界をことばに適合させる
	誠実性条件	（聴者にある行為をさせるという）欲求
感情表現・表明型 （expressives）	発話目的	命題内容について感情や考えを表現すること
	適合の方向性	方向性は当てはまらない
	誠実性条件	（聴者あるいは話者に関わる）心理状態

宣言型 (declaratives)	発話目的	宣言することにより新しい事態をもたらす
	適合の方向性	発話内行為遂行後に双方向となる
	誠実性条件	なし

　例えば、「命令」も「要請」も聴者に何かをさせるという点では同じ発話目的を持っている。さらに、「命令」「要請」のほか「約束」も、言語化した命題内容に世界を適合させるという方向性を持っている点で共通している。サールは、発話行為は人間が言語を使って自分の周囲の世界と関わる面を持つと考えたわけである。「陳述」や「描写」は逆である。現実と言語のうち、いずれをいずれに適合させるかという点もまたサールが重視した点であった。**誠実性条件**は、発話が適切な発話行為として成立するために満たさなければならない条件のことで、「明日は快晴だ」という断定をする場合、それを話者が信念として持っていることが必要であり、「明日は快晴だ」という言語表現が現実世界(明日の天気)に適合することを目指して発話する、と見ることができる。

　サールはさらに、日常の発話行為によって発話内力が生じるには9つに下位区分された適切性条件を満たす必要があるとしたが、以下では特に重要とされる4つのみを掲げ、「約束」を例に説明しよう(Searle 1969: 112ff)。

表6　「約束」の適切性条件

条件の種類	条件の内容	「約束」の説明
①命題内容条件 (propositional content condition)	発話の命題内容を適切なものにするための条件	発話はある命題を表し、その内容は話者が行う将来の行為に関する。
②事前条件 (preparatory condition)	会話の参加者や会話の状況に関する条件	聴者はその行為を望み、話者もそう信じている。話者・聴者双方にとって話者がその行為をするのが当然ではない。
③誠実性条件 (sincerity condition)	発話者の意図が誠実かに関する条件	話者は約束の行為を実行する意志を持ち、実行が可能と信じている。

| ④**本質条件**
（essential condition） | 発話によって生じる条件 | 発話によりその行為を実行する義務を負う。 |

　これらの条件は、そのまま規則として設定することができるとされ、命題内容規則・事前規則・誠実性規則・本質規則として記述できるという。この枠組みに従えば、発話行為が適切かどうかを説明しやすい。「僕は太郎が手伝うことを約束するよ」は、話者以外の「太郎」の将来の行為を「僕」が約束しているので、命題内容が不適切であり、「僕は君と結婚することを約束するよ」と言っても、相手がそれを望んでいなければ事前条件が満たされず、不適切になる。「A社が君を採用することを約束する」と言っても話者がA社の採用権限を持っていなければ誠実性条件に違反し、守る意志のない約束は本質条件に違反するので、不適切な発話行為になる、と説明できる。

　サールはさらに、①依頼、②主張・陳述・肯定、③質問、④感謝、⑤助言、⑥警告、⑦挨拶、⑧祝福という8つの例をあげて4つの条件・規則ごとに説明をしており、これが主たる発話行為の類型に相当する（Searle 1969: 120ff）と見ることができるが、どのような発話行為の類型があるか、どう区分するかはさまざまな提案がその後もなされている。例えば、Bach and Harnish (1979) は、サールの宣言型発話行為にあたるものを実効的発話行為（effective speech act）とし、慣習的発話内行為（conventional illocutionary act）の1種類と扱う。これには例えば、裁判官による判決、神父による結婚の宣言などがあるが、言語共同体の中で社会制度や儀礼など状況や環境による慣習性があって成立するものとする。また、バックとハーニッシュは、慣習的発話内行為でないものは伝達的発話内行為（communicative illocutionary act）とし、大きく二分した。

　発話行為をテーマとする研究の場合、先行研究を踏まえて、どういう枠組みを想定するかをあらかじめ明確にしておくことが必要である。全体を踏まえずに用語のみを使用したり、枠組みを考えずに概念だけを転用したりする

と、分析や論旨に不整合が生じやすいので注意したい。

5. 推意と関連概念

　グライスは、会話の協調原理のほかにも語用論の考え方の根本に関わる用語を提案し、整理した点で先駆的業績がある。imply や implicate はラテン語に由来し、本来「中へ」(in-) +「折る・畳む」(ply, plicate) から「織り込む・含む・意味する・ほのめかす」などの意で用いる。グライスは、これらの動詞から、implicatum と implicature という名詞を造語した。後者は「含み・含意・推意・暗意」などと訳されてきたが、本書では「推意」を以後一貫して用いることにし、その動詞形としての implicate は「推意する」と訳す。

　推意 (implicature) は、推論 (inference) のことではないが、その種の誤解も多くあるようである。また、この用語の定義は、研究者によって違いがあることもよく知られているが、これはそれぞれの研究の枠組みの違いに由来するものなので、用いるときにはどの枠組みやどの定義で用いるかをそれぞれが明らかにしておくことが望ましい。

　推意は、人間の行うコミュニケーションの中で引き出される解釈であるから、話者が意図して伝達しようとしているものと考えられる。これをグライスは、「非自然的な意味」というわかりにくい言い方で説明する。グライスの考える「非自然的に意味する (mean non-naturally, mean$_{nn}$)」ものを見てみよう (Grice 1989: 213ff、Levinson 2000: 13)。

　　発話者の意図に関するグライス理論 (*Girice's theory of utterer's meaning*)
　　　a. 聴者が p と考えることを話者が意図し、かつ
　　　b. 話者が (a) の意図を持っていることを聴者が認識することを話者が意図しており、かつ
　　　c. 聴者の (b) の認識が聴者が p と考える主たる理由となるよう話者が意図している場合に限って、
　　話者が U を発することによって聴者に対して p を非自然的に意味し

ている。

S *means*$_{nn}$ p by "uttering" U to A iff S intends: a. A to think p, b. A to recognize that S intends (a), c. A's recognition of S's intending (a) to be the prime reason for A thinking p.

「非自然的な意味」は「自然的意味」の対立概念だが、必然的な関係で取り消されることのない自然的意味とは、東の空が白み始めたことが日の出の近さを意味したり、赤い発疹がはしかに感染したことを示したりするなど、人間の意図が関与しなくても確定的に得られるものであるのに対して、人の伝達意図によって与えられる非自然的な意味は、話者と聴者のあいだで目的論的な伝達がなされるという了解があってはじめて成立する。非自然的意味とは、人が伝えようと思って伝える人為的で意図的な意味を指すのである。

5.1 推意の区分と特性

私たちは、発話の文字通りの意味だけでやりとりをしているわけではない。そもそも文字通りの意味だけでは成立しない会話も多い。グライスのあげた例をわかりやすく翻案した次のやりとりを見よう。

(13) A「銀行に就職した佐藤君はどうしている？」
　　　B「同僚もいい人のようだし、逮捕もされていないし」

この会話では、Bは佐藤君の近況に関係のあることを述べてはいるが、「佐藤君は元気に働いている」のように直接明示的な回答をしているわけではない。Bの発話を「職場環境は悪くなく、重大な問題もないようだ」と解釈すると「そこそこうまくやっている」という解釈が引き出せる。この解釈は、Bの発話そのままの意味とは異なるが、Bの言わんとしていることをおおよそ理解したものに相当する。発話は実際に言語形式として提示したことであり、これをグライスは「言われたこと (what is said)」と呼ぶ。言われたことから引き出した、解釈上有効な情報内容が推意である。

(14) C「この本は読むべきだよ」(＝U)

　話者Cが聴者Dに(14)の発話(＝U)を言うことで、①聴者Dが「この本を読むべきだ」(＝p)と考えるよう話者Cが意図しており、②話者Cのその意図を聴者Dが理解しており、③「この本を読むべきだ」と聴者Dが考える主たる理由が話者Cの意図を聴者Dが理解していることであれば、(14)の発話Uの《非自然的意味》として「この本を読むべきだ」という命題(＝p)が得られる。グライスの言う非自然性(non-naturalness)は、話者の意図のうちで成立するため、実際の聴者の状態や認識の変化などの結果に左右されないが、推意を聴者側から規定する考えをとる理論もある。

　グライスは推意を以下のように区分している。一般に「推意」と呼ばれているのは、会話的に推意されていること(＝**会話推意**)のことであり、それは更に2つに分けられる。レヴィンソンは、発話内容(what is said)と慣習的に推意されていること(＝**慣習推意**)は、コード化されたものに当たるとする。

表7　非自然的意味の種別(Genera and species of meaning$_{nn}$)

発話の全意味表示 total signification of an utterance	発話(形式) what is said		
	推意(内容) what is implicated	慣習推意 what is conventionally implicated	
		会話推意 what is conversationally implicated	一般会話推意(**GCI**) generalized conversational implicature
			特殊会話推意(**PCI**) particularized conversational implicature

　慣習とグライスが呼ぶのは、体系的な規則ではないが、運用の中で固着してしまい、実質的に規則のように機能するもののことである。規則化してい

るので、解釈を取り消すことはできず、必ず決まった解釈になる。一般に推意の性質として解釈が取り消し可能ということがあるが、慣習推意は、取り消されないので厳密に言えば「推意」ではない。これは混乱を招く規定に思えるが、もともとは推意だった解釈が固着して取り消せなくなったものと考えておけばよい。慣例や習慣がいつの間にか規則のようになってしまうことは人間の社会では珍しくない。グライスがあげている例は、接続詞などであるが、現在は接続詞類を慣習推意として分析することはほとんどない。

　グライスの言う「会話」は単に口頭でことばを交わすことだけを指しているのではなく、口頭でやりとりするように、その時々の状況で解釈が柔軟に変わり、解釈があらかじめ指定されたり固定されたりしていない状況を指す。決まった解釈がなければ会話に関わる者は適切な解釈としての推意を引き出すためにさまざまな知的処理を行わなければならない。

　グライスは、①〜④を会話推意の特質として挙げている（⑤⑥はレヴィンソンが追加したもの）。

会話推意の特質
①**取り消し可能性**…前提の付加により推論を無効にできる。
②**分離不可能性**…コード化された内容が同じ表現であれば同じ推意を伝える傾向がある。
③**計算可能性**…合理性のある会話がなされることに伴う諸前提からの推論にはそれなりの透明性がある。
④**慣習性**…推論にはコード化されていない面があるが、コード化された内容には寄生的に依存する。
⑤**強化可能性**…推意を明示的に言語化して付加する方が、コード化された内容を繰り返して言うよりも冗長さが少ない。
⑥**普遍性**…推論は合理性にもとづくものなので、強い普遍的傾向があると期待できる。会話の推意は合理的動機があり、恣意的なものではない。

この中で最も重要なのは取り消し可能性（cancellability）（無効可能性（defeasibility）とも言う）である。推意は、成立が見込まれる解釈であるが、無条件に必ず成立する解釈ではない。文脈や状況にかかわらず常に成立するのであれば、それは意味論的な意味であり、語用論的なものではないことになる。つまり、取り消しやすさの度合いはさまざまだが、推意は取り消せる解釈でなければならない。

(15)　A「ねえ、明日、映画、一緒に見に行かない？」
　　　B「あさって英文学の試験があるの」

　例えば、(15)Bは、映画への誘いに対する回答として「映画を一緒に見に行かないつもりだ」という推意が引き出せる。しかし、(15)Bのあとに「でも、試験勉強はしてあるからなあ」あるいは「試験は簡単だから勉強しなくても大丈夫」のような発話が続けば（これが「前提の付加」に相当する）、当初の推意は取り消され、「映画を一緒に見に行ってもいい」という推意を新たに引き出すことができる。
　会話推意は、特殊化された会話的推意（=**特殊会話推意**）（PCI）と一般化された会話的推意（=**一般会話推意**）（GCI）に下位区分される。ネオ・グライス系の語用論では、デフォルトの推意にあたるGCIこそが語用論のより重要な研究テーマであって、PCIは相対的に重要な地位を占めないとする。グライスはPCIとGCIの境界線はあいまいであるとして掘り下げなかったが、レヴィンソンは無標の推意と有標の推意とでも言うべき区分を立て、以下のように説明している。

(16)　　「何時ですか？」「もう帰ったお客さんがいます」
　　　　下線部のGCI「すべてのお客さんが帰ったわけではない」
　　　　下線部のPCI「遅い時刻に違いない」
(17)　　「ジョンはどこですか？」「もう帰ったお客さんがいます」
　　　　下線部のGCI「すべてのお客さんが帰ったわけではない」

下線部の PCI「たぶんジョンは帰ったのだろう」

　この枠組みからは、以下のような特性の分布が想定できる。GCI は慣習推意と異なり、形式の固着性がそれほど強いわけではなく、会話推意のなかでの連続的な関係を形成している。一方、PCI は非常に形式依存性が低いため、相対的に GCI の形式性や慣習性が高いことになるが、これは絶対的な尺度ではない。また、以上の例からは、GCI は発話における命題の形式性に対応する決まった推論が行われる結果得られる推意のように解釈される。これに対して、PCI は言語形式そのものよりも文脈（先行発話・聴者の想定や状況など）がより重要な推論の材料となっている。

表8　GCI と PCI の特性の違い

GCI		PCI
強い ←	慣習性・固着性	→ 弱い
強い ←	形式依存性	→ 弱い
確定的 ←	推論手順の一般化	→ 未確定
小さい ←	推論のコスト	→ 大きい
小さい ←	文脈依存度	→ 大きい
難しい ←	取り消し容易性	→ 容易

5.2　推意の定義の変異

　私たちの日常の会話では、文は省略や欠落を含んでおり、文をそのまま完全な論理命題として扱えることは少ない。

(18)　A「ハサミ、ある？」　B「そこの引き出しにあるから」
(19)　　みんな彼の秘密を知っている。

　例えば、(18) A は「ハサミはあるか」という疑問文だが、「(ハサミがあれば) そのハサミを借りたい」という推意を引き出すことができるため、すぐに使える場所にハサミがなければ「ある」とは答えられないだろう。「す

ぐ使える状態で存在しているか」と解釈しなければならない。(18)Bは、従属節だけで主節が省略された文であり、「ハサミはそこの引き出しの中にあるから、あなたが自分で取り出して使ってよい」のように補うことができる。(19)は形式上特に不足がないように見えるが、実は「みんな」が副詞であれば、「3年A組の生徒は」のように主語相当句を補う必要があり、「みんなは」の意の主語相当句の助詞脱落だとしても、地球上のすべての人間ではなく、「3年A組の生徒全員」のように限定された意味であることは明らかである。加えて、18(B)の「そこ」などの指示語が何を指すかは発話の状況についての知識を使って指示対象を明確にする必要がある。このように、解釈上不足や不備や言語形式に現れていない要素があるとき、それを補って追加や厳密化などの処理を私たちは瞬時に行っている。F. レカナティ(François Recanati)はそのような操作を**飽和**(saturation)と呼び、D. スペルベル(Dan Sperber)と D. ウィルソン(Dierdre Wilson)が提唱した関連性理論の枠組みでは、命題として形式上不足がないよう整備したものを**表意**(explicature)と呼ぶ(「推意」を「暗意」とするときは「表意」を「明意」とするが、これは訳語の違いに過ぎない)。explicature は、推意(implicature)の接頭辞 in- を「外へ」を意味する ex- という接頭辞に置き換えた造語である。表意は関連性理論が提唱した概念であるが、関連性理論の枠組みを超えて広く活用されている。なまの発話からそのままデータ収集すると、不完全な文や未完結文、省略の多い文などが多いため、分析を均質化する上で形式を整える必要性があることは枠組みを問わず、語用論の研究が共通して感じていることだからだろう[4]。

　発話の形式(意味表示)を指示語のみ明確にしたもの、省略を補い命題として最低限成立するようにしたもの(最小命題)、命題として可能な限り補足や追加や明確化をしたもの(拡張命題)、発話から引き出した別の命題(別名題)のように、処理の段階を考えると、どこまでを表意と見るか、推意と見るかが、研究者や枠組みによって異なることが明らかになる。レヴィンソンは次のようにまとめている(Levinson 2000)。

　関連性理論やバックが想定する推意は、発話やその発展形とは別の命題

で、狭く限定されている。バックは、命題レベルで整備したものは推意を引き出す前段階のものと見て、implic**a**ture のうちの 1 文字を変えた impli**ci**ture という造語で表した(「準推意」などと訳すことがある)。

表9

	意味表示	直示・指示	最小命題	拡張命題	別命題
Grice (1989)		What is said			Implicature
Sperber & Wilson (1986)	Semantics	Explicature			Implicature
Carston (1988)	Sematics	Explicature			Implicature
		What is said			
Recanati (1989)		What is said			
	Sentence Meaning	Explicature			
Levinson (1988)		What is said			
	The coded	Implicature			
Bach (1994)	What is said			Impliciture	Implicature

推意という概念を用いない場合を除外すると、推意を用いる場合は、引き出された別の命題が必ず含まれており、これが推意の中核だとわかる。推意を必ず発話が含むわけではなく、推意を伴わないこともある。例えば、(20)のやりとりでは、AもBも特に推意は伴わない。

(20) 【美術館の窓口にて】 A「大学生1名の入場料はおいくらですか」
B「1500円です」

推意は枠組みによる見解の相違があるものの、語用論の分析における重要な基礎概念である。その一方で、グライスは「推意」とはいえない「慣習推意」を推意の下位区分に示しており、広く共有される単純な定義があるわけ

でない。これは、混乱しやすい状況だと言える。「推意」と「推論」を同一視したり、協調原理は推意にのみ適用すると考えたり、誤解が多い（Bach 2005）とも言われる。分析に使うときには定義や範囲（内包や外延）を確認することが必要である。

5.3　含意と前提

　推意と似た概念に「含意」がある。命題 P が真の時、命題 Q が必ず真であるような関係であれば、「P が Q を含意する（P entails Q）」と言い、Q は P の**含意**（entailment）だとする。含意は、特別な場合を除き、相互関係では成立しない。つまり、「P が Q を含意するとき、Q は P を含意しない」のが普通である。しかし、相互含意の場合には、「P が Q を含意し、Q が P を含意する」（＝ Q が P の含意であり、かつ、P が Q の含意である）こともある。両者を区別して、相互含意でない含意を論理的含意（logical entailment）と言い、相互含意を意味論的含意（semantic entailment）と呼ぶこともある。含意は、論理関係に基づくので必ず成立し、文脈の影響を受けず、取消可能ではない点で、推意と根本的に異なる。

(21)　　首相は叛乱将校らに暗殺された。
(22)　　首相は亡くなった。
(23)　　今朝、私はコーヒーカップを床に落とした。
(24)　　コーヒーカップは割れた。
(25)　　裕二は早紀にブレスレットをあげた。
(26)　　早紀は裕二にブレスレットをもらった。

　例えば、(21)は必ず(22)を含意するが、「亡くなった」からといって「暗殺された」とは限らないから(22)が(21)を含意するわけではない。(23)から(24)は成立するかに思えるが、床に落ちても割れないこともあり得るので、取消可能であり、(24)は含意ではなく、推意である。(25)と(26)は表す事態が同一であることから相互含意である。このように取り消し可能性が

なく、含意のように論理的に確定するものは意味論が扱い、取り消し可能な推意を語用論が扱うことになる。

「前提」ということばは日常的にも用いるが、用語としての「前提」の事情もやや複雑である（加藤 2012）。意味の研究でいう前提は、presupposition の訳語に相当し、通常、次のような定義を与えられている。

(27) 　文 P について、P が発話に用いられた際に成立するのが当然だと見なされる推論 Q を P の前提 (presupposition) という。

この定義の P や Q を命題として「成立する」を「真である」と読み替えれば論理的な定義になるが、「(成立するのが)当然と見なされる(be taken for granted)」と判断する基準が不明確だという問題もある。しかし、多くの前提に単純に当てはまる**前提の残存** (survival of presupposition) という特質もあり、見分けることはさして難しくない。

(28) 　太郎の息子は大学生だ。
(29) 　太郎には息子がいる。
(30) 　太郎の息子は大学生でない。
(31) 　太郎には息子がいない。

(28) が成立する(あるいは「真である」)ならば (29) は必ず成立する (「真である」) ので、(29) は (28) の前提である。(29) は、存在論的前提と呼ばれるもので、命題 P が現実の存在者・存在物に言及するとき、当たり前のことながら、それは存在している、ということである。前提の残存とは、「文 P が推論 Q を前提とするとき、P を否定しても Q は前提として成立する」という性質で、(28) を否定文にした (30) についても、(31) が前提になるわけではなく (29) が変わることなく前提として成立することから確認することができる。前提の残存は、前提が文脈の影響を受けず、語用論的なものでないと見ることができるので、否定にしても成立する前提解釈を**意味論的前提**

（semantic presupposition）と呼ぶことがある。

　しかし、否定によって前提も不成立にしてしまう、つまり、前提を残存させない、ことが可能だという指摘がある。例えば、(30)に対して(31)を前提とする操作が可能だということだが、(30)のあとに単に(31)を続けても自然な日本語として成立せず、(32)のようにつじつまをあわせる工夫が必要になる（(32)でも十分に自然とは言えない発話であるが）。

(32)　　太郎の息子が大学生だというわけではない。そもそも、太郎には子供がいないのだ。

　もちろん、前提 Q が成立しなければ命題 P も成立しない。しかし、これは自然な推論のあり方とは言えず、逸脱的である。両者の自然さの違いは、否定のスコープの違いの反映でもある。(30)のような単純な否定文では「大学生だ」という「太郎の息子」の属性や状態のみを否定している。つまり、太郎の息子が存在することまで否定しているとはふつう考えずに、実在の太郎の息子の属性について「大学生だ」ということだけを否定する。意味論的前提は、このような否定の狭いスコープの外側にあるので、肯否を問わず成立する。この狭い否定は、Atlas (2004: 31–33) では、**選択否定**（choice negation）と呼ばれている。一方、(32)での否定は命題(28)全体を否定の対象とする**排他否定**（exclusion negation）であり、否定のスコープは広い。(32)に見るように、明確に前提の不成立が述べられなければ、広いスコープの否定は解釈されにくい。これには、文脈的操作が必要であり、語用論的前提と見ることができる。

　とは言え、この 2 つの解釈は文脈の関与だけで説明できる単純なものではない。Stalnaker (1972: 388) は、前提とはいくつかの特性が複合したものと見なすべきだと述べ、Levinson (1983: 217) では、「全く異なる諸現象の不均質な集積」と考えるべきだとする（他に Hung (2007: 65)）。現在でも単一の原理で前提を捉えようとすることはなく、前提を不均質で複雑な現象とする捉え方が主流だと言える。

なお、premise も日本語では「前提」と訳されるが、これは推論の到達点である結論（conclusion）に対して、推論の出発点として「前に置くもの」を指して前提というに過ぎない。(33)は論理学で言う三段論法（syllogism）の形をしており、a. を大前提（major premise）、b. を小前提（minor premise）と呼ぶことがある。

(33)　a. 雨天なら朝市は開かれない。／　b. 昨日は雨天であった。／
　　　c. 昨日は朝市が開かれなかった。

同じ「前提」であっても、premise と presupposition は意味が異なり、「新規契約は貴社の財務改善が前提だ」のように使う日常の用法では、「先に達成すべき条件」の意で使われる。しかも、前提のように推論されているものの、論理的に必ず成立するとは言えない「疑似前提」も数多く見られる。

(34)　　太郎は車で通勤している。
(35)　　太郎は自動車を所有している。
(36)　　太郎は運転免許を所有している。

通常、(34)からは(35)(36)が当然成立するように思われるが、しかし、他者が所有する自動車を使うことはあり得るし、運転は太郎以外の誰かがしている可能性も排除できない。私たちはそれぞれ知っていることは違うが、経験的にどのような推論が成立しやすいか知っているため、(34)の発話から成立の見込みの高そうな(35)(36)も成立すると考えやすい。やりとりのなかで共有されていない命題があれば、それを聴者が取り込み、知識状態を同一に近づけながら会話を進めることになる。このように、それまで共有していなかった前提・疑似前提を受け入れることを**調整**（accommodation）と呼ぶ。

6. 文脈

　語用論は文脈を使って解釈を行うので、「文脈の科学」と言われることもある。しかし、文脈についても考え方も多様である。例えば、Gazdar (1979) は、「一貫性からのみ制約を受ける前提の諸集合」(sets of propositions constrained only by consistency) とし、Sperber and Wilson (1987) では、「発話解釈に用いる前提の集合」(the set of premises used in interpreting an utterance) とし、「心理的構成物で、聴者が正解に対して持つ想定の部分集合」(psychological construct, a subset of the hearer's assumptions about the world) とも述べている。「想定」とは、確立した「知識」とまで言えなくても、会話参加者が成立すると思い込んでいる情報や推論、考えていること、思っていることなどを広く含む。

　文脈をなす命題群は、解釈を行うという点からは聴者が持っていればよいことになるが、発話の解釈に用いる以上、話者も共有していると考えるべきである。Stalnaker (2002) が共通基盤 (common ground) と呼ぶ、会話参加者が持つ共有の想定が、文脈とおおよそ重なる概念だと考えることもできる。共有と言っても、世界中の多くの人が共有しているものから、特定の国や地域でのみ共有されていること、特定の個人のあいだでのみ共有されていることなど、さまざまなレベルがありうる。

(37)　　「その花瓶を、あそこのテーブルの上に置いて」

　例えば (37) における指示語は、話者の近くにいて、指示（指さしや視線・視点など）を確認できなければ、確定しない。つまり、発話を行う物理的状況を共有している必要がある。会話が行われる物理的な状況（の認知）に基づく文脈は物理文脈あるいは**状況文脈** (situational context) と呼ぶ。対面の会話であれば、同じ場所にいるので状況文脈はほぼ共有されるが、人によって気づきやすいこと・気づきにくいことがあり、認知のしかたも同一とは言えないので、完全に共有される保証はない。大阪とサンパウロのように離れてい

れば電話で話していても状況文脈の共有度は低いが、東京と横浜なら時間や天候など共有度は多少高くなる。(37)は、話者も聴者も「その花瓶」や「あそこのテーブル」が認識できる状況になければ、発話内力を持ち得ない。

(38) A「花子が転職するって噂があるね」 B「その噂、誰から聞いたの？」

　会話参加者が交わす発話は一定時間記憶されて、蓄積されていくが、指示詞が照応(第2章)で用いられるときは、ことばで表示された発話(の一部)を指している。(38)Bであれば「その噂」は直前にAが言った「花子が転職する」という「噂」を指している。これも文脈の一種で、言語的文脈あるいは(言語形式の蓄積という意味で)**形式文脈**(formal context)と呼ぶ。形式文脈は、一連の会話が続く中では会話参加者が共有していなければならない。3分前に言ったことを話者か聴者かの一方が忘れていれば、会話は成立しなくなる。もちろん、会話が長く続くときや、内容が複雑で情報量が多いときなどは、うまく理解できないことや記憶を保持できないことはあり得るが、少人数の短い会話なら共有義務が強まる。

(39)　「# 先月、パリに行って、紫禁城を見たよ」

　文法的に不適格な文には＊を文頭につけて示すことがあるが、語用論的に問題があるときには同様に＃を文頭につけて示すことがある。これは、文の構造としては適格なのに、解釈上不成立であったり不自然であったりすることを表している。(39)は一定の知識があれば違和感を覚える発話であるが、これは、紫禁城(故宮)の実物が北京にあり、パリにはないからである。(39)の「紫禁城」が実物でなく、模型や写真であれば事実であってもおかしくはないが、そう判断するには情報が不足している。このとき私たちは「紫禁城は北京にある」という知識を参照しているが、この種の知識は私たちの住む世界に関する情報の体系的集積であり、膨大な量の記憶からなる。認知言語学では、百科全書的知識(encyclopedic knowledge)と言うが、ここでは、単

に**世界知識**(world knowledge)と呼ぶ。状況文脈・形式文脈とそろえて、**知識文脈**(knowledge context)と呼んでもよいだろう。

　世界知識は、国や文化のレベルで共有度の高いものもあるが、きわめて個人的で共有の範囲が限定されているものまで連続的である。また、自分が実際に経験・目撃したことも、読書や学習などで獲得した知識もあり、どのような情報源からどのような方法で入手して世界知識に組み込んだのかもさまざまに異なる。

　世界知識の中で、自国の首相や大統領が誰であるかは特定の文化の中ではかなり共有度が高い想定であるが、今朝自分が目覚まし時計の鳴る1分前に起床したことなどは他に共有する者がなく自分しか知らないかもしれない。このように世界知識は基本的に各個人ごとに異なり、追加と忘失によって状況も変化しうるものである。加えて収蔵されている情報がすべて正しいとは限らず、誤解や思い込みなど誤った情報が混入している可能性もある。

(40)　　　最近、犬を飼い始めて、毎日コロコロをかけている。

　例えば、(40)を理解するには、「コロコロ」が「使い捨ての粘着テープでほこりや毛を吸着する掃除用具の俗称」であること、たいていの犬は日々毛が抜けるのでその掃除をすべきこと、などを知らないといけないが、これはことばの知識というわけではなく、生活している世界に関する知識であって、まさに世界知識である。こう考えると、言語知識としてのことばの意味を辞書は載せているが、事物や存在者に関わる具体的な情報たる世界知識を言語知識から区別できるのか、わからなくなる。Langacker (1987: 154) は、意味論と語用論を言語知識と世界知識のように区分するのは人為的なことであって、不適切な二分法だから、結果として世界知識(百科全書的知識)が両者を包摂するのだと言う。

　この問題は、単に世界知識がどのように設定されるかにとどまらず、語用論と意味論の境界という問題に関わる。境界線が引けないから区分を立てないという認知言語学の立場も合理的な面を持ち、明確な境界線は引けず単純

に分離もできないが、可能な限り分けて整理して分析した方が見通しがよくなるとする立場にも相応の合理性が認められる。要は、枠組みの設定、分析の立場を明確にし、それと整合する一貫性ある分析を行うこと、また、その点について説明できるようにしておくことが重要なのである。

　文脈に関しては、単純に状況文脈・形式文脈・世界知識(知識文脈)のほかに、これらを複合した推論を加える考えもある。また、会話分析や関連性理論などでは、分析に必要なものを文脈として認定するので、あらかじめ種別を定める必要がないと考えることも多い。その場合でも、文脈の中には、共有度や入手先(証拠性・管理権限など)が異なるものが混在していることを踏まえて、細かに見ていく必要がある。

　関連性理論(Relevance Theory: RT と略すことも多い)では、ある種の想定(assumption)が当該の文脈において**関連性**(relevance)を持つのは文脈効果があることに等しいと規定し、文脈効果が大きいほど関連性が大きく、同じ文脈効果があるときには発話解釈の処理労力が小さいほど関連性が大きいとした(Sperber and Wilson 1995[2])。つまり、関連性は文字通りの意味ではなく、情報量に比例し、処理コストに反比例する語用論的な尺度と考えることができる。ここでいう想定は、発話の解釈にほぼ相当するが、真偽が確定しているわけではなく、聴者が思い浮かべる内容を広く指すものと理解すればよい。発話解釈が文脈効果を持つ、つまり、「関連性がある」のは、別の推意が引き出せるとき、いまある想定が強化されるとき、いまある想定が否定される・矛盾が生じるとき、などであるとされ、人間が会話によって身の回りの世界について理解を深めていく(そのときに、その理解は結果的に誤解を含んでいる可能性がある)認知プロセスのしくみを解明しようとするものである。この意味においてグライスのナイーブな「関係性」と関連性理論における「関連性」は異なる概念とみたほうがよい。関連性理論について詳しくは第7章を参照されたい。

7. 話者と聴者の関係

　発話は話者から聴者へのメッセージ（原義は「送られたもの」）という形式をとるのが普通だが、現実世界では、独り言のように聴者に届かない発話があり、話者と聴者の解釈がずれて誤解が生じることもある。20世紀前半の言語学のように、主に言語形式を扱うのであれば、話者や聴者の優先度は低い。話者や聴者の存在を想定していても、話者が発したとおりに聴者に伝わると考える、つまり、両者を鏡像的に対称だと見るのであれば、メッセージとしての言語形式のみに着目することになるため、語用論的な分析はあまり意味を持たない。

　しかし、話者と聴者がそもそも同じ解釈をしている保証がないという立場に立つこともできる。この場合、話者側から捉えることに重心を置く立場と聴者側から捉えることに重心を置く立場とに、大きく二分することができる。それぞれを話者中心モデル、聴者中心モデルと呼ぶ。もちろん、双方を仔細に観察することも可能だが、その場合話者と聴者をそれぞれ観察して統合することになり、手間がかかるだろう。

　グライスの会話の協調原理は、話者がどういう原則で発話を構成するかという視点であり、話者中心モデルだと言える。また、関連性理論は、聴者がどう解釈するかという視点で構成されており、聴者中心モデルである。これらはそれぞれ話者と聴者を中心に据えているが、同じ解釈システムを話者と聴者が使えば、他方は一方の分析を転用して説明できて効率的である。

　記号学者のC.S.パース（Charles Sanders Peirce）は、メッセージ（表す形式と伝えられる解釈）と解釈者（＝聴者に相当）があればよいと考えた点で特異だが、聴者中心モデルに含めてよいだろう。例えば、帰宅した父親が玄関に娘の鞄があることに気づいて「娘は帰宅している」と思った場合、パースの記号論では、玄関に置いた鞄がメッセージであり、その意味が娘の帰宅という記号現象ということになる。しかし、現在の語用論の多くの考え方では、明確に伝達しようという意思のあるメッセージでなければ分析の対象にしないのが普通である。

7.1　聴者の数と種類

　話者は多くの場合単独である。宣言文の読み上げのような特殊なケースをのぞけば、同時に 2 人以上が同じ発話を共同で行うケースは考えにくい。しかし、話者 1 名に対して聴者が多数存在するケースは珍しくない。Clark and Carlson は、単一の話者が単一の聴者に行う基幹発話行為(canonical speech act)と単一の話者が複数の聴者に行う集合発話行為(collective speech act)を区分した(Clark and Carlson 1982)。

(41)　【教師がクラス全員に】「明日の朝の読書の時間に読む本を持ってきてください」
(42)　【教師がクラス全員に】「教室を掃除しましょう」

　(41)では生徒がそれぞれに「本を持ってくる」ので《分担読み》になり、(42)では生徒全員が共同で 1 つの教室を掃除する(個々人が 1 回ずつ掃除するのではない)ので《集合読み》になる。全員でなく特定の聴者にのみ依頼や要求をするときは、「加藤君、花に水をやってください」のように呼びかけ語を用いて、特に指名することも可能である。

　ベル(Alan Bell)は、文体を聴者の階層設計に位置づけることを考え、オーディエンス・デザイン(Audience Design)という考え方を提唱している(Bell 1984)。話者が［1］聞こえる範囲にいることを認識しているか、［2］発話を聞かれてもよいと思っているか、[3] 直接話しかける聴者と見なしているか、で区分すると以下のように聴者の階層を 4 種類設定できる。

表 10　オーディエンスデザインによる聴者区分

	［1］存在が知られている	［2］存在が許可されている	［3］受信者に位置づけられる
受信者(Addressee)	＋	＋	＋
傍聴者(Auditor)	＋	＋	－
偶発的傍聴者(Overhearer)	＋	－	－
意図的盗聴者(Eavesdropper)	－	－	－

影響力は、話者＞受信者＝話者が話しかけている相手＞傍聴者＝そばで聞いている仲間＞偶発的傍聴者(偶発的盗聴者)＝偶然聞いてしまう状況にある人＞(意図的)盗聴者＝話者に気づかれずに盗み聞きする人、の順だという。オーディエンス・デザインの枠組みではそれがスピーチスタイルを決めると考える。

(43)　【電車の中。親が子どもに】「ほら、そこ、おじさんの横、空いてるでしょ。すわらせてもらいなさい」
(44)　【駅の自動券売機の前で】　A「困ったな。切符、間違えて買っちゃった」
　　　B【後ろに並んでいる人】「窓口で払い戻しできますよ」

　(43)では、子どもを受信者と位置づけているが、傍聴者としての「おじさん」に聞こえるように発話し、むしろ、傍聴者に間接的に依頼する意味合いが強い。見ず知らずの人に依頼する場合、受信者と位置づけるための発話からはじめると、正式な依頼になるため大げさな事態になる。子どものためでもあり、儀礼的なやりとりを重視しない人であれば(43)のように間接的な依頼をしても子どもが座れるように配慮してくれる可能性はあるだろう。(44)Aは独話に相当し、(44)Bは偶発的傍聴者にあたるが、善意の申し出や情報提供であれば許されることだろう。

7.2　話者交替

　伝達の場に複数の会話参加者がいる場合は、**話者交替**(turn-taking)が生じうる。2人で会話している場合は、話者が聴者になり、聴者が話者になる対称的な話者交替が生じる。3名以上では、聴者のまま話者交替に関与しない参加者が1名以上いることになる。伝達の場が時間的に共有されていない場合、上の意味での話者交替は生じない。例えば、書かれた文章を読む場合、録音された音声を聞く場合などである。
　話者は、発言権を聴者から与えられており、一連の談話を構成することが

許されている。話者交替は、話者が聴者に発言権(floor)を委譲する行為と見ることもできる。発言権は、話者が委譲するときに聴者が獲得しようとすれば、スムーズに移行し、瞬時に話者交替が実現する。話者交替がうまく行かないと、①沈黙、②割り込み(interruption)、③発話重なり(overlapping)などが生じる。発話の中には、文が完結した点、また、従属節の切れ目など、話者交替を起こしやすいところがある。発言権の移行が生じやすい言語形式上の位置を適切移行場(Transition Relevant Place: TRP)という。上昇調の疑問文や命令文などは、直後が強いTRPとなる。しかし、疑問文の後でも話者が話者交替を認めないように発言権移行のための間をつくらなければ、話者交替は生じにくくなる。

　一方で、日本語の会話では、あいづちが多用されることもつとに指摘されている。日本人は、アメリカ人に比べると約2倍(メイナード1993)、韓国人に比べても1.75倍(任・井出2004)あいづちを打つと言われる。あいづちは言語文化によってとらえ方が異なり、発言権のない聴者が話者の発話に介入して、発話の重なりを生じ、発言権の奪取を意図して相手の発話を妨げているかのように見えて不快だと感じる文化がある一方で、日本語の言語文化においては話者の発話構成への支援、気配りの側面を持ち、話者と聴者がともに会話を形成しようとする「共話」(水谷1985, 1988)と捉えられることが多い(ザトラウスキー1993、喜多1996、三宅2011)。

　話者交替を生じずに、話者が発言権を保持するための方策として、フィラー(filler)や談話標識が用いられることもある。特に沈黙を埋めるための**フィラー**は情報性が低く、話者が発話のために考える時間を確保する目的もある。考えている間に話者交替が起こり、新しい展開が生じると、さらに考えがまとまらなくなり混乱が深まるため、聴者は発言権を奪取しないことが期待されるが、発言権の移行に関しては文化的な違いも多い。

　フィラーと連続的な関係が認められるが、**談話標識**(discourse marker: DM)は、語用論的な処理に関する指示や方向提示の機能を持つ、メタ語用的な標識である。論理関係の明示以外に予告や緩衝など多様な機能を持つ。関連性理論では、談話標識は手続き的意味を表し、論理処理を指示すると考える。

一般に談話標識は接続詞や副詞などの自立語が想定されているが、日本語では接続助詞などの非自立語も論理処理に関わるため、英語等の分析をそのまま使うと問題が生じる面もある。日本語の「ちょっと」は本来程度や量の副詞だが、相手の依頼や質問に対して、好ましくない回答をする際に緩衝的に用いる用法(例えば、明らかに無理でも「ちょっと無理ですねえ」と言う)が慣習化して単独で拒絶や否定的な回答の代用(例えば、「それはちょっと」と断る)に拡張している。

7.3 伝達と配慮

　会話の協調原理や推意といった基礎概念は、情報の伝達に重点が置かれているが、コミュニケーションが人間と人間の間で行われる以上、情報的価値が小さいかほとんどない発話も見られる。しかし、それは配慮や共感、すなわちポライトネスを表すことで、人間関係を構築・改善・確認したり、円滑にしたりする機能を持つ。この種のことは社会語用論で主に扱う(第3章)。

　人間同士である以上、情報内容だけのやりとりというわけには行かないものである。むしろ、挨拶や無駄話のような情報量がほとんどない発話が重要な意味を持っている。例えば、微妙な話題、深刻な話題、問題になりそうな話題を避けて、まったく重要でない(情報的価値の乏しい)話題について話すことを**スモールトーク**(small talk)と言うが、会話の開始はスモールトークから生じやすい。D. タネン (Deborah Tannen) は、話していることとそのはたらきの観点から、**レポートトーク**(report talk)と**ラポールトーク**(rapport talk)に二分した(Tannen 1991)。前者は、伝達すべき情報、価値ある情報を多く含み、伝達内容を中心として話すことである。一方、後者はあまり伝達すべき情報や伝達すべき価値の高い情報を含まず、相手との有効な人間関係を維持するために話すことである。

(45)　A「今日もまた雨だね」　B「うん、今日も雨だねえ」
(46)　A「太郎は何考えてるのかな」　B「ほんと、何考えてるんだろうね」

もしも (45) で A も B も外を見ながら話しているのであれば、雨が降っていることは既に知っており、情報として新たに伝達する価値はない。(46) は疑問文に対して疑問文で応答しているが、英語や中国語では同じ疑問文で応じると不自然になるという。このような違いは、言語ごとに、あるいは、地域ごとに、伝達や表現に関する語用論的な指向性や制約が異なることを対照する対照語用論 (第 5 章) のテーマになりうるだろう。日本語では、ある種の感慨の表明に同じ感慨を表明することで、話者と聴者が共同で共感形成を行うことがある。これはラポールトークの一種であるが、du Bois は言語形式上共通性のある発話を重ねて共感を表明する現象を**共鳴** (resonance) と呼び、分析している (du Bois 2012)。

8. 語用論的研究の広がり

語用論の研究は、言語学の領域間でも広がっている。認知言語学など意味論と語用論を区別せず、統語論など他領域とも統合する立場もあり、従来語用論的な現象に無関心だった理論言語学でも、主題や焦点を取り込んだ構造を導入するなど、新しい展開を見せている。英語の語法研究に運用に関する分析を取り込む視点や日本語の記述文法や談話文法の成果を語用論の観点から論じ直す試み (統語語用論、第 6 章) は、辞書記述や文法書のあり方にも影響を与えるだろう。イントネーションなどの音声研究と協働する方向性、話しことばとして分析される方言の研究に導入する方向性などもあり、社会語用論は敬語研究を越え、ポライトネスなど多層的な研究を統合して進化していき、いずれも今後さらに拡張し、発展していくことだろう。

一方で、従来の言語史や語誌の研究は、歴史語用論という視点から深みのある研究となり、立体的に語句の変化を捉える方向に向かっている (第 4 章)。文理解や解釈処理を扱う心理語用論を想定すると、解釈の失敗や誤解の分析にも裾野が広がるだろう。また、近年整備が進んでいるコーパスやデータベースを利用した研究は、統計処理などにより新しい分析結果をもたらしてくれる可能性がある (第 10 章)。実験を用いた手法は、言語発達や指

示詞などの言語運用、言語表現の選択動機などさまざまなテーマに適用可能であり、語用論的情報が明らかになることは、外国語学習などの第二言語習得・応用語用論への貢献も期待できる（第 8 章）。外国語との対照研究は、成果を蓄積することで言語類型論や通言語学的な研究などにも貢献することが可能であり、文化の研究にも重要な貢献をするだろう。もちろん、テクスト構成・文章論・談話論などの研究成果も語用論的に捉え直して発展させる余地は大いにある。加えて、従来の語用論の中核領域としての推意や前提や指示の研究も、哲学的研究から脱して言語研究の一環として進められる環境が整ってきている。

読書案内

・Grice, Paul H.（1989）*Studies in the ways of words,* Cambridge, M.A.: Harvard University Press（清塚邦彦訳（1989）『論理と会話』勁草書房）：グライスの主要な論文が収められた論文集で、会話の協調原理や推意についても記されている。現在の語用論はグライスの考えをそのまま使うことは少ないが、源流として丁寧に読み込むことは深く理解する上で役に立つ。なお、邦訳は完全訳でなく、一部の章を欠く。

・Searle, John R.（1969）*Speech Acts*: *An essay in philosophy of language,* Cambridge: Cambridge University Press（坂本百大・土屋俊訳（1986）『言語行為：言語哲学への一試論』、勁草書房）：J. サールの初期の論考である。発話行為論の枠組みを知る上では重要な一冊であるが、サールはその後も著作（単著も共著も）がある（一部は翻訳がある）ので、流れを追って読むとよい。

・Sperber, Dan and Wilson, Dierdre.（1995[2]）*Relevance―communication & cognition,* London: Blackwell（内田聖二ほか訳『関連性理論：伝達と認知』、研究社、1999 年）：スペルベルとウィルソンによる関連性理論の基本図書（初版刊行 10 年後の改訂版）である。厳密な定義をするために難しい書き方になっているところもあるが、出発点として押さえておく必要がある。

関連性理論は、和書・洋書とも解説書は比較的多いので、さきに解説書を読んでもいいだろう。

・Levinson, Stephen C.（2000）*Presumptive Meanings*, Cambridge: The MIT Press（田中廣明・五十嵐海理訳（2007）『意味の推定―新グライス派の語用論』研究社）：ネオ・グライス系の語用論の枠組みで、Q 推意、I 推意、M 推意などを提案している。その後のレヴィンソンは別のテーマに関心が移っているので、これがレヴィンソン語用論の1つの到達点と見なされている。

注
1 現在では統語論は syntax とするのが普通である。
2 会話の協調原理などはグライスのいくつかの論文や著作に収録・採録されているが、ここでは Grice（1975）から引用する。なお、断りがない限り、訳文は本章著者による。
3 ここでは発話状況についての補足や文脈に関わる補足を【　】で示す。
4 なお、表意は単純な命題の形になることが多いが、成立の蓋然性や見込みなどモダリティに関わる要素を加えて「明日、雨が降る可能性がある」のように表すことも可能である。前者を基礎表意（basic explicature）と言うのに対し、後者を高次表意（higher explicature）と言う。高次表意は、形式上基礎表意を従属節化した複文の形をとることが多い。

参考文献
Atlas, Jay David.（2004）Presupposition, Laurence R. Horn and Gregory Ward.（eds）*The Handbook of Pragmatics*, pp.29–52, Malden, Mass. / Oxford, U.K.：Blackwell.
Austin, John L.（1962）*How to Do Thing with Words*, Oxford: Oxford University Press.
Bach, Kent.（1994）Semantic Slack: What is Sand and More. In Tsohatzidis, Savas.（ed）*Foundations of Speech Act Theory: Philosophical and Linguistic Perspectives*, pp.267–291.
Back, Kent and Harnish R.M.（1979）*Linguistic Communication and Speech Acts*, Cambridge: MIT press.
Bell, Alan.（1984）Language Style as Audience Design, In *Language in Society* 13, pp.145–204, Cambridge University Press.
du Bois, John.（2012）Towards a Dialogic Syntax, *Cognitive Linguistics*.

Bréal, Michell. (1897) *Essai de Sémantique: Science des Significations*, Paris : Hachette.
Carnap, Rudolf. (1942) *Introduction to Semantics,* Cambridge: Harvard University Press.
Carston, Robyn. (1988) Implicature, Explicature and Truth-Theoretic Semantics, In Kempson, Ruth M. (ed) *Mental Representations: Interface between Language and Reality,* pp.155–181, Cambridge: Cambridge University Press.
Clark, Herbert and Carlson, Thomas. (1982) Hearers and Speech Acts, *Language* (58–2), pp.332–373.
Gazdar, Gerald. (1979) *Pragmatics: Implicature, Presupposition and Logical Form*, New York : Academic Press.
Grice, Paul H. (1975) Logic and Conversation, In. Cole and Morgan (eds) *Syntax and Semantics vol.3: Speech Acts*, pp.41–58, New York: Academic Press.
Grice, Paul H. (1989) *Studies in the Ways of Words,* Cambridge, M.A.: Harvard University Press.
Horn, Laurence. (1984) Toward a New Taxonomy for Pragmatic Inference: Q-based and R-based implicature, In Schiffrin, Deborah (ed) *Meaning, Form, and Use in Context: Linguistic Applications*, pp.11–42, Washington D.C.: Georgetown University Press.
Huang, Yan (2007) *Pragmatics*, Oxford: Oxford University Press.
任栄哲・井出里咲子(2004)『箸とチョッカラク―ことばと文化の日韓比較』大修館書店
加藤重広(2012)「コンテクストと前提」澤田治美編『ひつじ意味論講座6』pp.39–62、ひつじ書房
喜多壮太郎(1996)「あいづちとうなづきからみた日本人の対面コミュニケーション」『日本語学』15–8、pp.58–66、明治書院
Langacker, W. Ronald. (1987) *Foundations of Cognitive Grammar* vol.1, Stanford: Stanford University Press.
Langacker, W. Ronald. (2008) *Cognitive Grammar: A Basic Introduction*, Oxford: Oxford University Press.
Levinson, Stephen C. (1983) *Pragmatics*, Cambridge: Cambridge University Press.
Levinson, Stephen C. (1998) Generalized Conversational Implicature and the Semantics/Pragmatics Interface, Mimeo. Stanford: Stanford University Press.
Levinson, Stephen C. (2000) *Presumptive Meanings*, Cambridge: The MIT Press.
メイナード・泉子・K.(1993)『会話分析』くろしお出版
水谷信子(1985)『日英比較　話しことばの文法』くろしお出版
水谷信子(1988)「あいづち論」『日本語学』10–10、pp.4–11、明治書院
三宅和子(2011)『日本語の対人関係把握と配慮言語行動』、ひつじ書房
Morris, Charles W. (1938) *Foundations of the Theory of Signs*, Chicago: University of Chicago Press.
ザトラウスキー・ポリー(1993)『日本語の談話の構造分析』くろしお出版
Renacati, François. (1989) The Pragmatics of What is Said, *Mind and Language* 4, pp.295–329.
de Saussure, Ferdinand. (1916) *Cours de Linguistique Générale*, Paris: Payot.

Searle, John R. (1969) *Speech Acts*: *An Essay in Philosophy of Language*, Cambridge: Cambridge University Press.
Searle, John R. (1975) A Taxonomy of Illocutionary Acts, In Keith Gunderson (ed) *Language, Mind, and Knowledge*, pp.344–369 Minnesota: Minnesota University Press.(採録：Searle (1979) *Expressions and Meaning*, Cambridge: CUP, pp.1–29)
Sperber, Dan and Wilson, Dierdre. (1986, 1995²) *Relevance*, London: Blackwell.
Sperber, Dan and Wilson, Dierdre. (1987) Précis of *Relevance*, *The Behavioral and Brain Sciences* 10.4, pp.697–710(Kasher (ed.)再録版 Volume V, pp.82–115).
Stalnaker, Robert C. (1972) Pragmatics, In Davidson, D. and Herman, G (eds) *Semantics of Natural Language*, pp.380–397, Dordrecht: Reidel.
Stalnaker, Robert C. (2002) Common Ground, *Linguistics and Philosophy* 25, pp.701–721.
Tannen, Debora. (1991) *You Just Don't Understand*: *Women and Men in Conversation*, New York: Ballantine Books.

第2章　指示と照応の語用論

澤田　淳

1. はじめに

　本章では、**指示詞**（demonstratives）を例に、指示と照応の語用論を扱う。指示詞は、語用論の中心的トピックである**指示**（reference）と**ダイクシス**（**直示**）（deixis）の双方に深く関わる表現である。すなわち、指示詞は、定冠詞句や固有名詞などと共に、外界における個体を指し示す**指示表現**（referential expressions）としての性格を有する一方で、直示動詞（「行く／来る」等）、敬語、空間表現（「前／後ろ」等）、テンスなどと共に、発話参与者、発話時、発話場所に関係づけられて解釈される（広義の）**ダイクシス表現**（**直示表現**）（deictic expressions）としての性格も有する。

　さらに、指示詞は、系統発生的にも個体発生的にも人間の始原的な社会行動の1つとみなせる**指さし**（pointing）とも深く結びついており、言語普遍的なカテゴリーと言えるが、指示詞の体系や意味・機能は言語によって異なる。指示詞は、二系列、三系列の体系をなす言語が多いが、四系列以上の体系をなす言語も報告されており、意味類型論的にも種々のパラメータ（参照点、距離、可視性、可聴性、対象の高さや体勢、動きの方向性、地形、等）に応じた多様な意味・機能を含み得る（Anderson and Keenan 1985、Diessel 1999、Imai 2009）。

　指示詞は、さまざまな角度から研究がなされてきているが、その運用の複雑さゆえに、未解決の課題も多く、興味は尽きない。本章では、主に日本語の指示詞を例に、語用論の立場から、指示詞研究の更なる発展可能性を探

る。

2. 指示詞の用法

　指示詞は、指示対象が如何なる文脈の中に存するのかによって異なる用法に分けられる。文脈は、発話の現場を意味する**物理的文脈**(physical context)、発話の前後関係（ないしは、文の脈絡）を意味する**言語的文脈**(linguistic context)、話し手（及び聞き手）の（共有）知識を意味する**一般知識的文脈**(general-knowledge context) に分けられる (Ariel (1990: 5–6) 参照)。多くの言語において、指示詞は、**現場指示（狭義の直示）**、**文脈指示（照応）**、**記憶指示（観念指示）**と呼ばれる上記3つの文脈に深く関係する用法を持つ（定冠詞句や三人称代名詞も同種の用法を持ち得る）。文脈指示と記憶指示を合わせて非現場指示（広義の文脈指示）と呼ぶこともある。日本語コソアとの対応関係を示すと次のようになる。

表1　指示詞の3用法

現場指示用法	コ、ソ、ア
文脈指示用法	コ、ソ
記憶指示用法	ア

2.1　現場指示

　現場指示は、空間内に存在する（主として眼前の）対象を指示する。現場指示のコソアは、伝統的に**距離区分**と**人称区分**によってその使い分けが整理されてきた。距離区分と人称区分は、類型論的にも、距離指向システムと人称指向システムという形で、主に三系列の指示詞を持つ言語の記述で利用されている。

(1) 距離区分：
　　コ：話し手の近くにある対象を指す。
　　ソ：話し手からやや離れたところにある対象を指す。
　　ア：話し手から遠くにある対象を指す。
　人称区分：
　　コ：話し手の勢力範囲（なわばり）内に属する対象を指す。
　　ソ：聞き手の勢力範囲（なわばり）内に属する対象を指す。
　　ア：話し手・聞き手の勢力範囲（なわばり）外の対象を指す。

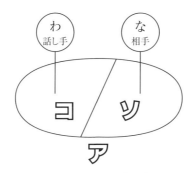

図 1　人称区分によるコソアの分割図（佐久間 1951: 35）

　人称区分におけるコとソの選択は、本質的には、指示対象に対して話し手と聞き手のどちらが相対的に優位に関与している（と話し手がみなしている）のかによって決まると言える（この点については、加藤（2004: 155）、小川（2013: 270）参照）。距離的な近さは、指示対象への関与の優位性を決める尺度の 1 つに留まる。

(2) （母親と子供の間の距離は 2 メートルほど。子供も母親も当該の傷に触れていない。b 文では子供が背中に手をまわしたり、振り返って背中を見たりしていないものとする）
　　a. 母親：あら、こうちゃん、ほっぺにある傷、どうしたの？
　　　　子供：ああ、{この／??その} 傷、今日柔道やって擦りむいた

んだ。
  b. *母親*:あら、こうちゃん、背中にある傷、どうしたの？
     子供:ああ、{?この／その}傷、今日柔道やって擦りむいたんだ。

b文は、上の状況設定の下ではソの方がより自然であるが、子供が母親に声をかけられる前から背中の傷に意識を向けていたり、両者の距離が10メートルほど離れていたりするような状況設定に変えると、コの方がより自然となる。

(1)の距離区分と人称区分とで、コとアの特徴づけに本質的な違いはないが(一般に、話し手の勢力範囲内のものは話し手の近くに、話し手・聞き手の勢力範囲外のものは、話し手から遠くにある)、ソの特徴づけは大きく異なる。それぞれ、**中距離指示**のソ、**聞き手領域指示**のソと呼ばれるものである。次の図2では、対面する聞き手とは真逆方向にある話し手の後方場所がソで指示されている。図3ではソが多義であるところに会話のおかしみが生じている。

吉本(1992: 112)は、距離区分と人称区分を統合したコソアの分割図(図4)を提示している(「個人空間」は各個人に属するものとして他者に認識されている領域、「会話空間」は会話の参加者を取り巻く領域とされる)。

(3) 話し手の個人空間の中(したがって、同時に会話空間の中)の事物はコで指示される。会話空間の中で、話し手の個人空間の外の事物はソで指示される。会話空間の外の事物はアで指示される。

(吉本 1992: 111–112)

図2 中距離指示のソ（いしいひさいち「ののちゃん」『朝日新聞』2014年4月30日、朝刊）（傍線筆者）

図3 「そこ」の多義性（いしいひさいち「ののちゃん」『朝日新聞』2011年11月20日、朝刊）（傍線筆者）

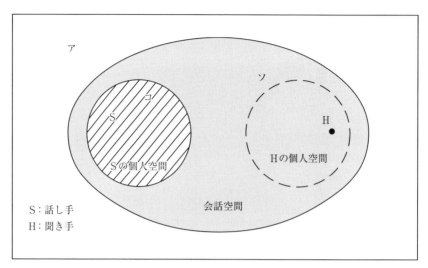

図4　コソアの現場指示用法（吉本 1992: 112）

佐久間（1951）以来、現場指示の研究では、コソアが空間をどのように分け合う形で分布しているのを明らかにすることが焦点の1つとなっており、空間分割のあり方の記述と現場指示の意味の記述は等価なものとみなされることが多いが、これに対しては、次のような問題提起もある。

(4) 例えば現場の空間を各指示詞がどのように塗り分けるかという観察は、(中略)指示詞の基本的な機能とさまざまな要因が複合し、結果としてそのように見せかけているだけなのであって、それだけでは決して本質には到達できないのである。　（金水・田窪 1992: 191）

とりわけ、コ・アとソとでは指示の性質が本質的に異なっており、異なる次元で指示を実現することもある（金水 2001: 160、本章 2.4 節を参照）。

2.2　文脈指示

日本語では、コとソが（狭義の）文脈指示として使われる。文脈指示は、先行詞がコ／ソより先に出ているか後に出てくるかで**前方照応**と**後方照応**に分

けられる。前方照応のコとソは交代可能な場合が少なくないが、コでは、話し手が話題とする対象を目の前にして説明している印象を与える[1]。久野（1973: 188）は、文脈指示のコは依然として現場指示的な色彩が強いとする[2]。

(5)「いえ。私はその晩の夜行で東京に帰らなければなりませんでしたからね。とても、そんな時間はありませんよ。ただ、都府楼の礎石に腰を据えてぼんやりしていたんです。この辺一帯は、まだ田圃が多く、農家が遠くにちらほら見えるだけですからね。ちょうど二月のことですから、寒い風が吹きわたり、荒廃した歴史の跡を探るにはふさわしかったです」
「あなたは、そこでどのくらい時間を費やされたのですか？」
　　　　　　　　　　　　（松本清張『時間の習俗』: 101）（下線筆者）

後方照応は、話し手が情報を差し出す効果を持つ。後方照応は、(6)のようにコで実現する場合が多いが、(7)のようにソで実現する例もある。

(6) 真偽は不明とお断わりしたうえでだが、火砲の起源についてこんな伝記があるそうだ。中世ドイツの僧院で、火薬の原料を乳鉢で混ぜていたとき、突然爆発が起きて、乳棒が屋根を抜いて飛び去った。その偶然から思いついたという話を、『世界兵器発達史』という本が紹介している。
　　　　　（「天声人語」『朝日新聞』2013年6月18日、朝刊）（下線筆者）
(7) 今もそう言うのだろうか。サッカー少年だった昔、高く浮いて派手に外れたシュートを「宇宙開発」と言ってからかい合った。アポロ宇宙船で人類が月に降り立ったころ、世の中は宇宙づいていた。
　　　　　（「天声人語」『朝日新聞』2014年11月4日、朝刊）（下線筆者）

英語やフランス語などの定冠詞句は、それと照応する同一の名詞句が先行詞として現れていなくても、**橋渡し推論**(bridging inference)を介して先行詞

の理解を可能とする**連想照応**、または、**間接照応**と呼ばれる用法を持つ。次の例では、ピクニック用品の一部としてビールが含まれているという推定は可能であるため、beer が定冠詞句で実現可能となっている。

(8) Horace got some picnic supplies out of the car. <u>The beer</u> was warm.
 (cf. Horace got <u>some beer</u> out of the car. <u>The beer</u> was warm.)
(Clark and Haviland 1977: 21)

山梨（1992: 64）は、同様の連想照応が日本語にも見られるとする。次の例では、［その軍資金］に呼応する先行詞は、A の発話には明示されていないが、A の発話の［土地を手放した］の部分から、土地と交換にお金が手に入ることは自然に推定されるため、対話者の B は、この推論に基づいて［その軍資金］という定表現で質問しているとする。

(9) A：オレ、ついにあの土地を手放したよ。
 B：［その軍資金］で何かするつもり？ （山梨 1992: 64）

一方で、これとは異なる観点から問題のソの現象を説明する立場もある。
近藤（2008: 11）は、(9) では、必ずしも複雑な推論過程を考える必要はなく、「その」が直前の節（「土地を手放した」）を指すと考えればよいとする。
ここで、「その NP」の NP と同形の名詞句（NP）が先行談話内に存在しない場合、「その」の照応として、次のタイプがあり得ると想定してみよう。

(10) a. A タイプ：「その NP」の NP と同形ではないが意味内容が（ほぼ）同一の表現（節）が先行談話内に存在し、「その NP」全体がその表現（節）と照応関係を持つタイプ。
 b. B タイプ：「その NP」の「そ（の）」が先行談話内の表現（節）と照応関係を持つタイプ。

Aタイプ、Bタイプの「その」は、それぞれ、林（1983）の言う「指定指示」、「代行指示」に含められる。次の例は、「その散歩」全体が先行談話内の節（「外を歩いた」）と照応関係を持つとみなせるAタイプの照応例である。

(11)「今日なんかは外を歩いた方が気持がいいくらいです」
三原も言った。
「そうでしょう。かえって暖房の中の部屋が気持が悪いくらいですな」
峰岡周一も相槌を打った。
「ところで今日は」
と、三原は切りだした。
「その散歩ついでにお宅の前を通りかかって、つい、お邪魔をする気になりました」　　　（松本清張『時間の習俗』:98）（下線筆者）

一方、次の例は、「そ（の）」が直前の節を指すBタイプの照応例である。

(12)「そうだな、あいつは坊主にでもなっちまったほうがいいのかも知れねえな。少しでも神様の近くに居たほうがいいのかも知れない」老人は咳込みながら、ライを哀れむ。ライはそしてやっぱり毎日、毎日、ちょっと働いてはその金でしたたか酒を飲む。
　　　　　（平島幹『タン・ナピ・ナピ』BCCWJ）（下線筆者）

(9)の照応例も文法的には「そ（の）」が先行の節を指すとみなすことができる（近藤 2008）。この点で、(8)のような英語定冠詞の照応例とは性質が異なると言えるが[3]、連体修飾にした場合に不安定となることから、先行詞（節）と「（その）NP」との結束性が、語用論的な推論によって支えられているという面もある。たとえば、次の例は、「そ（の）」が先行の節（「ジョン・ロックフェラーの孫娘と結婚した」）を指すBタイプの照応例であるが、この例はロックフェラーに関する**フレーム知識**[4]（大富豪家）とそれに関わる語

用論的推論(ド・クエバスはロックフェラーの孫娘との結婚によって財力を得た)による支えのもとで比較的自然な照応例として理解される[5]。

(13) マルキ・ド・クエバスはジョン・ロックフェラーの孫娘と結婚した。その金で彼はバレエ団を設立した。(cf. ??太郎は学生時代の同級生と結婚した。その金で彼はバレエ団を設立した。)

2.3 記憶指示

　非現場指示(記憶指示)のアは話し手の記憶内の対象を指すため、話し手はその指示対象のことを知っていることが前提となる。一方、非現場指示(文脈指示)のソは、言語文脈の中で概念的に構築された言語的要素を指すだけであり、話し手は指示対象のことを知っていることは前提とされない(黒田1979)。次の例で、清子は指示対象のことを「あの人」から「その人」に呼び直しているのは、その人物のことを知っているという前提を打ち消すためである(事実、清子は小杉と特別な関係にあり、そのことを箕原に隠している)。

(14) 「それはあります。しかし、それを僕は意識しています。彼は意識していない。意識していると、いないでは大きい違いだと思いますね。小杉荒太の方は鈍感です」
「鈍感でしょうか、あの人」
清子は言ったが、すぐ自分の言葉に気付いて、
「勿論その人知りませんけど」
と言った。
箕原は清子の方へ顔を向けると、
「その人を知ってらっしゃるんではないですか？」
と訊いた。
　　　　　(井上靖「ある落日」『井上靖小説全集19』: 97) (下線筆者)[6]

一方の箕原は、指示対象のことを知っており、アで指示する条件は整っているが、「その人を知ってらっしゃるんではないですか？」とソで指示している。ここでは、聞き手への語用論的な配慮によってソが選択されていると考える（堀口（1978）の「社交の問題」も参照）。ここでアを用いた場合、指示対象のことを知り得ない（可能性がある）相手を自己の体験的基盤に引き込むことになる。そのような発話は、談話内での名詞句（指示詞、固有名詞、三人称代名詞）の使用において聞き手の知識への顧慮が求められる日本語においては、（語用論的な）適切性の点で問題となる（田窪（2010）参照）。

　ここで、現場指示と記憶指示のアの性質の違いを、固有名詞の対象の指示という点から見ておきたい。現場指示の「あの」は、普通名詞の対象を指示し、固有名詞の対象は指示できない（[現場指示]「あの {*太郎／学生} をこっちに連れて来なさい」）。現場指示の本務は、直示によって個体（指示対象）を唯一的に特定化することにあり、現場指示の「あの」は、指示する以前の段階で既に唯一的に特定化されている固有名詞には付けられない。一方、記憶指示の「あの」は、(14) のように普通名詞のみならず、次のように固有名詞にも付けられる。

(15)（新聞の見出し）「<u>あのソニー</u> どこへ」

（『朝日新聞』2012 年 2 月 3 日、朝刊）（下線筆者）

　この見出しは、ソニーが業績不振に陥っている実状を示す。ここでの「あのソニー」からは、「革新的なヒット商品を次々と生み出していたソニー」、「世界有数の電機メーカーとして君臨していたソニー」のように、ソニーの（かつての）**属性**（property）（あるいは、際立った特徴）が言外に強く喚起される。

　次の例の「あの、とはどういう意味だ」という質問は、相手の記憶内にある黒木翔吾なる者がどういう属性を持った者かを間接的に問う発話となっている。

(16)「おまえ、あの黒木翔吾なのか？」
　　　若者が返事をする前に今度は藤原が声を上げた。
　　　「サセケン、知っているのか？」
　　　「もしこいつがあの黒木翔吾なら、知っている」
　　　「あの、とはどういう意味だ」
　　　藤原が佐瀬に訊ねた。(中略)
　　　「確かこいつは、高校のとき、選抜とインターハイと国体の三大大会に優勝して、卒業後、高校三冠という鳴り物入りでプロ・デビューしたんだ。六戦六勝六KO。七戦目は判定だったが、やはり勝って、次は日本タイトルに挑戦かというところまでいったんだが、それからプッツリと出てこなくなってしまった。噂では、手の甲の骨に亀裂が走ってまともに拳を握れなくなったということだった。そうなのか？」
　　　佐瀬が訊ねたが、若者は黙ったままだった。
　　(沢木耕太郎「春に散る」『朝日新聞』2016年2月24、25日、朝刊)
　　　　　　　　　　　　　　　　　　　　　　　(下線筆者)

　固有名詞をとる記憶指示の「あの」は、ターゲットとなる個体が有する種々の属性のうち、当該談話において最も顕著な属性を喚起する機能を持つ。指示によって話し手の記憶内から引き出されるのが、特定の個体ではなく、既に特定化されている個体にまつわる「属性」である点が、このタイプの「あの」の重要な特徴である(澤田・澤田 2013: 78)[7]。
　さらに、固有名詞をとる記憶指示(「属性指示用法」)の「あの」は、述部と関連を持った**モーダルな属性**を当該の個体の属性として喚起する特殊な用法を発達させている (澤田・澤田 2013)。次の例からは、「太郎は勝つ可能性が低い」といった太郎(個体)に対する話し手のモーダルな属性評価が慣習的含みとして喚起される。

(17) あの太郎が勝った。

次の例が不自然なのは、「あの」が喚起する「白鵬は勝つ可能性が低い」という白鵬に対する話し手のモーダルな属性評価が、「白鵬は強い力士である」という我々が白鵬に対して持つ一般的な属性評価と齟齬をきたすからである (澤田・澤田 2013)[8]。

(18) #あの白鵬が勝った。（cf. あの白鵬が負けた。）

以上の議論をもとに、「あの」の用法を整理すると次のようになる。

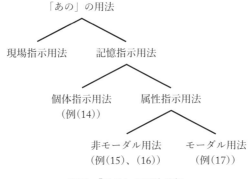

図5　「あの」の用法分類

記憶指示において、「モーダル用法」への拡張が認められるかどうかに関しては言語差があり得る。たとえば、英語では、that が記憶指示用法を担っており、固有名詞とも結合し得るが、「モーダル用法」は発達させていない。

2.4　コ・ア対ソ

金水 (1999: 67) は、指示詞における「直示」の本質を「談話に先立って話し手がその存在を認識している対象を、話し手が直接指し示すこと」と捉えた場合、コ・アは、現場指示、非現場指示にわたってこの直示の性質が認められるのに対し、ソはそうではないとする[9]。

ソの非現場指示には、文脈指示以外に、言語的先行詞を持たず、指示対象

がはっきり特定されない、または、(特別な表現効果を出すために)指示の値をあえて伏せる**曖昧指示**の用法があるが、この用法も「言語外世界との間接性という点で、文脈指示のソと共通する性質を持つ」とされる(金水1999: 85)。次の例の「それ」は曖昧指示用法と言える。

(19) 日本を縦断し、死体を切り取る戦慄の殺人事件発生。ネット上の噂を追う大学一年生・孝太郎と退職した刑事・都築の前に、それは姿を現した!
(宮部みゆき『悲嘆の門』の電車内広告)(傍点は原文)(下線筆者)

また、同じ現場指示の用法でも、コ・アとソとでは指示の性質が大きく異なる。金水(2001)は、ソによる指示が直示空間(話し手の視覚、聴覚その他のすべての感覚、心的対象化に基づいて構成される心的な空間)内での指示に限定されず、ソがコやアとは異なる次元で指示を実現し得る点を指摘している。次の電話例の「そこ」は聞き手領域指示であるが、「そこ」によって指示される場所は、話し手から見えず、独り言にしても「ここ」「あそこ」では指し得ない場所であることから、直示空間内の場所ではないという。

(20) A:もしもし、田中君ですか。
　　 B:はいはい、山田君? そこ、どこ? 　　(金水2001: 162)

同様の特殊性は中距離指示のソでも認められる。次の「そこ」が指す場所は、話し手・聞き手のいる現場からは見えず、現場指示の「ここ」や「あそこ」への置き換えもできないことから、直示空間内の場所とは言いにくい。

(21) 今西栄太郎が、川口の妹のところに行ったのは、その翌る日だった。(中略)
　　 「あら、兄さん、さっそくね。」
　　 妹は今西の顔を見て、びっくりしていた。

「ああ、ついそこの赤羽まで来たからね。」

(松本清張『砂の器(下)』:37)(下線筆者)

　現場指示において、ソは、聞き手領域指示、中距離指示共に、コやアでは指しにくい対象や領域を間接的／副次的に指示していると言うことができる。

3. 現場指示詞と聞き手の注意・視点

　近年、聞き手の**注意**や**視点**といった語用論的要因が、現場指示詞の選択に影響を与え得ることが、様々な言語の分析や実験によって報告されるようになってきた。このような報告を踏まえ、Peeters and Özyürek (2016) は、現場指示詞の研究では、従来の「*me*-here-now」に注目した「自己中心的」(egocentric) な分析から、「*we*-here-now」に注目した「社会的」(social) で「マルチモーダル」(multimodal) な分析[10]への転換が必要であるとする。以下、後者の見地から、現場指示詞の語用論的なケース・スタディを行う。

3.1　指示詞が三系列体系をなす言語の中称(非近称・非遠称)

　現場指示詞を**聞き手の注意**という観点から捉える契機となったのがトルコ語指示詞の研究である。トルコ語指示詞は、三系列の体系をなし、伝統的に距離区分や人称区分などによる整理がなされてきたが、近年の研究で、指示対象への聞き手の視覚的注意の有無が現場指示詞の選択要因となる点が指摘されている。Küntay and Özyürek (2006: 307) によれば、bu/o は、典型的には、話し手による指示がなされる以前に、聞き手の注意が指示対象に既に向けられているか、それが向けられているかどうかにおいて中立的な場合に使われ(この場合、bu は話し手から近い対象を、o は話し手から遠い対象を指す)、şu は、話し手による指示がなされる以前に、聞き手の注意が指示対象にまだ向けられていない場合に使われる傾向があるとされる。şu には、聞き手の注意を指示対象へと誘導する注意喚起の機能がある (Anderson and

Keenan 1985: 285)。

表2　トルコ語指示詞の体系（Küntay and Özyürek 2006: 308）

Addressee's visual attention on the referent	Distance of the referent	
	Proximal to the speaker	Distal to the speaker
Present/Neutral*	bu	o
Absent	şu	şu

Note: This category includes cases where the speaker presumes addressee's attention to be on the referent or is neutral with regard to its presence or absence.

林（1989: 99）は、şu では、聞き手が容易に同定できるように、指示対象が話し手や聞き手の近くにある目に見えるものであることが多く、身振りを伴う場合も多いとする。şu は、典型的には、「会話空間」（吉本 1992）内の対象を指示し、**ジェスチャー用法**（Fillmore 1997）[11] を基盤とすることが示唆される。

興味深いことに、şu は、話し手が手にする（すなわち、話し手の「個人空間」（吉本 1992）内の）対象も指示することが可能であり、近称形式 bu による「語用論的先取り」（pragmatic pre-emption）（Levinson 2004: 109）を受けない。

(22)（乗客が運転手の背後または横から料金を渡そうとして）
　　　Şun-dan　　iki　　kişi　　alın.
　　　これ-から　　2　　人（分）　取ってください　　　（林 1989: 97）

マックス・プランク心理言語学研究所のグループによる一連の研究で、日本語の現場指示のソは、指示対象が聞き手の近くにあることを示す用法以外に、トルコ語の şu と同様、指示対象へと聞き手の注意を促す用法（**誘導的注意用法**（または、**注意喚起用法**）（attention-drawing use））があることが指摘されている（Levinson, Kita, and Özyürek（2001: 53）、Levinson（2004: 110）等）。

誘導的注意用法は、従来、中距離指示用法とされてきたもの（の一部）であり、「中距離のソは独り言では現れにくく、聞き手への教導、注意喚起等に多く用いられる」とする金水（1999: 86）の観察とも一致する。次の例では、話し手は発話時及び発話時以前に聞き手が注意を向けていないと想定される場所を指差しており、ソが教導・注意喚起の場面で使われている。

(23)「芝村さんの別荘はどこですか？」
　　　東が玄関の中で女中に訊いた。
　　　「はい、すぐそこですが」
　　　女中が表に出て右のほうを指した。旅館から少し離れたところに別荘らしい家が外灯の光の蔭に暗くならんでいた。
　　　　　　　（松本清張「火と汐」『松本清張傑作総集Ⅱ』: 407）（下線筆者）

　ただし、指示対象までの距離が話し手からごく近い場合や、話し手と聞き手からかなり遠い場合には、コやアによる語用論的先取りを受けるとされる（Levinson 2004: 110）。この観点を敷衍するならば、ソの中距離性は、近称コと遠称アによる語用論的先取りを受けた結果の意味と捉えることもできる。
　一般に、発話現場から見えていない場所を指す (21) のようなタイプのソも中距離指示として一括されることが多いが、このタイプのソは、聞き手の「視覚的」注意は関わっていない点で、誘導的注意のソとは区別される。
　平田 (2014) もまた、注意概念から現場指示のソの再規定を試みている。ただし、平田 (2014: 83) の場合、「従来「中距離指示」とされてきたソ系は、トルコ語の şu とは対照的に、発話時に聞き手の視覚的注意が向けられている対象、もしくは発話時以前に一度注意が向けられた対象を指す」形式であるとする。(24e) では、話し手Cは、聞き手Dの方に顔を向け、Dが意図する対象に視覚的注意を向けていることを確認した上で、ソによる指示を行っているとする。

(24)（CとDは、正面のスクリーンに映し出された写真を見ながら、その写真の建造物をブロックで組み立てるという課題を行っている。Dが白いブロックが足りないと言い、Cが写真と同じ色のブロックを使う必要はないと答える）
  a. C：色一緒じゃなくてもいいって言ってたもん。
  b. D：(顔を上げてスクリーンを見ながら) あ、そうか、あ、そうなのか。(顔を下に向けて手元を見る)
  c. C：言ってたよ。
  d. D：(スクリーンを見上げて) そうか。
  e. C：(Dをちらっと見て、すぐに顔を手元に戻し) なんかそれを見て、(Dが顔を手元に下げるのを待ってから) っぽくすればいいんだよ。 　　　　　　　　　　（平田 2014: 95）

(24e)：CはDの方をちらっと見て発話　　C、Dと指示対象であるスクリーンの位置関係
図6　（平田 2014: 95）

　平田(2014)が指摘する「聞き手の視覚的注意が向けられている対象」を指すソは、聞き手の注意を誘導するソと対照的機能をなす、聞き手の注意に追随するソと言える[12]。図7の「それ」も**追随的注意**のソの一例と言える。
　図7の「それ」は、聞き手が「あれ」と指した対象を追随的に指示している。ここで、おばあさんは「あれ」で指示することも可能であるが、「あれ」の場合、専ら自分の視点から対象を直接的に指示している印象がある。
　また、図7の「それ」は、文脈指示ともとり得るが、このことは、「間接性」という点で、追随的注意のソと文脈指示のソが近い性質にあることを示

唆する。平田（2014: 15）が述べるように、聞き手を経由した間接的指示であるという点では、追随的注意のソは、聞き手の近くの対象を指すソとも共通した性質を有する[13]。

　追随的注意のソも、コアによる語用論的先取りを受け得る。追随的注意のソは、相手のアによる指示を承けた応答発話で用いられた場合には、話し手・聞き手からかなり遠くにある対象も指し示し得るが、そのようなかなり遠くにある対象を先行発話を承けずにソで指示することは難しく、その場合、アによる先取りを受けやすいと言える。

　一方で、誘導的注意のソと追随的注意のソでは違いもある。すなわち、（ⅰ）誘導的注意のソは、（注意喚起・教示という動機から）指さし等のジェスチャーを義務的に伴うが、追随的注意のソはそうではなく、また、（ⅱ）誘導的注意のソは場所指示に偏る傾向があるが（cf. 金水・田窪 1992: 169）、追随的注意のソにはそのような偏りは見られない（(24)と図7の「それ」を参照）。

図7　追随的注意のソ（いしいひさいち「ののちゃん」『朝日新聞』2014年3月26日、朝刊）（傍線筆者）

　日本語と同様に三系列の指示形式を持つ韓国語では、一般に、中称「ユ（ku）」は、聞き手領域指示用法は持つが、中距離指示用法は持たないとされる（金水・岡﨑・曹（2002: 235）等）。上で論じた現場指示のソの4分類を援用して改めて整理してみると、現場指示の「ユ」は、（ⅰ）直示空間外で、現場からやや離れた場所を指す用法（(21)の例参照）は持たず、（ⅱ）誘導的注意用法も（少なくとも日本語のソほど）十分には発達していない（金（2006: 50–61）参照）。一方、（ⅲ）聞き手の近くにある対象を指す用法は発達しており、（ⅳ）追随的注意用法も、日本語に比して使

用範囲が限定されるものの、次のように存在が認められる[14]。

> (25)（話し手の家のリビングの壁に一枚の絵が飾られている。話し手の家のリビングに通された聞き手が、絵から4メートルほど離れたところにあるソファーに腰掛けてその絵を見ている。話し手がその様子を確認して、聞き手の隣に座ってお茶をつぎながら話す）
> 　　　{ユ／저}　　그림은　　죽은　　　남편의　　　유품　　　이에요.
> 　　　{ku／ce}　　kulim-un　cwukun　namphyen-uy　yuphwum　ieyyo.
> 　　　{その／あの}　絵-は　亡くなった　主人-の　　　形見　　　です
> 　　「{その／あの}　絵は、亡くなった主人の形見なんです」

　以上、トルコ語、日本語、韓国語の中称形式を見てきたが、これらの言語において、日本語の中称形式（ソ）の機能の多様さ・複雑さは際立っている。

3.2　指示詞が二系列体系をなす言語の遠称

　金水・岡﨑・曹（2002: 235）は、三系列体系の言語である日本語、トルコ語、韓国語において、近称、遠称の形式は「話し手の視点から直接的に捉えられる対象を捉える形式、即ちまさしく「直示」の名にふさわしい形式であると言える」のに対し、「中称（非近称・非遠称）の機能は、話し手の視点による直接的把握という特徴だけからは記述できず、むしろそれ以外の談話や状況に依存しなければ、指示対象や用法の適否が決定できない」ものであり、これらの言語において「中称の指示詞は、近称・遠称の指示詞の機能の隙間を埋めるように発達してきたものと推測される」という示唆的な指摘を行っている。

　では、二系列体系の言語では、三系列体系の中称形式が担い得るような聞き手と結びついた機能は認められるのであろうか。以下、英語を例に考察する。

　現場指示 this/that、及び here/there の本来的・原型的用法は、「話し手が近い／遠いと認識する対象や場所を自身の視点から直接的に指示する」と特

徴づけられるが、that/there は、二次的に、聞き手領域指示のマーカーとしても機能する（there は、電話での話し相手のいる直示空間外の場所も指せる）。

図 8　聞き手領域指示用法の that（Jim Davis, *Garfield.*）（下線筆者）[15]

さらに、遠称形式 that/there の注目すべき運用として、話し手が自身の手に触れている対象や場所を、自らの視点ではなく、**聞き手の視点**に立って that/there で指示するというものもある（Fillmore 1997: 123、澤田 2013: 9–18）。

図 9　聞き手視点の that/there（Lynn Johnston, *For Better or For Worse.*）（下線筆者）[16]

次は、映画 *The Wizard of Oz* からの例である。魔女が離れた場所にある大きな砂時計を取りに行き、その場所から砂時計の残り時間を少女ドロシーに見せる場面である。魔女は、自身が手にした砂時計を that で指示している。

(26) *The Wicked Witch moves toward a big hourglass.*【左下の映像と対応】
She picks up the hourglass, turning it upside down and pointing to it.
WICKED WITCH: Do you see that? That's how much longer you've got to be alive! And it isn't long, my pretty.【that の発話は、右下の映像と対応】
(『名作映画完全セリフ集　スクリーンプレイ・シリーズ 134　オズの魔法使(改訂版)』: 132) (下線筆者)　　　(澤田 2013: 11)

 >

図 10　映画 *The Wizard of Oz* における対応映像

　これらの例では、聞き手を知覚主体とする知覚動詞 see との共起からも裏づけられるように、that/there は聞き手の視点に立った指示となっている。ここでの that/there は、this/here に置き換えることが可能であるが、その場合は、話し手自身の視点からの指示となる。澤田 (2013: 18) は、「話し手が聞き手の視点に立った指示を行う動機は、自身が触れている対象や場所に対して、聞き手の注意 (attention) を強く引く (または、対象や場所への聞き手の「注意喚起」を強める) ことにある」と指摘している。近称形式による語用論的先取りが生じない点、聞き手への注意喚起の場面で現れる点、ジェスチャー用法を基盤とする点など、トルコ語 şu との類似性も指摘できる[17] (注意喚起の機能やジェスチャーの付随という点にのみ着目するならば、日本語の誘導的注意のソとも一部共通した特徴が見出せる)。

　遠称形式の「聞き手指向的」な運用が、英語以外の他の二系列の言語の遠称形式でも同等に認められるとは限らない。たとえば中国語では、遠称「那」は、通例、対称詞「你」の限定を伴う場合を除き、聞き手領域指示の

マーカーとはなり得ない(木村 2012: 69–70)。また、話し手が手に触れる対象や場所を、聞き手の視点を利用して「那」で指す現象も観察されない。中国語は、英語に比べ、指示詞の選択において聞き手の関与の度合いが低いと言える。

4. おわりに

　指示詞が文脈依存的性質を有する点を考えるならば、豊かな文脈情報を考慮に入れた語用論的・談話的な分析は欠かせない。一方で、当該の指示形式において、何を語彙的意味として残し、何を(談話内で果たす機能として)語用論に委ねるべきかの判断も重要となる。Enfield (2003: 91) は、二系列体系をなすラオ語の指示詞(指示限定詞)nii^4 と nan^4 の語彙的意味から、遠近の距離の概念をも抜き去り、「近称」nii^4 には直示的プリミティブ(deictic primitive)としての「指し示す」(= DEM) という意味のみを、「遠称」nan^4 には、「HERE スペースにない対象を指し示す」(= DEM NOT HERE) という意味のみを与え、指示詞の語彙的意味(意味論)を極限まで最少に抑えている(nii^4 と nan^4 の上付き数字の 4 は、高下降調(high faling tone)の声調記号を示す。HERE スペースとは、話し手を中心に形成される伸縮可能な空間を指す)。実際の談話場面における nii^4 と nan^4 の選択は、指示対象までの距離、指示対象と聞き手との位置関係、指示対象の可視性などの様々な要因によって影響を受けるが、これらは全て指示詞の語彙的意味(意味論)からは除外されるとする(ibid.: 115)。

　指示詞の研究では、指示詞の選択に影響を与え得る語用論的・談話的要因を幅広く取り出す一方で、指示詞の語彙的意味の本質を探り、意味論と語用論の相互関係の中で指示詞の振る舞いを捉えることが重要となる。

　現場指示詞の研究法としては、映像録画による談話分析の手法が有望である。これによって、これまで知られてこなかった指示詞の談話内での振る舞いや選択要因が明らかになることが期待される。一方で、実際の談話データだけでは観察される使用場面が限られ、指示詞の使用制約を取り出しにくい

という難点もある。条件がコントロールされた非文を含む作例や、多様な場面を想定した質問調査による研究も不可欠であり、これらの研究法の開発も進めていく必要がある（Wilkins（1999）、林（2009）などが参考になろう）。

読書案内

・Fillmore, Charles J.（1997）*Lectures on Deixis*. Stanford: CSLI Publications,：格文法、フレーム意味論、構文文法、プロトタイプ意味論などの創始者・開拓者としても知られる Charles Fillmore が 1971 年にカリフォルニア大学サンタクルーズ校で行ったダイクシスの講義録。ダイクシスに関する Fillmore の視野の広い考察から指示詞研究が得るものは多い。

・金水敏・田窪行則編（1992）『指示詞』ひつじ書房：1992 年以前に発表された日本語指示詞の重要文献が収録されたアンソロジー。中でも、編者による解説論文（金水・田窪 1992）は、日本語指示詞研究の最高度の達成を示しており、談話の理論的な研究の中で指示詞の研究を行っている点でもそれ以前の研究とは一線を画している。

・Enfield, Nick. J.（2003）Demonstratives in Space and Interaction: Data from Lao Speakers and Inplications for Semantic Analysis, *Language* 79（1）：指示詞において意味論と語用論を峻別し、指示詞の意味論を追求する点で、黒田（1979）、金水・田窪（1992）らの日本語指示詞の研究にも通じるが、一方で、自然談話のデータを重視し、映像録画をもとに、話し手と聞き手の相互行為場面を詳細に観察する点にも特色が見られる。語用論、談話分析、フィールドワーク（言語類型論）を三位一体的（協同的）な形で進める Stephen Levinson、Nick Enfield に代表されるマックス・プランク心理言語学研究所のグループの研究アプローチは、指示詞研究のみならず、語用論研究における 1 つの理想形と言える。

注

1 前方照応のソには、相手が話題とする対象を指示するソもある。この場合のソは、人称区分を反映する点で、現場指示(聞き手領域指示)のソに近似する。
2 文脈指示については、「結束性」(庵 2007)や「談話ジャンル」(劉 2015)に注目した研究もあり、テクスト言語学(機能言語学)や文体論の知見が生かされている。
3 (8)のような英語定冠詞の連想照応の例は、日本語では裸名詞句(bare noun phrase)で示されるのが一般的である。この点については、坂原(2016: 163)を参照。
4 フレーム知識とは、語が喚起する背景的な世界知識を意味する。
5 (13)は、次のフランス語指示詞の連想照応の例を参考にしている。
 (ⅰ) *Le marquis de Cuevas avait épousé la petite-fille de Rockefeller. Avec <u>cet argent</u>, il a créé un ballet.* (Radio, France-Musique, 7.2.1993) [The Marquis de Cuevas had married Rockefeller's grandchild. With <u>this money</u>, he created a ballet.]
(Apothéloz and Reichler-Béguelin 1999: 371)

6 この興味深い用例の存在は下記の記事によって知った(ただし、以下の解釈は本稿の筆者による)。http://coderachi.cocolog-nifty.com/blog/2008/08/post_c2a7.html(最終参照日:2016 年 9 月 7 日)
7 澤田・澤田(2013: 78)で仮称された「有名用法」の「あの」(例:このあたりが、<u>あの</u>坂本龍馬の生家があった場所です)も、このタイプの「あの」(「属性指示用法」)のうちの「非モーダル用法」の「あの」(図 5 参照))の一種に含められる。
8 次の例では、「あの」が「モーダル用法」に解釈可能と言えるが、興味深いことに、ここでは一文中に「あの」が複数生起している。
 (ⅰ)「卒業制作にふさわしいとは思えないですね」と、高木先生が言った。先生は不機嫌の塊になっていた。(中略)
 「そうでしょうか」涼子は毅然と反問した。(中略)
 公然たる反撃に、高木先生は一瞬たじろいだ。元 A 組の生徒たちも仰天した。<u>あ</u>の藤原涼子が、<u>あの</u>高木先生に口答えしている。
(宮部みゆき『ソロモンの偽証 3』: 21)(傍点は原文)(下線筆者)

9 日本語指示詞の体系をコ・ア対ソの対立として捉える見方は、コ・アとソを、「強烈指示」と「平静指示」の違いとして捉えた堀口(1978)、「直接的知識(体験的知識)」と「概念的知識」への指向の違いとして捉えた黒田(1979)に源流が認められ、金水・田窪(1992)、滝浦(2008)、堤(2012)などによって発展的な議論がなされている。
10 マルチモーダル分析では、録画した会話の映像データをもとに、言語的な要素に加えて、ジェスチャーや視線(の変化)などの非言語的な要素に注目する。
11 Fillmore (1997: 62–63)は、現場指示(直示)を「ジェスチャー用法」(gestural use)と「シンボリック用法」(symbolic use)とに分ける。ジェスチャー用法は、指差し等の身体的動作を伴うため、聞き手は、指示対象の位置を同定するために話し手の身体的動作(指差しの方向、等)をモニターする必要がある(例:<u>この</u>歯が痛むんです)。一方、シンボリック用法では、聞き手は、発話場面の状況(発話場所はどこか等)が理解できていれ

ば、指示対象の同定が可能である(例:「この町は風情がありますね」)。
12 平田(2014: 93)では、「誘導的注意」のソ(「聞き手の注意不在」のソ)の存在が認められていないが、(23)や次の例のように、ソによって「聞き手の注意を新しい指示対象にひきつける」ことは、一般に認められる現象であろう。
　(ⅰ)(話し手と聞き手は部屋の中にいる。対面している聞き手の後方で、かつ、話し手・聞き手両者から離れたところに置いてある荷物の陰から、ゴキブリが出てきたのを話し手が見つけ、話し手がそれを指差す)
　　　A:うわっ、見て!　そこにゴキブリがいる!
　　　B:(Bは後ろを振り向き)えっ!　どこどこ!?
13 平田(2014: 106)が指摘するように、「聞き手の近くにある対象を指すソ」は、「追随的注意(聞き手の注意の存在)のソ」と異なり、アとの交替が不可能であり、この点で、これら2つのソは区別される。ただし、「聞き手領域指示のソ」を広義に「指示対象に対して話し手より聞き手の方が優位に関与する場合に現れる」指示形式と捉えるならば(2.1節)、指示対象に対する聞き手のアクセスの先行性を認める追随的注意のソは、聞き手の近くにある対象を指すソと共に、聞き手領域指示のソの下位種とみなすことは可能である。追随的注意のソの現象については滝浦(2008: 88)にも指摘がある。合わせて参照されたい。
14 韓国語母語話者によると、(25)では、話し手も絵を見ながら話したり、絵を指差しながら話したりしている場合や、絵までの距離が遠い場合には、「그(ku)」は使いにくくなり、「저(ce)」を使うという。指示対象に対する聞き手の優位性が保持されなくなるのであろう。(24e)や図7の例でも、指示対象までの距離が遠いと感じられやすく、그は使いにくいようである。追随的注意用法の그の使用範囲は個人差もあるようであり、地域差(方言差)の可能性も含めて今後更に詳しい調査が必要である。
15 http://www.gocomics.com/garfield/2014/12/02(最終参照日:2016年9月7日)
16 http://www.gocomics.com/forbetterorforworse/2015/01/09(最終参照日:2016年9月7日)
17 英語の聞き手視点用法のthat/thereがトルコ語şuと類似した機能を持つという点に関しては、平田未季氏(秋田大学)との個人談話に負っている。

参考文献

Anderson, Stephen R. and Edward L. Keenan. (1985) Deixis. In Timothy Shopen (ed.) *Language Typology and Syntactic Description*: *Volume 3,* pp. 259–308. Cambridge: Cambridge University Press.

Apothéloz, Denis and Marie-José Reichler-Béguelin. (1999) Interpretations and Functions of Demonstrative NPs in Indirect Anaphora. *Journal of Pragmatics* 31, pp. 363–397.

Ariel, Mira. (1990) *Accessing Noun-Phrase Antecedents,* London: Routledge.

Clark, Herbert H. and Susan E. Haviland. (1977) Comprehension and the Given-New Contract, In Roy O. Freedle (ed.) *Discourse Production and Complehension*, pp. 1–40, Norwood: Ablex Publishing Corporation.
Diessel, Holger. (1999) *Demonstratives: Form, Function, and Grammaticalization*, Amsterdam: John Benjamins Publishing Company.
Enfield, Nick. J. (2003) Demonstratives in Space and Interaction: Data from Lao Speakers and Inplications for Semantic Analysis, *Language* 79 (1), pp. 82–117.
Fillmore, Charles J. (1997) *Lectures on Deixis*, Stanford: CSLI Publications.
林四郎(1983)「代名詞が指すもの、その指し方」『朝倉日本語新講座』pp. 1–45、朝倉書店
林徹(1989)「連載＝トルコ語のすすめ3「これ・それ・あれ」あれこれ」『言語』18(1)(1月号)、pp. 96–101、大修館書店
林徹(2009)「トルコ語指示詞の選択における話者の判断のばらつき」『東京大学言語学論集』28、pp. 267–282、東京大学文学部言語学研究室
平田未季(2014)「注意概念を用いたソ系の直示用法と非直示用法の統一的分析」『言語研究』146、pp. 83–108、日本言語学会
堀口和吉(1978)「指示語の表現性」『日本語・日本文化』8、pp. 23–44、大阪外国語大学
Imai, Shingo. (2009) *Spatial Deixis*, Saarbrücken: VDM Verlag Dr. Müller.
庵功雄(2007)『日本語におけるテキストの結束性の研究』くろしお出版
加藤重広(2004)『日本語語用論のしくみ』研究社
金善美(2006)『韓国語と日本語の指示詞の直示用法と非直示用法』風間書房
木村英樹(2012)『中国語文法の意味とかたち』白帝社
金水敏(1999)「日本語の指示詞における直示用法と非直示用法の関係について」『自然言語処理』6(4)、pp. 67–91、言語処理学会
金水敏(2001)「指示詞―「直示」再考」中村明(編)『現代日本語必携』pp. 160–163、学燈社
金水敏・田窪行則(1992)「日本語指示詞研究史から／へ」金水敏・田窪行則(編)『指示詞』pp. 151–192、ひつじ書房
金水敏・岡﨑友子・曺美庚(2002)「指示詞の歴史的・対照言語学的研究―日本語・韓国語・トルコ語」生越直樹編『対照言語学』pp. 217–247、東京大学出版会
近藤泰弘(2008)「古典語の指示詞の照応表現をめぐって」『日本語文法学会第9回大会発表予稿集』pp. 9–18、日本語文法学会
久野暲(1973)『日本文法研究』大修館書店
Küntay, Aylin C. and Asli Özyürek. (2006) Learning to Use Demonstratives in Conversation: What Do Language Specific Strategies in Turkish Reveal?, *Journal of Child language* 33, pp. 303–320.
黒田成幸(1979)「(コ)・ソ・アについて」林栄一教授還暦記念論文集刊行委員会編『英語と日本語と』pp. 41–59、くろしお出版
Levinson, Stephen C. (2004) Deixis, In Laurence R. Horn and Gregory Ward (eds.) The

Handbook of Pragmatics, pp. 97–121, Oxford: Blackwell Publishing Ltd.
Levinson, Stephen C., Sotaro Kita and Asli Özyürek. (2001) Demonstratives in Context: Comparative Handicrafts, In Stephen C. Levinson and N.J. Enfield (eds.) *Manual for the Field Season 2001,* pp. 52–54, Nijmegen: Max Planck Institute for Psycholinguistics.
小川典子(2013)「指示詞における「対立型」「融合型」とは何か」児玉一宏・小山哲春(編)『言語の創発と身体性』pp. 265–277、ひつじ書房
Peeters, David and Asli Özyürek. (2016) This and That Revisited: A Social and Multimodal Approach to Spatial Demonstratives, *Frontiers in Psychology* 7 (222), pp. 1–4.
劉驫(2015)『談話空間における文脈指示』京都大学学術出版会
坂原茂(2016)「英語の定冠詞句と日本語の裸名詞句の類似」藤田耕司・西村義樹(編)『日英対照　文法と語彙への統合的アプローチ』pp. 154–179、開拓社
佐久間鼎(1951)『現代日本語の表現と語法』恆星社厚生閣
澤田淳(2013)「視点、文脈と指標性―英語指示詞における聞き手への指標詞シフトの現象を中心に」『語用論研究』15、pp. 1–23、日本語用論学会
澤田淳・澤田治(2013)「日本語モーダル指示詞における意味の多次元性―意味論と語用論のインターフェース」『KLS』32、pp. 73–84、関西言語学会
滝浦真人(2008)『ポライトネス入門』研究社
田窪行則(2010)『日本語の構造』くろしお出版
堤良一(2012)『現代日本語指示詞の総合的研究』ココ出版
Wilkins, David. (1999) The 1999 Demonstrative Questionnaire: 'this' and 'that' in Comparative Perspective, In David Wilkins (ed.) *Manual for the 1999 Field Season,* pp. 1–24, Nijmegen: Max Planck Institute for Psycholinguistics.
山梨正明(1992)『推論と照応』くろしお出版
吉本啓(1992)「日本語の指示詞コソアの体系」金水敏・田窪行則(編)『指示詞』pp. 105–122、ひつじ書房

引用例出典
井上靖『井上靖小説全集 19』新潮社、1974 年／　○松本清張『砂の器(下)』新潮社、1961 年／　○松本清張『時間の習俗』新潮社、1972 年／　○松本清張『黒の回廊』文藝春秋、1979 年／　○松本清張『松本清張傑作総集 II』新潮社、1993 年／　○宮部みゆき『ソロモンの偽証 3』新潮社、2012 年／　○平島幹『タン・ナビ・ナビ』ゲイン、1992 年／　○『名作映画完全セリフ集 スクリーンプレイ・シリーズ 134 オズの魔法使(改訂版)』株式会社フォーイン

第3章　社会語用論

滝浦真人

1. はじめに

　人がことばを用いて何を為すか？に共通の関心を寄せるのが語用論という研究領域ないし方法論だとすると、「一般語用論の中で社会学と関わりの深い部分」である「**社会語用論**(socio-pragmatics)」（リーチ 1987: 15［Leech 1983: 11］）は、とりわけ社会の中での人の言語的ふるまいを対象とするカテゴリーであることになる。コミュニケーションに参加する人を視座とするなら、人と人がどのように関係を構築・維持・変容させてゆくかにかかわる言語的対人配慮、つまり**ポライトネス**の問題が社会語用論の中心的課題として見えてくる。典型的なところでは、**呼称**は普遍的に社会語用論のトピックであり、日本語や韓国・朝鮮語のように敬語が体系化されている言語では、**敬語**も主要な研究対象となる。本章では、ポライトネスが語用論的トピックとなった経緯を押さえた上で、これを研究しようとする際の基本的な考え方を整理したい。近年関心が高まっている「**インポライトネス**」にも折にふれて言及する。

2. 語用論の問題としてのポライトネス

　ポライトネスの概念は、**グライス**の「**協調の原理**」およびその下位原則の、いわば年の離れたきょうだいである。ただし、このきょうだいは似ておらず、互いに正反対の性格をしている。特に、「協調」の字面から「対人配

慮」を連想してならない点は、誤解のないようにしたい。協調的なのは情報内容に対してであって、言い換えれば、伝達効率が最大になるようなあり方がこの原理と原則である。そこには"優しい嘘"も"ウケ狙いのギャグ"もなく、つねに過不足ない情報が最も解釈コストの低い仕方で語られる。つまり、**協調の原理**と**下位原則**には、一切の**対人配慮**の類が欠けている。

年下のきょうだいは、それを反面教師とする。人びとのコミュニケーションには、情報の正確さや伝達効率よりも、話して楽しい、あるいは自己確認などで自尊心が満たされる、といった対人関係の維持や構築に関わる側面があり、しばしば情報内容そのものより大切であるとも感じられよう。したがって、人びとは、潜在的な衝突や対立を最小化するという動機による言語的配慮の概念を持っていると考えられる。それが「ポライトネス(politeness)」である。こうした経緯によって、ポライトネスはつねに協調の原理と下位原則に背き、**伝達効率**を落とす形でやり取りされる。

ポライトネスはこのように、グライスの協調の原理との関係において語用論の舞台に登場した。そして、この流れに大きな影響力を与えた人物が、レイコフ、ブラウン＆レヴィンソン、そしてリーチ、である。上のような考え方を初めて提起したのは、「近代的ポライトネス理論の母」(Eelen 2001: 2) とも呼ばれる**レイコフ**である。Lakoff (1973)は「**ポライトネスの規則**(politeness rule)」を立て、情報内容重視のコミュニケーションでは協調の原理が守られ、会話参加者同士の相互的な尊重を指向するならポライトネスの規則が適用されると論じた。具体的には、①押し付けない、②選択肢を与える、③相手を気分良くさせる・友好的に、という3つの項目で(Lakoff 1973: 298)、それぞれ、①距離のストラテジー、②敬意のストラテジー、③連帯のストラテジー、と言い換えられた(Lakoff 1990: 35)。

ポライトネスを体系的に導かれるものとして位置付け直したのが**ブラウン＆レヴィンソン**(以下、B＆L)である。彼らは、ポライトネスの「規則」や(次に見るリーチのような)「原理」といったものを立てず、「**合理的な効率性**から逸脱するときの主要な源泉であり、まさにその逸脱によって伝達されるもの」と見る(B＆L 1978 [1987: 95])。動機には動因があるはずで、彼

らはそれを、(相手の)**フェイス**——**自己決定と他者承認に関わる基本的な二面的欲求**(各々、「ネガティブ・フェイス」と「ポジティブ・フェイス」)——を侵害する度合いであると考えた。**フェイス侵害**(face threatening)の度合いは、伝達される事柄に内在する**負荷の度合い**に加え、**人間関係**にかかわる上下など相手の力と親疎など相手との距離を総合して見積もられるものとされた。そして、このフェイス侵害度の見積りに応じて、相手との関係性の異なるストラテジーが採られるというモデルに組み込まれた。侵害度の見積りが小→大の順で、**①直言(ありのままを言う)**、**②ポジティブ・ポライトネス**、**③ネガティブ・ポライトネス**、**④ほのめかし**、**⑤言わない**、の5段階が立てられた[1]。B＆Lの理論は、その合理主義的な因果モデルゆえに、後に"ポストモダン"派の論者たちの批判を受けることになるが、フェイス侵害度の3要素における人間関係要因の大きさなどは先見の明と言え、実験的研究でも検証されつつある(Kiyama et al. 2012 など)。

　リーチのポライトネス論(Leech 1983)は、1978年に論文として発表されたB＆Lの理論に対する対抗案的な性格をもっていた。その最大の特徴は、「協調の原理」と同じ次元で拮抗的・補完的な関係にある「**ポライトネスの原理**」を立てたことである。協調の原理が「談話に関してのゴールに貢献するという機能を有する」のに対して、ポライトネスの原理は「これよりも高次の調節的機能を有している」とリーチは言う。つまり、「社会的な均衡と友好的な関係を維持するという機能」である(リーチ 1987: 114 [Leech 1983: 82])。リーチはこの原理の下に、**6つの下位原則**を置いた。すなわち、**気配り／寛大さ／是認／謙遜／合意／共感**の各原則である(同: 22 [同: 16])。

　この行き方は魅力と危うさの両面をもっている。たしかに、コミュニケーションには情報伝達の側面と人間関係構築の側面とがあり、場面や目的に応じて優勢な側面も変わると言える。リーチの枠組みはそうした事情をシンプルに捉えることができる。他方で、場面や目的に応じて優勢になる側面は他にもあると考えられ、そうなると最上位の規定といえる「原理」がいくつでも立てられてしまうことになり——現にリーチ自身、「アイロニーの原理」

というものを立てている——、同様にまた、下位原則もリーチの6つでなければならない理由がないように思われてくる。そのようにして、研究者たちが自分の対象とする言語や現象に合わせて、いわば都合のいい原理や下位原則をそれぞれに立ててしまい収拾のつかない状況が、現に生じてもいる[2]。

　以上、ポライトネス概念の沿革をたどってみたが、「規則」か「動機付け」か「原理」かの違いはあれ、協調の原理と拮抗する、あるいは補完するものとして「ポライトネス」を捉えようとする点では三者とも共通していた。こうした**目的合理的な還元主義的流れ**に対して、後にワッツやエーレンといった**"ポストモダン"派**から批判がなされることになる。ここで説明する余裕はないが、ポライトネス研究における「三重の偏向」と批判された点だけ記しておく（Eelen 2001: ch.3）。それは、ポライトネス～インポライトネスの軸における**ポライトネスへの偏向**、話し手～聞き手の対における**話し手への偏向**、そして、産出～評価の軸における**産出への偏向**、である。以下の議論では、これらの点をできるだけ意識しながら進めてゆくことにする。

3.　社会語用論の視角

3.1　3つの位相：規範・偏移・変化

　では、ポライトネスという配慮がいかにして伝達されるか（失敗するか）に関わる問題系を眺めてみたい。ポライトネスとは個人の営みなのだろうか？　それが蓄積された社会習慣なのだろうか？　さらには体系化され言語に組み込まれることもあるだろうか？　社会語用論で扱われる問題は、一般に「**社会言語学**」と「**語用論**」に分けられる領域にまたがっている。そこでまず、社会語用論的に現象を捉えるとき、どんな位相があり得るかを整理しよう。例として、現代日本語において人々が敬語を使ったり使わなかったりしながら、何を表現・伝達しているか？という問題意識を仮定する。

　同じ現象でもどこから（誰の目から）見るかによって像は異なる。観察者の目からそれなりに安定的な状態として見える現象は社会言語学的だが、会話の参加者（ここでは話し手とする）の目からすればそれは、当然そうふるまう

ことが期待される行ないである。具体的には、人間関係の上下が意識されているときの上向き会話での敬語使用や、初対面会話における敬語(敬体)使用といったものが例となろう。話し手にとっては**標準ないし規範**(norm)であり、ポライトネスに関していえば、いわば**"無標"のポライトネス**の表現・伝達であると言える。これが、場面や人間関係から予期される、"デフォルト(初期値)"としての期待の水準である。

　一方、観察者から見て時折観察される現象、言い換えれば人々の営みの中でいつもと違う出来事として現れてくるものの多くは語用論的だが、話し手にとってそれは、何かのハプニングでなければ、そうしようと思って選択した**言語形式**であり意図的な言語使用の結果である。具体例としては、敬語ベースの会話に非敬語(タメ語)が混じり始めたなら、それは何かに動機付けられている可能性が高い。あるいは逆に、タメ語ベースの会話に敬語が持ち込まれることもあるが——例えば夫婦喧嘩で突然用いられる敬語など——、それも同様である。ポライトネス的には、**"有標"のポライトネス**が表現・伝達される水準ということになる。標準や規範から見れば、そこからの**動機付けられた偏移ないしずれ**(shift)と言うことができよう。

　これら2つの位相は、ポライトネスの動機付けにおける**受動的側面と能動的側面**である。位相としてはこれにもう1つ付け加えて、3つの類型に整理するのがよいと考える。3つ目は**変化**(change)の位相である。時代の移ろいの中で次々に登場してくる新しい表現形や用法を、話し手が半ば無意識的かつ半ば意識的に、選択して用いる場合は少なくない。具体例としては、"新しい"敬語使用の傾向、例えば、「連休はお出かけにな<u>られ</u>ましたか？」のような二重敬語や、「…してあります」の代わりに「…してございます」を使う用法、あるいは「…させていただく」の多用、といったものが思い浮かぶ。こうした現象には必ず、**標準や規範に対する意識の変化**が関係しており、そのかぎりで語用論の問題となる。そうした半ば無意識的かつ半ば意識的使用の動機付けとしては、**受動的〜能動的の中間**にあるものと言えよう(4.3で再述)。

　以上の準備的な考察から、社会語用論における3つの位相を、各々の動

機付けの性質と合わせて、表1のようにまとめることができる。

表1　社会語用論の3つの位相と動機付け

	位　　　相	動機付け
（ⅰ）	標準ないし規範(norm)の位相	受動的
（ⅱ）	偏移ないしずれ(shift)の位相	能動的
（ⅲ）	変化(change)の位相	中間的

3.2　B&Lが引き起こした用語と概念の問題

　こう整理した上で、社会語用論の位相の問題を研究史的な流れの中に置き直すことにする。ポライトネス研究の40年のうち、かなりの期間は概念と用語にまつわる論争的状況が展開されてきた時間でもある。その"原因"となってきたのは、もはや古典と見なされるB&Lのポライトネス理論である。この理論は、Some universals in language usage との副題に表れているとおり、言語の普遍現象としてポライトネスを位置付ける試みであり、それと関連した道具立てが含まれていた。1つは、自我に関わる欲求である**フェイス**と推論能力である**合理性**を付与された、2人のモデル・パーソンのふるまいを予測するという**思考実験**的デザインであり、もう1つは、その結果出力される言語表現などを「**ストラテジー**」という用語で一括したことである。

　ポライトネスのポジティブ／ネガティブといった類型もストラテジーであり、そうしたポライトネスを実現する具体的手段の水準も同様にストラテジーと呼ばれた。動機における能動性／受動性の区別はなされないまま、モデル・パーソンがどう推論するかという過程と出力が検討された。その意味では、B&Lの議論と例には先の（ⅰ）〜（ⅲ）の位相が混在しながらすべて含まれている。ところが、'strategy' という用語が日本語にすれば「戦略・方略」といった意味合いであるために、あたかも（ⅱ）の能動的な位相だけを「ポライトネス」として取り出したかに見えた。

　そのように捉えていち早くB&Lを批判したのが、松本と井出である。井出は、日本語の敬語使用を受動的なもの、西洋的なポライトネスを能動的

なものと規定し、それぞれを「わきまえ（discernment）方式」「働きかけ（volition）方式」と名付けた上で、ポライトネス理論の枠組みに日本語敬語を「押し込め」るなら「狭義の敬語（＝日本語敬語［滝浦注］）はその本来の機能が歪められて」しまうと批判した（井出 1987: 27, 29）。Ide (1989: 229-230) は、Matsumoto (1989) の論を引きながら、「今日は土曜日だ／です」等の「だ・です」に敬語表現を使うか普通の言い方を使うかは、個人の選択の問題ではなく、ある特定のものを選ぶよう文化的に義務づけられていると主張した。

　これに対してトマスは、「もし話し手がわざとその社会の行動規範を破ってやろう（そしてその結果を引き受けよう）と望む余地がないなら」、敬語は社会言語学的規範によって決定されているのであって、語用論の問題にはならないと批判している（トマス 1998: 165 ［Thomas 1995: 152］）。3.1 で挙げたように、3 つの位相のすべてに日本語敬語からの例を見つけることは容易である。しかし井出は、日本語敬語は位相（ⅰ）の現象であり、ヨーロッパ語の非敬語的ポライトネスは位相（ⅱ）の現象であるとして、言語文化差を位相差そのものと同一視した。井出の主張はこの点で過剰だったと言うべきだろう[3]。一方、トマスの批判も、多分に皮肉的な書きぶりとはいえ、（ⅱ）の位相で書かれている。その意味では、井出もトマスも、"わきまえ"対"働きかけ"の対立軸にそのまま乗っている。しかし、日本語母語話者の直観からしても、敬語の使用に（ⅰ）と（ⅱ）の両面があることは明らかである。

　こうした状況が解消されたとは言えないが、今世紀に入ってから議論を整理する提案などが出されるようになった。ピッツィコーニは、批判的総括をしながら、いかなる社会のコミュニケーションにも**"わきまえ"と"働きかけ"の両面**があると指摘し、"わきまえ"は言語の相違によらずワッツの言う 'politic behaviour' とよく合致すると述べている（Pizziconi 2003: 1500）。ワッツの 'politic（穏当な）' とは、'polite' の対概念として提唱されたもので、言語的ふるまいが「進行中のやりとりの社会的諸条件に合っている、すなわち目立たなく感じられる」ことをいう。それに対する **'polite'**（あるいは **'impolite'**）は、「期待される程度を越える、すなわち目立っていると感じら

れる」(Watts 2003: 19)ことである。この区別についてカルペパーは、(表現の)期待度と許容性に関係する区分として有用であると述べている(Culpeper 2011: 16)。

　例を挙げよう。(1)はワッツの挙げる politic の例で、(2)は、それをカルペパーが polite の例として改変したものである[4]。

(1) A: Would you like some more coffee?
　　 B: Yes, *please.*　　　　　　　　　　　　　　　(Watts 2003: 186)
(2) A: Would you like some more coffee?
　　 B: Yes, *please, that's very kind, coffee would be wonderful.*
　　　　　　　　　　　　　　　　　　　　　　　　(Culpeper 2011: 16)

　筆者も、ピッツィコーニやカルペパーの見解に賛同する。'politic / polite' の区分を導入することで、"わきまえ"対"働きかけ"の対立を吸収することができ、社会語用論の3つの位相も明確になるからである。導入後の全体像は、標準ないし規範の位相(ⅰ)が 'politic behaviour' に対応し、そこからの偏移ないしずれの位相(ⅱ)が程度の過剰において 'polite'(または 'impolite')に対応する[5]。変化の位相(ⅲ)は、変化という現象の過渡的性質を反映するだろう。聞き手が話し手の感覚や意図どおりに感じる確率は下がるはずで、新しい表現をより丁寧だと受け取る可能性もあるが、誤用だと受け取って好ましくない印象を持つかもしれない。結局のところ、'impolite〜politic〜polite' のいずれとも対応することになろう。この(ⅲ)において、話し手と聞き手の立場の相違が最も尖鋭的に表れると言ってもよい(4.3で再述)。

　3つの位相と 'politic / (im)polite' の関係は表2のようにまとめられる。

表2　3つの位相と 'politic / (im)polite' との関係

	位　　相	'politic / polite'
（ⅰ）	標準・規範の位相	'politic'
（ⅱ）	偏移・ずれの位相	'(im)polite'
（ⅲ）	変化の位相	'impolite~politic~polite'

4.　社会語用論を研究する

4.1　言語行為の（対照）語用論

　次に、これら3つの位相とどう関わるかを押さえながら、社会語用論の研究を俯瞰したい。方法論的に注意すべき点についても極力触れる。

　（ⅰ）の位相は、標準・規範が対象となるだけに、いわゆる社会言語学的研究との重なりが大きくなる。社会言語学と語用論の切り口の違いを"行動"と"行為"の差に求めてよいとしたら、言語行為を対象とした研究は語用論的研究になりやすいと言えるだろう[6]。《依頼》《謝罪》《ほめ》といった言語行為について、それが遂行される談話データを集め、内容的展開や表現の選択などをデータ間で比較することを通して、当該言語行為が遂行される仕方を標準・規範の位相において捉えることが可能となる。

　この場合、歴史語用論でいう**"機能から形式へ"のアプローチ**を採っていることに自覚的である必要がある。言語行為は文と機能が一対一に対応する形で"一文語用論"的に遂行されるものではなく、談話全体の中で表現・伝達される。したがって、例えば《依頼》の研究をするのに初めから「…てください」のような表現形に絞って調査をしても、調査として有効に機能しない可能性が高い。言語行為《依頼》が言語表現「…てください」によって遂行されると断定的に考えること自体がアプローチとして不適切であることに加え、事柄や人間関係に応じて行為の遂行に伴う談話の意味的要素、たとえば〈前置き〉や〈理由〉といった〈依頼〉表現以外の要素の役割を見落とすことになるからである[7]。こうした点に注意しながら抽出された《依頼》の形なら、事柄や人間関係に応じた 'politic behaviour' の像となるだろう。

上のアプローチは母語データに限定されるものではない。比較対照する手法が、異言語間比較を行なう**対照語用論**にも好適となる。同じ名称で呼び得る言語行為であっても、言語が異なると談話の要素や構造が驚くほど異なる場合もあり、とくに留学生の研究テーマとして（学位論文のテーマとしても）人気がある。ことに、歴史的にも文化的にも交渉が多かった中国語や韓国語との対照がそれぞれ興味深く、人間関係に応じて**言語行為のあり方が劇的に変わる中国語**と、日本語と類似の道具を使いながら**ポライトネスのネガティブ／ポジティブの方向性が微妙に異なる韓国語**という姿が明らかになってきた（滝浦 2008: ch.5、2013: ch.4、滝浦・大橋 2015: chs.4, 6, 7 など参照されたい）。方法論上の注意点としては、せっかく調査をして談話に意味要素のラベリングまで適用しても、考察が単なる印象批評に終わってしまうケースが散見される。集計結果には最低限の統計をかけ、有意な差として取り出せる部分とそうでない部分を明確にして考察することが必要である。

　以上簡単に見てきた標準・規範の位相における言語行為の研究は、日本でもかなり蓄積されてきた。勧誘談話の構造分析を行なったザトラウスキー（1993）を嚆矢として、近年公刊された研究書だけでも、対照語用論的に依頼談話を日韓対照した柳（2012）やほめ談話を日韓対照した金（2012）などがあり――未公刊博士論文では日中対照研究も多い――、また、狭義の言語行為より一回り大きなトピックの語用論として、初対面会話における自己開示などを扱った三牧（2013）もある。

　もう１つ、この位相における敬語の使用と不使用にかかわる語用論の研究例を紹介しておく。Usami（2002: chs.6-8）における**スピーチレベル**の調査研究がそれで、72 の初対面会話データをスピーチレベル（＝聞き手待遇）に着目して分析した結果が考察された。話し手から見た聞き手との関係を上／同／下と分け、スピーチレベルを敬体「です・ます体」と非敬体「だ体」に分け、さらに、スピーチレベルの変動をダウンシフト（敬体→非敬体）とアップシフト（非敬体→敬体）に分けて考察したところ、次のような事実が観察された。まず、敬体の使用が聞き手との関係にかかわらず高かった（初対面効果）のに対し、非敬体の使用は聞き手が下の場合に高く、ダウンシフトの出

現も同様だった。一方、アップシフトの出現は、聞き手が上のみならず下の場合でも頻繁に見られたが、聞き手が同等のときだけ頻度が低かった。これらの結果は、日本語母語話者の初対面会話において、上下の関係が、上向き発話における敬体使用によって示されるのではなく、下向き発話における非敬体の使用によって示されること、また、聞き手との対人距離は同等の関係において最も近くなること、とまとめられる。日本語母語話者の初対面会話におけるスピーチレベル選択の"デフォルト"を垣間見ることができる。

4.2　会話のダイナミズムを捉える

語用論"らしさ"という観点からすれば、対人的効果を意図して（少なくとも何らかの効果を承知の上で）行われる言語使用がより中心的と言ってよいだろう。すると、表1・2からわかるように、（ⅰ）よりも（ⅱ）偏移・ずれの位相や（ⅲ）変化の位相がより語用論的であることになる。以下、（ⅱ）と（ⅲ）のそれぞれについて、着眼点や方法論を検討したい。

（ⅱ）の位相で現象がよく見えてくる例の1つは、**コミュニケーションにおける敬語の語用論的機能**である。日本語研究の歴史には大量の敬語研究が含まれているが、「国語学」的な研究の流れでは、コミュニケーションにおける敬語の機能的多様性は研究者たちの関心をあまり引かなかった（滝浦 2005: Ⅰ部）。しかしながら、ひとたび語用論的な関心の下で眺めるならば、「敬意の表現」であるはずの敬語でなぜ、"尊敬""改まり""丁寧"といった表敬的な用法に加え、"威厳"や"品位"といった自己呈示的な用法があり、さらには"疎外"や"皮肉"、はたまた"親愛"など、「敬意」からでは説明できない用法が発達しているのか？といった興味深い問題が見えてくる。

海外における日本語敬語の研究では、敬語の機能が多様であることや、言語形式と社会的（語用論的）機能の間に一対一対応がないことについてのOkamoto (1997) の指摘があったし、また最近でも、Pizziconi (2011) のように、敬語が表す多様な意味のいずれかを基本義と見ることの不可能性を指摘する論考がある。筆者もそれ自体は賛同するが、近年力を得ている

'discursive（言説的）' と呼ばれるアプローチは、「敬意」のような基本義を否定するにとどまらず、機能の多様性を何かに還元することを拒み、多様性のまま解釈しようとする傾向があるように思われる[8]。しかし、言語学的語用論の問題として見れば、敬語の機能的多様性は単純な意味論と多様な効果としての語用論によって説明可能であり、説明可能なものは説明するのがよいと考える。対象に対して心理的・社会的な距離を置くこと、すなわち**心理的・社会的な遠隔化**（distancing）を敬語の意味論に置くならば、それに人間関係を含む**文脈が作用して多様な語用論的機能が実現する**仕組みを説明することができる（滝浦 2005: II 部、滝浦 2008: ch.3）[9]。

　では具体的に、敬語における偏移・ずれのダイナミズムを見てみよう。話し手と聞き手の関係を直接表すのは、聞き手敬語の「丁寧語」である。丁寧語は聞き手との関係を動かすから、「です・ます」が使われれば聞き手との間に距離が置かれることになる。下に掲げるのは、軽妙な対話で進行するとある料理番組のトークの一部で、料理研究家のケンタロウとタレントの国分太一が会話している。2人は番組では「です・ます体」で会話する。すなわち、番組内における 2 人の会話の位相（i）は敬体である。しかし、聞いていると、所々で丁寧語が外され、常体、いわゆるタメ語が現れていた。

（3）　　　（タメ語の箇所に下線を付す）
　　太一：　（仕込んだ缶を持ってきて）開けてみます？
　　ケン：　いっちゃいますか？
　　太一：　見てみましょう。
　　　　　　…略…
　　ケン：　おーー、<u>味噌出てきたよ</u>。
　　太一：　あー、<u>ホントだぁ</u>。<u>すごい、すごい、できてる</u>。
　　ケン：　<u>できてるねー</u>。<u>うれしいね</u>。
　　太一：　<u>うれしい</u>。匂いは、全然失敗したかんじはしないですよ。
　　ケン：　ちゃんとした味噌の匂いですよね。
　　　　　　…略…

太一：　おいしーい♪
ケン：　うまい。
太一：　お店で売ってるお味噌ともう変わらないですねー。
　　　　（『男子ごはん』#112 トークタイム［テレビ東京 2010 年 06 月 27 日放送分］http://12ch.webpro16.com/2010/06/ より）

　ランダムに常体が混じるのかというとそうではない。常体なのは、「味噌出てきたよ」「ホントだぁ」という発見、「すごい、すごい、できてる」「できてるねー」という感嘆、「うれしいね」「うれしい」という感情の表出、「おいしーい♪」「うまい」という感覚の表出、であって、それ以外はすべて敬体で通されている。常体の箇所はいずれも情緒的な表出を伴う発話であり、そこが非敬語になることで、そこだけ聞き手の遠隔化が行われないことになる。"遠くに置かない"ことは**相対的な近接化の効果**をもたらすので、これらのタメ語で 2 人の間の距離が近くなる。このことで 2 人のトークは丁寧さ一辺倒にならず、それが視聴者に親近感を感じさせる効果をもたらしていることが容易に想像されよう。（ⅱ）の位相における語用論的効果の典型例と言える。

　次に、「尊敬語」や「謙譲語」の場合を考える。「尊敬語」は動作主敬語であり、「謙譲語」は受容者敬語であって、その「動作主」や「受容者」は「聞き手」と異なる人物でかまわない（「**素材敬語**」）。そうすると、ことに第三者敬語は直接聞き手に向けられるものではないから聞き手に対するポライトネスの表現手段にはならない、と思われるかもしれないがそうではない。まずは、敬語を使う／使わないという（話し方のモード）選択自体が、話し手が畏まっているか否かを表すことになる。第三者敬語についてはもう少し複雑な事情があって、日本語の敬語は、**"聞き手から見て敬語待遇するに値するか否か？を話し手が見立てる"システム**──それゆえ「**相対敬語**」と呼ばれる──なので、話し手が第三者に敬語を使うならば、話し手は聞き手をいわば巻き込んで第三者を敬語待遇する。そのとき聞き手は話し手の近くに置かれることになるため、そのことを利用して話し手は聞き手に間接的なポジ

ティブ・ポライトネスを表現することさえできる(滝浦 2005: 160–166)。

　こうして、「尊敬語」「謙譲語」に「丁重語(＝主体のへりくだり)」を加えた第三者敬語は、**敬意の起点としての聞き手を含んだ人間関係像**を描くことになる。興味深い現象として、同一会話セッション内での同一人物への言及において、丁重語待遇〜尊敬語待遇の使い分けが生じるケースを以前考察した(滝浦 2005: 249–250、滝浦 2008: 68–70)。丁重語待遇(例「私どもの課長もそう申しております」)だと「○△課」としての公式見解を述べるような構えなのに対して、尊敬語待遇(例「課長も本当は違うことをなさりたいようなんですが」)だと「課長」1人を遠くに置くことで、聞き手を抱き込んだ"こちら側"の本音としての疎外的なニュアンスが生じる。聞き手に対する単線的なポライトネスではなく、聞き手と第三者を含んだ人間関係全体のそのつどの"切り分け"を敬語が担っていると結論づけた。

　Cook(2011)が考察している素材敬語の機能もこれと通ずるものがある。ある会議内での敬語使用を観察したところ、**素材敬語は"公式的な"発言**において現れ、多くはその場にいない第三者の(特にフェイス侵害的なわけではない)行為を述べたものだった。「素材敬語の使用者は…組織的な役割に対する帰属感を言説的に(discursively)構築する手段として、素材敬語の使用を方略的に選択している」と考察された(p.3670)。また、素材敬語の使用は女性よりも男性に多かったが、そのことは女性よりも男性が組織的帰属感をより表現しようとすることの反映であると考えられた。

　同じ原理の少し変わった使い方である一例も紹介しておきたい。

(4)　　これは、ノコ先生が今回のショーのために特別にデザインしてくださったストールなんですよ。
　　　　　　　　(TVショッピングQVCの田代ナビゲーター、2010年3月)

これはテレビのショッピングチャンネルで、「ナビゲーター」と呼ばれる販売スタッフの1人が特定のデザイナーの商品を紹介するときに使う敬語法だった。一般に、商売で最も上位に扱われるのは客であって、売り手側の人

物は客より下扱いだから、先の「課長」に対する丁重語待遇と同様、デザイナーといえども尊敬語扱いはしないのが普通である。ところがこのナビゲーターは特定のデザイナーを一貫して「先生」と呼び、尊敬語で遇することがあった。この敬語使用は客＝視聴者に対するインポライトネスとも言い得るが、このスタッフはあえて"売り手側"のデザイナーを尊敬語待遇した。そのことは、このデザイナーが聞き手すなわち聴衆から見ても尊敬語待遇に値するという判断を話し手が行い、そのことを聴衆に伝えるという二重の意味合いを帯びている。そのようにして、三者間におけるデザイナーの位置を上昇させ、この人の作品を買えることはいわば僥倖なのであって、あなたもそれを買えた人の列に連なりなさいといったメッセージが伝達される[10]。

　敬語使用に関してある状態とそこからの偏移を見るという方法論は応用範囲が広い。現代語のみならず古典語でも（資料がありさえすれば）可能であり、**歴史語用論研究**にも好適である。たとえば森山 (2014) における「はべり」の方略的使用の考察がある。『源氏物語』で用いられた「はべり」を調査したところ、身分関係を表示する当時の標準的用法のほかに、非標準的な用例が存在していた。それは用法の揺れではなく、話し手があえて本来の用法を外し、神妙な姿勢、軽い対立の緩和、あるいは、慇懃無礼、皮肉といった多様なニュアンスを表す語用論的ストラテジーとして用いたものと考えられた。これなどは、事実上 'politic 対 (im) polite' の軸で考察したものであり、位相 (i) をベースに位相 (ii) の動きを捉えた典型的実践例と言える。

　敬語以外の例を最後に 1 つ挙げておく。言語全般において、呼称は、**人間関係の状態とそこからの偏移をともに敏感に表す装置**である。そこに着目して同一人物間での呼称の変動に関係の変化を読み取った Shiina (2005) のようなアプローチがある。初期近代英語のある戯曲における、貴婦人とレース生地商アリシア・セールウェアのやりとりが考察された。実はアリシアは婦人の旦那の浮気相手であり、婦人は高価なレースの代金を、旦那がアリシアに渡した金額の分だけ差し引いて支払うことで復讐する。その後の 2 人のやりとりで、婦人は勝ち誇ったように添え名的修飾語を付けた呼称をし ('*sweet* Mistris Saleware')、悔しくて仕方がないアリシアは馬鹿丁寧な呼称で

応じる('most courteous Madam')。夫人の呼称は過剰に近接的なことによってインポライトだが、アリシアの呼称も過剰に遠隔的なことによって**インポライト**(＝慇懃無礼)であって、いわば反対向きのインポライトネスの応酬が読み取れた。標準・規範からの偏移・ずれはインポライトネスの方向にも動くことがわかるのみならず、**ポライトな手段のポライトでない使い方**によってインポライトネスが表現されるということもよくわかる。

4.3　規範の変化を捉える：「させていただく」の考察

　最後に(ⅲ)変化の位相を見たい。ここではあえて現在進行中の現象について考察を試みる。完了した変化は意味付けも比較的しやすいが、進行中の現象は動因を特定しにくく、方法論的意識が重要となるからである。素材として、近年よく取り沙汰される表現「**させていただく**」[11]を取り上げる。

　まず、"気になる"("気に障る"？)「させていただく」の範囲を定めよう。確認しておけば、「(さ)せていただく」という形自体は誤りでない。「行かさせていただきます」のようないわゆるサ入れ形は形態的誤りと言えるが、今回の対象とはしない。問題になるのは、［使役＋受恩（＋敬語形）］という形に対応した意味、すなわち"(目上の)許可をもらって…する"という文脈に合わない使用例である[12]。近年、この条件に部分的に合致しない文脈で使われるようになった(菊地 1997)、というところが出発点となる。

　そこで、"気になる"「させていただく」の類型化を試みる。おおむね、次の３類型でカバーできると考える(文例は筆者の作例)。

①　"無許可"型(＝聞き手［読み手］は許可していない)
（５）　　本日休業させていただきます。
（６）　　用があるので先に帰らせていただきます。
②　"実質的強制"型(＝聞き手は拒否できない)
（７）　　では書類の方、確認させていただきます。
（８）　　〔電車の車掌が〕このへんでドアを閉めさせていただきます。
③　"無関係"型(＝そもそも聞き手と関係ない)

(9)　　　このたび〇△大学を卒業させていただきました。
(10)　　私たちはこのたび入籍させていただきました。

聞き手や読み手(以下「聞き手」)からすれば、許可を求められた覚えがない、拒否しようがない、そもそも自分と関係がない、といった事柄について、もって回った表面的な丁寧過剰な表現が慇懃無礼に思える、といった感覚だろう。そのように受け取る人がそれなりの率でいるにもかかわらず、使用が下火になる気配がないのは、この表現における使用の不適切さ(と評価され得る要素)と使用を後押しする動機付けの両方があるからだろう。

　さしあたり、いま見てきたことが聞き手の感じる不適切さの説明となる。そこで以下では、話し手がなぜこの形を使いたくなるのかを説明すべく、**丁寧過剰**と**言語変化**の観点で考えてみることにする。まず、丁寧過剰については、類似の現象として「**二重敬語**」がある。

(11)　　連休はどこかお出かけになられましたか？
　　　　← 連休はどこかお出かけになりましたか／出かけられましたか？

「お…になる」ですでに尊敬語だから、さらに「れる」を付けるのは二重敬語の誤りということになる。「←」の後ろが、文法的に正しいとされる形である(以下同様)。このタイプの二重敬語について、文化庁が実施している「国語に関する世論調査」の結果がある。平成25年度調査(問18)で、「先生がおっしゃられたように」が「気になる」人は28.1%、「気にならない」人が61.1%だった(文化庁2014)。筆者自身も同じで、もちろん正しい形はわかっているが、「お出かけになる」の「なる」の部分が非敬語のように感じられ、特に相手に直接尋ねる場合には「なられる」と「れる」を重ねて言うことも多い。

　丁寧過剰に関しては日本語の宿命と言うべき面が否定できない。かつて、佐久間鼎が日本語の呼称詞について、使ううち相手は次第に卑小化され自分が尊大化してしまう現象を「**敬意逓減の法則**」と呼んだが(佐久間1943:

71ff.)、敬語に関しても当てはまる。見やすい例としては、食事に用いる「いただく」が二度にわたる謙譲的変化の結果であることなどが想起される。

(12)　「食(は)む」→「食(く)ふ」→(へりくだり)「食(た)ぶ(→食ぶる→食べる)」→(へりくだり)「いただく」

この最後に生じた「いただく」でさえも、「おいしくいただいてください」のように、話し手以外の人物を主語にした使い方が見られるように、へりくだりのニュアンスはすでに軽くなりつつある。
　次に、変化としての側面を考える。新しく広がる言い方は、必ず以前は違う言い方をしていたはずである。(5)〜(10)は、以前ならどう言ったか？

(5′)　本日休業／本日休業いたします。
(6′)　用があるので先に帰ります／お先に失礼します／先に帰らせてください。
(7′)　では書類の方、確認いたします／確認させてください。(「の方」不問)
(8′)　このへんでドアを閉めます／ドアが閉まります。
(9′)　このたび○△大学を卒業いたしました。
(10′)　私たちはこのたび入籍いたしました。(「入籍」の誤用は不問)

(5′)〜(10′)との比較によって浮かび上がってくるのは、(すべてのタイプで)丁重語「いたす」と(①と②のタイプで)授受表現「させてください」である。まず「いたす」を検討したい。この語は「丁重語」として動作主自身をへりくだらせる敬語のはずだが、機能的には表敬的な"尊敬"や"丁寧"よりも、自己呈示的な"威厳"や"品位"への傾きがあるように感じられる[13]。筆者の内省としては、謙遜のニュアンスよりは、どこか"宣言"的に響き、やや尊大語化して感じられる可能性もなしとしない。だとすると、上で見た敬意逓減的な面があることになる。

もう1つの**授受表現**については、以前の言い方に「くださる」を用いた「させてください」はあっても、「いただく（＜もらう）」系の表現がない点に着目したい。「させていただく」以外に、最近耳にするようになった「てもらう」系の表現はないだろうか？　そう考えると、「…て｛もらって｜いただいて｝（も）｛いい｜よろしい｝ですか？」という言い方に思い当たる。

(13)　　これ総務の人に渡してもらって(も)いいですか？
　　←　これ総務の人に渡してください／渡していただけますか？
(14)　　こちらにお名前を書いていただいて(も)よろしいですか？
　　←　こちらにご署名をお願い(いた)します／こちらにお名前をお書きください／こちらにお名前をお書きいただけますか？

以前なら「お願い(いた)します」や「てください」や、それより丁寧な形として「ていただけますか」などが用いられていた。これについても、"気になる言い方"として取り上げられているのを見る[14]。表現の意味構造を考えると、［受恩（＋敬語系オプション）＋許可要求］ということになり、「させていただく」と同様"相手の許可"を要素として含んでいることがわかる。
　ここまでで、丁寧過剰の観点に加え、「くださる」か「いただく」か？と、相手の許可の求めという2つの観点を得たことになる。このうち、「くださる」と「いただく」の消長については、金澤（2007）の興味深い論考があるので参考にしたい。金澤は現代日本語の話し言葉を収めた資料をコーパスとして、「…てくださる」と「…ていただく」の用例数を調査した。文脈を考慮しない出現数の比較と、どちらを入れても意味が通る文脈での出現数の比較を行なった結果が表3である。

表3　「…てくださる」と「…ていただく」の用例数（金澤2007より）

ともに使える文脈		すべての文脈	
くださる 14.4%	いただく 85.6%	くださる 38.9%	いただく 61.1%

まず、単純な出現数では、約6対4の割合で「いただく」が優勢だった。次に、どちらも使える文脈に絞ってみると、その割合をはるかに凌ぐ傾きで、「いただく」が多く使われていた。現在の日本語において**「いただく」への大きな傾き**が存在しているという事実自体が十分に興味深い。

　本章の筆者としては、言語変化の面からもこの現象を捉え、共時的な傾向だけでなく通時的な傾向としてどうかも見たい。また、金澤は「…てくださる」「…ていただく」の形を調査したが、「させていただく」のような使役形の入る形に絞った結果も見てみたい。そこで、補足的な調査を行なった。傾向を見るだけのごくラフな調査だが、50年前以上の日本語が収められた「青空文庫」と1976年以降の日本語が収められた「現代日本語書き言葉均衡コーパス」を検索して、「…せてくださる」と「…せていただく」の出現比率を比較した[15]。結果を表4に記す。実数を比べても意味がないので、「…せてくださる」に対する「…せていただく」出現数の比率に着目する。

表4　2つのコーパス間での「…せていただく」比率の比較

	「せていただく」比率	（せていただく／せてくださる）
青空文庫	93.0%	（583／625）
現代日本語	366.0%	（6518／1781）

　金澤の調査以上に、現代日本語における「…せていただく」の優勢（約3.5倍）は圧倒的だが、興味深く思われるのは、以前の日本語（青空文庫）ではそうではなかったらしいことである。青空文庫での出現率は、「…せていただく」と「…せてくださる」がほぼ同程度（「せていただく」が多少低めに出た）であり、そのことは、この50年ほどの間に「…せてくださる」から「…せていただく」への大きな傾きが生じたことを物語っているだろう。

　金澤の研究に戻ると、「いただく」の優勢傾向は文法をも侵し始めたかのようである。これまた最近よく聞く、次のような言い方が考察されている。

(15)　　多くの方が来ていただきありがとうございます。[16]
　　　← 多くの方が来てくださり／多くの方に来ていただき…

主格の「が」を用いるなら述部は「くださり」でなければならず、述部に「いただく」を用いたいなら主部は「多くの方に」でなければならない、というのが現在の文法である。その意味では誤りということになるが、金澤は(15)の文形を使う人が、特に若くもない著名な脚本家や作家であることに着目した。いわば言葉のプロと呼べるそうした人たちは、文法知識の欠如によってこの形を使っているのではなく、むしろ半ば意識的に使っているのではないか？と思われた。そのとき、考えられることは、彼らがこの表現を次のように構造分析して用いているのではないか？ということだった。

(16)　　［○○（＝相手）が△△して］いただき
　　　← *○○（＝相手）が［△△して］いただき

たしかに、［相手がした］のを（自分が）いただくのであれば辻褄は合う。そうしてまで「いただく」を使いたい心理だとすれば侮れない。

　考察の材料は以上である。結論を導こう。まず、「させていただく」の使用増加は、この50年ほどの間に生じつつある**「くださる」→「いただく」の勢力変化**で生じている傾向である。「させていただく」を使う話し手の動機付けは、まったく能動的ともまったく受動的とも言えず、表1で見たように中間的と考えるのが妥当だろう。ともあれ話し手には、この表現を使いたくなる理由がある。しかし一方、聞き手は、この表現の何かが気に障る。だとすると、この表現をめぐっては、**話し手側の事情と聞き手側の事情**が衝突している[17]のではないだろうか？　ならば別々に考える必要がある。

　話し手の立場での動機付けは2つあることがわかった。1つは敬意逓減で、へりくだりの「いたす」が敬意不足に感じられる面がありそうだった。もう1つは、「くださる」より「いただく」を使いたい心理である。「くれる」と「いただく」の相違は何かといえば主語の相違であり、「くれる」の

は相手で「もらう」のは自分である。日本語は、敬語の意味論が"遠隔化"であるように、なるべくなら相手に触れたくない言語だから、相手が主語の場合、言わなければ触れずに済むが、言えば必ず触れてしまう。敬意逓減が法則とまで呼びたくなるのは、触れるかぎり敬意は必ずすり減るからである。そう考えると、相手に触れることを避けながら、しかし丁寧には言いたい、というのが話し手の心理であると言えるだろう。これが話し手側の事情である。

　他方、"気になる"人は必ず聞き手である。鍵は授受動詞が表している"恩"にあるように思われる。「…させ<u>てください</u>」はよくて「…させ<u>ていただきます</u>」はよくないなら、そして、「…し<u>てください</u>」はよくて「…し<u>てもらっていいですか</u>」はよくないなら、"恩を「くれ」"と頼まれるのはよいが、こちらに触れることなく先取り的に"恩を「もらう」"あるいは"恩を「もらっていいか？」"と言われるのはよくない、と言っていることになる。許可の問題をこう解釈するならば、恩を与えるかどうかは聞き手の専権事項であり、**"恩の先取り"**である「させていただく」が丁寧過剰のフリをした**インポライトネス**（実は敬意不足）と感じられるのだろう。これが聞き手側の評価である。

　世代差とも関係し、両者の立場はなかなか相容れないであろうことが見て取れる。ある意味で、話し手と聞き手の立場的な相違がかくまで大きいということこそが、以上の考察から見えてくる最も大きな点かもしれない。そのことはまた、ポライトネス研究にインポライトネスの考察が欠かせないと言われるようになっていることの背景的理由でもあるだろう。

5. おわりに

　やや長い最後の事例研究には、方法論的意識を強調したい意図があった。語用論的現象の意味はそれだけを見ていてもわからない。時間軸上で、あるいは可能的な表現間で、比較をしてはじめてわかることが多い。絶対的なもののダイナミクスはないから、絶対的語用論もないと言うべきだろう。語用

論は、人の意図や評価を対象とするがゆえに、方法論が未成熟である。そこが荒削りな魅力とも言えるが、その分だけ**方法論的意識**をもつことが研究の鍵となる。ぜひその意識をもって研究していただき（？）たい。

読書案内

- ブラウン、ペネロピ・レヴィンソン、スティーブン　田中典子監訳（2011）『ポライトネス―言語使用における、ある普遍現象』東京：研究社：批判者たちがいとも軽く批判しているのを読むと、与しやすしと錯覚するが、Ｂ＆Ｌの思考力は強靭である。あえて邦訳を挙げるのは、「日本語版出版によせて」という翻訳でしか読めない文章が魅力的だからでもある。
- 栗原豪彦（2008, 2009）［参考文献参照］：Ｂ＆Ｌからそれ以降へのポライトネス論の展開を詳細に検討した稀有な論考。難解な印象が強い"ポストモダン"のポライトネス論を知りたい人には必読の文献と言える。
- Leech, Geoffrey. (2011) *The Pragmatics of Politeness*, Oxford: Oxford University Press：「ポライトネスの原理」の提唱者であるリーチが、ポライトネス論を振り返り、冷静で現実的な捉え返しをしている。言語行為の語用論や資料の収集方法についての細かな記述もある大変親切な本。
- Bousfield, Derek. (2008) *Impoliteness in Interaction*, Amsterdam: John Benjamins Publishing Company：ポライトネスとインポライトネスが背中合わせだという認識が広まるなか、インポライトネスを主題として書かれた初のモノグラフ。ほかに、カルペパーの論文や本も多く刊行されている。

注

1　Ｂ＆Ｌの理論には、こうした**語用論的背景**に加え、デュルケム→ゴフマンという系譜に連なる**人類学・社会学的背景**もある。こちらの背景からは、フェイスのポジティブ／ネガティブと対応する**近接的／遠隔的の二方向性**をもったポライトネス概念が導かれることとなった。滝浦（2005, 2008）は、これら２つの背景を１つの理論に統合した

ところに彼らの独創性があったと指摘した。
2 「ポライトネス」の概念そのものについても似たような状況がある。重視・強調したい点の異なる論者が、そのことを理由に例えば「配慮表現」といった概念を提示し、それが「ポライトネスとは異なる概念」だと主張するような場合である。差異を理由に別概念を立てなければならないとしたら別概念だらけになってしまう。根本的な機能が同じなら、「ポライトネス」(ないしはその訳語) であることを認めた上で、重視したい差異についてコメントすれば足りることである。**ポライトネス研究における「オッカムの剃刀問題」**はなかなか厄介である。
3 さらに井出は、この問題を"非西洋 対 西洋"という対立軸から展開し、"ヨーロッパ中心主義"として B＆L を批判した。
4 例(2)について、共感的な表現の多用でポジティブ・ポライトネスとなるのはよいが、その絶対的な認定は難しいと感じた人もいるだろう。そのとおりで、「言語形式 x の使用はポジティブ／ネガティブ・ポライトネスの表現である」といった**形式と機能の一対一対応**はできないことに注意したい。この例なら、(1) のように言っていいところで、あえて相手に対する共感的表現を"割り増し"することで、ポライトネスが観取されるのだと考える必要がある。他の語用論的効果と同様、ポライトネスはつねに、**相対的な比較における効果**として捉えるべきものである。
5 カルペパーは同所で、politic と polite の違いは物量 (scalar) だろうと述べている。
6 他方の言語行動に関する社会言語学的研究としては、国立国語研究所が継続的に行なっている「岡崎敬語調査」のような社会調査型の言語調査がある。
7 「…てください」は純粋な《依頼》というよりも、立場的ないし業務上の権限がある《命令》や《指示》の丁寧な表現、また金銭を介した《注文》における指定などに用いられる形式である (近藤・姫野 2012: 190–191)。また、談話全体で《依頼》が遂行されるということの現実的な帰結として、談話中に「…をお願いしてよろしいでしょうか？」といった文字どおりの〈依頼〉要素が現れない場合も珍しくない。
8 Eelen、Watts、Mills といった論者たちに代表されるこの立場は、ポライトネスとは談話を通して会話の参加者間で交渉されるもの──産物よりもむしろ過程──であり、聞き手の評価にかかわるものであるゆえに、インポライトネスと合わせて捉えるべきであると考える。栗原 (2008, 2009) のレビューも参照されたい。
9 この考え方は**"敬語＝距離"説**と呼ぶことができる。早い例としては、Shibatani (1990) に次のような記述がある。「敬語の体系は究極的に (心理的) 距離という概念によって説明可能であるように思われる。(Shibatani 1990: 379)［滝浦訳］」滝浦は、タテの関係とヨコの関係とを問わず「敬語は〈距離〉の表現である」という定義から出発して次のように説明する。意味論レベルでは、対象の遠隔化による敬避的なネガティブ・ポライトネスが敬語の「**潜在的ポライトネス傾向**」(滝浦 2008: 152) であると導ける。距離を置くことは対象の領域に"触れない"ことを意味するが、"触れない"ことは文脈次第で様々な意味合いを得るので、個々の使用場面では、文脈および潜在的に可能な他形式との対比効果によって、共感的なポジティブ・ポライトネスにも、とき

にはインポライトネスにもなり得る。例えば、(聖なるものを) "汚さない" という文脈からは "尊敬" "改まり" といった推意が導かれる。(双方とも) "近づかない" という文脈からは "威厳" "品位" といった推意が、さらに (相手にも) "触れさせない" 文脈からは "疎外" 的な推意が、そして、(必要ないのに) ことさらに "遠くに置く" という文脈からは "皮肉" 的な推意が、それぞれ導かれる (滝浦 2008: 53–55)。また、「あなたもいらっしゃる？」のようないわゆる「親愛の敬語」が共感的に響くのは、「いらっしゃいます」の「ます」がないことによる "引き算" によって、対象が相対的に近く感じられる錯覚的効果によるものである (滝浦 2008: 61–62)。

10 なお、この敬語使用の仕組みは**皇室敬語**と原理的に同じものである。

11 一例として挙げれば、2014 年 10 月 14 日に NHK の番組『視点・論点』で「させていただきます症候群」(山岸弘子氏) が放送された。

12 作家・司馬遼太郎は次のように述べている。「この語法は、浄土真宗 (真宗・門徒・本願寺) の教義上から出たもので、…、真宗においては、すべて阿弥陀如来――他力――によって生かしていただいている。…この語法は、絶対他力を想定してしか成立しない。」近江門徒である近江商人が全国に広めたものだろうとしている。
(司馬遼太郎『街道をゆく 24 近江散歩、奈良散歩』朝日新聞出版、2009 年)

13 『日本国語大辞典』(第 2 版) でも、「いたす」の語釈として、「話相手に対し自分や自分の側を下位に置く場合や、目下の者に重々しく言う改まった場面などで、『(物事を)する・なす』の意に用いる」とある (室町～江戸時代の説明)。

14 NHK 放送文化研究所『最近気になる放送用語』「～していただいてもよろしいですか」という記事で、「いわゆる『過剰敬語』だと感じる人もいるので注意が必要」との解説がある (2007.12.01、塩田雄大研究員)。https://www.nhk.or.jp/bunken/summary/kotoba/term/112.html (2016 年 1 月 30 日閲覧)。

15 表記は｛くださる｜下さる｝｛いただく｜頂く｜戴く｝で各活用形を検索した。検索には、青空文庫は田野村忠温氏 (大阪大学) の公開する検索ツール「日本語用例検索」<http://www.let.osaka-u.ac.jp/~tanomura/kwic/aozora/> を、「現代日本語…」は「少納言」<http://www.kotonoha.gr.jp/shonagon/> を利用した。記して感謝したい。

16 たしかに駅のアナウンスでもこう言っていた。「皆様が安心してご利用いただけますよう、ご理解とご協力をお願いいたします。」(JR 新宿駅、2016 年 3 月)

17 「させてもらう」文について山田 (2004: 148) は、「話者受益の有無がこれらの文の可否を決めている」とする。大原則的な基準として認めてよいと思われるが、本章で取り上げた (5)～(10) のような例はどれも話者都合にもかかわらず違和感を持たれる用法である。また、近藤・姫野 (2012: 212) は、受け手尊敬の謙譲語と比較して、「『お～する』を用いることで表出されてしまう聞き手受益の含意を避けるために」「させていただく」を選ぶと想定している。興味深いが、本章の例はこの点でも当てはまらない。

参考文献

Brown, P. and Levinson, S.C. (1978/1987) *Politeness: Some universals in language usage*, New York: Cambridge University Press.

文化庁(2014)「平成25年度『国語に関する世論調査』の結果の概要」www.bunka.go.jp/tokei_hakusho_shuppan/.../h25_chosa_kekka.pdf 2016.1.30 閲覧

Cook, H.M. (2011) Are Honorifics Polite? Uses of referent honorifics in a Japanese committee meeting, *Journal of Pragmatics* 43, pp.3655–3672.

Culpeper, Jonathan. (2011) *Impoliteness: Using language to cause offense*, Cambridge: Cambridge University Press.

Eelen, Gino. (2001) A critique of politeness theories, Manchester: St.Jerome Publishing.

井出祥子(1987)「現代の敬語理論―日本と欧米の包括へ」『言語』16(8)、pp. 26–31、東京：大修館書店

Ide, Sachiko. (1989) Formal Forms and Discernment: Two neglected aspects of universals of linguistic politeness, *Multilingua* 8, pp.223–248.

金澤裕之(2007)「『〜てくださる』と『〜ていただく』について」『日本語の研究』3(2)、pp.47–53、日本語学会(金澤裕之(2008)『留学生の日本語は、未来の日本語―日本語の変化のダイナミズム』東京：ひつじ書房、に再録)

菊地康人(1997)「変わりゆく『させていただく』」『言語』26(6)、pp.40–47、東京：大修館書店

金庚芬(2012)『日本語と韓国語の「ほめ」に関する対照研究』東京：ひつじ書房

Kiyama S., Tamaoka K. and Takiura M. (2012) Applicability of Brown and Levinson's politeness theory to a non-Western culture: Evidence from Japanese facework behaviors, *SAGE Open* 2012 2.

近藤安月子・姫野伴子(2012)『日本語文法の論点43』東京：研究社

栗原豪彦(2008)「ポライトネス理論をめぐる論争―『合理主義的(rationalist)アプローチ』と『言説的(discursive)アプローチ』」『北海学園大学人文論叢』41、pp.1–51

栗原豪彦(2009)「ポライトネス理論をめぐる論争―『合理主義的(rationalist)アプローチ』と『言説的(discursive)アプローチ』」『北海学園大学人文論叢』42、pp.85–126

Lakoff, R. (1973) The logic of politeness: Or minding your P's and Q's. *Papers from the ninth regional meeting of the Chicago linguistic society* 9, Chicago Linguistic Society.

Lakoff, R. (1990) *Talking power: The politics of language in our lives*, Glasgow: HarperCollins.

Leech, G. N. (1983) *Principles of Pragmatics*, New York: Longman.(リーチ, G・N　池上嘉彦・河上誓作訳(1987)『語用論』東京：紀伊國屋書店)

Matsumoto, Yoshiko. (1989) Politeness and Conversational Universals: Observations from Japanese, *Multilingua* 8, pp.207–222.

三牧陽子(2013)『ポライトネスの談話分析―初対面コミュニケーションの姿としくみ』東京：くろしお出版

森山由紀子(2014)「11世紀初頭の日本語における聞き手敬語「―はべり」の方略的運用

―社会言語学的要因と語用論的要因をめぐって」金水敏・高田博行・椎名美智編『歴史語用論の世界』pp.47–74、東京：ひつじ書房
Okamoto, Shigeko.（1997）Social Context, Linguistic Ideology, and Indexical Expressions in Japanese, *Journal of Pragmatics* 28, pp. 795–817.
Pizziconi, Barbara.（2003）Re-examining Politeness, Face and the Japanese Language, *Journal of Pragmatics* 35, pp.1471–1506.
Pizziconi, Barbara.（2011）Honorifics: The cultural specificity of a universal mechanism in Japanese, In Kadar, D.Z. and Mills, Sara（eds.）*Politeness in East Asia*, Cambridge: Cambridge University Press, pp.45–70.
佐久間鼎(1943)『日本語の言語理論的研究』東京：三省堂
Shibatani, Masayoshi.（1990）*The Languages of Japan*, Cambridge: Cambridge University Press.
Shiina, Michi.（2005）How playwrights construct their dramatic world: A corpus-based study of vocatives in Early Modern English comedies, In Caldas-Coulthard, Carmen R. and Toolan, Michael（eds.）*The writer's craft, the culture's technology*, Amsterdam, New York: Rodopi.
ザトラウスキー, ポリー(1993)『日本語の談話の構造分析―勧誘のストラテジーの考察』東京：くろしお出版
滝浦真人(2005)『日本の敬語論―ポライトネス理論からの再検討』東京：大修館書店
滝浦真人(2008)『ポライトネス入門』東京：研究社
滝浦真人(2013)『日本語は親しさを伝えられるか』東京：岩波書店
滝浦真人・大橋理枝(2015)『日本語とコミュニケーション』東京：放送大学教育振興会
Thomas, Jenny.（1995）*Meaning in Interaction: An introduction to pragmatics*, London: Longman.（トマス，ジェニー 浅羽亮一監修、田中典子他訳(1998)『語用論入門―話し手と聞き手の相互交渉が生み出す意味』東京：研究社出版）
Usami, Mayumi.（2002）*Discourse politeness in Japanese conversation: Some implications for a universal theory of politeness*, Tokyo: Hituzi Publishers.
Watts, Richard J.（2003）*Politeness*, Cambridge: Cambridge University Press.
山田敏弘(2004)『日本語のベネファクティブ』明治書院
柳慧政(2012)『依頼談話の日韓対照研究―談話の構造・ストラテジーの観点から』東京：笠間書院

第4章　歴史語用論

椎名美智

1. はじめに：歴史語用論の基本的な考え方

歴史語用論(historical pragmatics) は、歴史言語学(philology/historical linguistics) と語用論(pragmatics) が統合されてできた比較的新しい学問分野である。語用論的視点から過去のコミュニケーションや言語使用に注目し、どのように意味が形成されてきたのかを探る経験論的言語学の一分野と定義することができる。近接の分野には歴史文体論、歴史社会言語学などがある。Jacobs and Jucker (1995) は、歴史語用論の研究対象について以下のように述べている。

> 歴史語用論が扱うのは、社会構造の変化に伴うコミュニケーション上の必要性から生じる言語構造の変化である。つまり、状況的コンテクストの変化によって起こる言語使用の慣習の変化である。従って、歴史語用論のねらいは、(1) 今では直接観察することができなくなった過去の言語共同体において、言語使用の慣習がどのようなものであったのかを記述・理解すること、(2) 発話の慣習が時間の経過とともにどのように変化・発達したかを記述・説明することである。
>
> (Jacobs and Jucker 1995: 6)

ここからは、歴史語用論の3つの研究課題が見えてくる(Brinton 2001)。

（1）過去のコミュニケーションにおいて言語はどのように使用されていたのか、その実態と文化的・社会的背景を調べること
（2）過去の言語使用は、現在の言語使用と比較して、何がどのように異なっているのか、その違いを調べること
（3）そうした変化の理由、背景にある社会的・文化的・コミュニケーション的要因や変化の法則を調べること

　語用論研究そのものが**英米 vs. 欧州、ミクロ vs. マクロ、狭義 vs. 広義**といった二項対立を内包しているため、歴史語用論も2つの方向性を持つ。それぞれ視点や研究対象が異なるので、簡単に違いを述べておきたい。英米文化圏のミクロの視点、分析者の視点から見た狭義の歴史語用論は**歴史的談話分析**（historical discourse analysis）とほぼ同義で（Brinton 2001）、文法化や談話標識などの言語形式に注目する研究が多く、あくまでも言語学の一分野に留まる。一方、欧州文化圏のマクロの視点、分析者と会話者両方の視点から見た広義の歴史語用論は、言語学内に留まらず、文化・歴史を含む社会学とのインターフェイスを目指す。文化的・社会的要素を含めた歴史的コンテクストの中で発話の語用論的機能を探ろうとしており、**歴史社会語用論**（historical sociopragmatics）とほぼ同義とみなすことができる（Jucker and Taavitsainen 2010、Culpeper 2010）。
　こうした視点の違いは、Leech（1983）による一般語用論（General pragmatics）の分類によく現れている。

図1　リーチによる一般語用論の分類（Leech 1983: 11）

左側が文法と関わりの強い狭義の語用論である**語用言語学**（pragmalinguistics）、右側が社会学との関わりの強い広義の語用論である**社会語用論**（socio-pragmatics）である。こうした違いは歴史語用論にも引き継がれており、研究テーマやアプローチ、データ、分析方法にも反映されている。

語用論は比較的新しい言語学の研究分野で、pragmatics という分野名ができてから 80 年ほどしか経っていない（加藤 2015）。そこから派生した歴史語用論はさらに新しく、historical pragmatics という名を冠した最初の専門書出版が 1995 年、ジャーナル刊行が 2000 年と、学問分野創設から未だ 20 年余りで発展途上の段階にある。『歴史語用論ジャーナル』（Journal of Historical Pragmatics）は、ヨーロッパ的広義の語用論的アプローチで編集されており、過去の言語活動に関わる幅広いテーマの論文が掲載されている。本章ではヨーロッパ的広義の語用論的アプローチの観点から、歴史語用論の依拠する理論的枠組みや基本的な考え方を踏まえ、アプローチや研究方法、具体的なテーマや使用データ、歴史語用論研究で外せないポイント、今後の発展について、筆者が関わる英語学研究を中心に概説していきたい。

2. 歴史語用論のサブカテゴリーとアプローチ

歴史語用論研究のサブカテゴリーは、図 2 のように示すことができる。

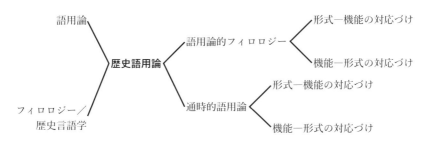

図2　歴史語用論の成り立ちとサブカテゴリー
（**Jacobs and Jucker 1995** と高田・椎名・小野寺 **2011: 21** を参照、**筆者による加筆**）

まず、歴史語用論はフィロロジー研究の性格を保持した**語用論的フィロロジー**(pragmaphilology)と、歴史言語学研究の性格を保持した**通時的語用論**(diachronic pragmatics)の2つに分類できる。語用論的フィロロジーは、特定の時代の言語を**共時的に**観察することを目的とする。過去の言語データを使った語用論研究と言い換えることができる。一方、歴史言語学研究の性格を保持した**通時的語用論**は、言語史におけるダイナミックな言語変化に焦点を当て、言語変化を**通時的に**観察することを目的としている。どちらの分野も、何を注目点として固定し、その言語的ふるまいを見るのかによって2つに分類できる。特定の言語形式に注目し、それが担う意味機能を分析する**形式―機能の対応づけ**(form-to-function mapping)と、特定の機能に注目し、その機能を担う言語形式を観察する**機能―形式の対応づけ**(function-to-form mapping)である(Jacobs and Jucker 1995)。たしかに2つの方向づけはあるのだが、*Historical Dialogue Analysis* (Jucker, Fritz, and Lebsanft 1999) など、実際の研究例を見ると、こうした方向性は研究の糸口にすぎず、明確に区別されないまま両方向的に行われているのが現状だということがわかる。

2.1　語用論的フィロロジー

　語用論的フィロロジーは過去の言語コミュニティでの言語使用の様相や慣習を探る分野である。伝統的な歴史言語学より射程が広く、言語変化に影響を与えた社会状況の変化にも焦点を当てる。ある言語テキストがどんな目的で生成・受容されてきたかなどといったテキストを取り巻く社会的制度や慣習だけでなく、対話者同士の関係性や私的状況も含めた当時の社会的・文化的・物理的状況やコンテクストを探り、その時代におけるコミュニケーションの全体像を再構成することを目的としている。例えば、私的書簡を分析する際には、本人が書いたのかどうか、誰が手紙を届けたのか、仲介者が読む可能性はなかったのか、同じ手紙に違うバージョンはなかったのか、書かれてから読まれるまでにどれくらい時間がかかったのか、また識字率や郵便制度に関わる諸事情も考慮に入れないと正しく分析することはできない。

　また、過去のある時代のコミュニケーションの言語的特徴を的確に捉える

ためには、同時代の他ジャンルや現在の同ジャンルのテキストなど、何らかの比較対象や間テキスト的情報が必要である。歴史的語用論の**歴史**の部分を意識し、言語変化を背景に据えるならば、分析対象であるテキストに対応する現在のコミュニケーション状況を把握した上で分析した方が、違いが明確になって面白い考察ができるし、議論にも説得力も増すのではないだろうか。

　この分野でよく取り上げられるデータが、演劇・詩・語り(ナラティヴ)などのフィクションや書簡・裁判記録などのドキュメントである。たとえ研究者が分析対象言語の母語話者であっても、文化的・時間的に隔たりのある言語文化コミュニティに属する現代の研究者の視点から再解釈することになるので、当然、言語文化的習慣の現代との相違には注意を払う必要がある。

　実際の研究例を見てみよう。形式─機能の対応づけのアプローチで人気のある研究テーマの1つが、相手を呼ぶ時に使う呼びかけ語(vocatives)と二人称代名詞を扱う呼称(address terms)である。現代英語の場合、相手の性や数に関わらず二人称代名詞は you しか使われていないが、古くは単数形の thou (T-form) と複数形の you (V-form) があり、1700 年頃までは他のヨーロッパ語と同様に、相手が1人でも、同じ談話内で単複両形が使い分けられていた (Lass 1999)。社会的属性が変わらないのに、このように会話の中で二人称代名詞が使い分けされるのは語用論的現象であり、チョーサーの『カンタベリー物語』、シェイクスピアの演劇テキスト、初期近代英語期の裁判記録や演劇、『ヘルシンキコーパス』の書簡などをデータに調査が行われてきた。これは、呼称という一つの言語形式の使用に注目し、談話内でどのような語用論的機能を負っているのかを、プロットの展開、人間関係の変化、対話時間の経過と関連付けて観察し、使用状況や使用形態のシフトを探る研究である。

　機能─形式の対応づけは、特定の談話機能に注目し、その機能を負う言語形式を歴史的データにおいて調査するものである。例としては、シェイクスピアのテキストにおける命令・依頼などといった特定のスピーチアクトに注目し、そこにどのような語彙・モダリティ・統語構造が使われているかをポ

ライトネスの観点から分析した研究 (Busse 2008、Nakayasu 2009、椎名 2014) や、魔女裁判記録から魔女の「呪い」が成立する言語的・社会的状況を探った研究 (Culpeper and Semino 2000)、(イン) ポライトな言語活動の研究 (Bax and Kàdàr 2011) など、数多く行われている。

2.2 通時的語用論

　通時的語用論は、特定の語用論的事象のコミュニケーション内での使用状況を時間軸に沿って観察する研究領域である。**通時的に見て、語用論的事象のどこがどう変わったのか**、その変化の様相を観察し、変化の要因や規則性を探る研究分野である。コーパス言語学の発展により、多様なコーパスが編纂されると同時に、優れた検索ソフトが開発されたおかげで、量的分析が以前より容易になり扱えるデータ量が増えたため、主張が明確化し、説得力が増した。

　通時的形式―機能の対応づけアプローチでは、特定の語句 (例：呼称、談話標識、自分の考えを表明する前後に付ける I know、I mean などの評言節) に注目し、同ジャンルの異時代データにおいて、それらの構造や品詞などの形式の変化はもちろんのこと、どのような語用論的役割や機能を負っているのか、その意味・機能の変化を観察する。また、個々の変化に共通する文法化、主観化・間主観化、語用論化 (pragmaticalisatioin)、談話化 (discursisation) などの概念を導き出すことによって、言語変化の背後にある語用論的要因を探ろうとしている。例えば、文法化とは、ある語彙項目が時間の流れの中で意味的・文法的・形態的・統語的・音韻論的・語用論的に異なる形式・位置・役割を獲得していく変化を指す。また、現代語で談話標識になっている語句が、語彙的意味を保持していた時代まで歴史的テキストを遡って追跡するアプローチは、研究テーマが設定しやすく方法も明確なので、人気のあるトピックである。

　英語の習得過程で、元々の意味から類推し難く熟語として丸ごと覚えなければならないような語句は、研究テーマを探す良いヒントになる。歴史的コーパスにおいて当該語句を検索し、元々の意味を保持するテキストまで時

代を遡る作業が、研究の第一歩となるからだ。例としては、「実際において」という語彙的意味をもつ前置詞句 in fact が、「たしかに」「しかしながら」といった認識論的意味を持つ副詞となり、さらには「これまで言ったことより、これから言うことの方が大事だ」ということを知らせる談話標識へと変化していく過程を辿った Schwenter and Traugott（2000）が挙げられる。また呼称研究も、Brown and Gilman（1960）によるインド・ヨーロッパ語における T/V システムの使い分けの研究以来、通時的にも共時的にもアプローチできる注目度の高い研究テーマである。*Diachronic Perspectives on Address Term Systems*（Taavitsainen and Jucker 2002）は、英語を中心としたヨーロッパ語の呼称に焦点を当てた共時的研究と通時的研究を集めた論文集である。論文によって観察する時代の幅やアプローチは異なるが、全体として、通時的視点を持った呼称使用の論考となっている。

　一方、**通時的機能―形式の対応づけ**研究は、特定のスピーチアクト（例：命令、謝罪）やコミュニケーション場面（例：出会いや別れの挨拶場面）で使われる語句やポライトネス・ストラテジーに注目し、どのような語句や言語形式が使用されていたのかを異なる時代で観察し、その変化を探るアプローチである。研究例としては、**攻撃的言語行動**というスピーチアクトに属する動詞を集めて分析した論考（Jucker and Taavitsainen 2000、Taavitsainen and Jucker 2007）や、書簡の最初と最後の挨拶部分の分析（Nevala 2002, 2004）などがある。命令、要求、挨拶、お世辞、謝罪など、さまざまな発話行為がどのような言語形態で表現されてきたかを様々な時代で調査した *Speech Acts in the History of English*（Jucker and Taavitsainen 2008）は、ヨーロッパにおける発話行為や感情表出の言語表現についての共時的・通時的研究を集めたもので、論文集全体としてスピーチアクトの歴史的研究になっている。

　通時的スピーチアクト研究は容易ではない。理由はいくつかあるが、1つには、スピーチアクトの分類を厳密に行うことが難しく、1つのスピーチアクトを単独に取り出すことができないからである。例えば、人に何か行動してもらう場合の**命令・依頼・要請・懇願**といったスピーチアクトを考えた場合、各々のスピーチアクトの境界線がどこにあるのかを判断するのは難し

い。同じ発話遂行動詞が使用されていても、発話内力の強弱はコンテクストや対話者の関係によって異なる。これらは個別のスピーチアクトとして考えるより、隣接した発話行為が起こる**語用論的空間**を想定し、聞き手に行動を促す連続的な発話行為**命令―依頼―要請―懇願**と大きく捉えて一緒に調査した方が、誤りの少ない有効な研究結果が得られる。

　難しいもう1つの理由は、特定の発話行為についての概念や解釈が時代・社会・コミュニティによって異なっていたり、そもそも存在しなかったりするからである。そのことを根拠に歴史的発話行為研究の有効性を疑問視する研究者もいるが（Papi 2000）、一方で、現在有効な言語的機能は時代が変わってもそれほど変わらないと見る研究者もいる（Romaine 1982、Brinton 2007）。重要なことは、コミュニケーション状況をより正しく理解するために観察の視野を少し広げ、話し手の意図だけでなく聞き手側の反応に注目したり、同じコンテクスト内に現れた対話者のメタコメントや解釈に目を向けたりするといった確認プロセスを踏むことである。また、コーパスデータを使ってなるべく多くの例を集めたり、同じ**語用論的空間**に属する類似した意味合いのスピーチアクト群を同時に調査し、比較する方法をとれば、より正確な研究へと近づくことができるのではないだろうか。例えば、叱責、非難、批判、軽蔑などを単独に見ていくのではなく、**攻撃的言語行動**というカテゴリーとして分析をしていくといった方法である（Jucker and Taavitsainen 2000）。

3. 歴史語用論の抱える諸問題

3.1 データ問題：何が歴史語用論のデータになり得るのか？

　語用論は、コミュニケーションの実態を録音・録画し、文字に書き起こしたデータを使った**話しことば**の研究と共に発展を遂げた。では、録音装置のない時代のコミュニケーション状況を探る歴史語用論の場合は、何をデータとして分析すればよいのだろうか。書かれたテキストが正当な分析データとして認められるのか否か、どんなテキストが歴史語用論研究において良い

データと言えるのかという問題は、歴史語用論にとっては重要な問題であり、これまで多くの研究者が熱心に議論を重ねてきた。

実際に話されたことばを記録した裁判記録と、作家によって創作された虚構テキストである戯曲では、どちらが信頼性が高く歴史語用論に適していると言えるのだろうか。チョーサーやシェイクスピアのテキストはフィクションなので、劇的効果を狙ったり、外国や異なる時代を舞台に選んでいる場合もあり、書かれた時点ですでに当時の現実社会のコミュニケーションの実践と隔たりがあるかもしれないということを斟酌する必要がある。では、裁判記録ならばノンフィクションだから真正(オーセンティック)なデータだと言えるのだろうか。実は、必ずしもそうとは限らない。速記者、植字工、編集者の介在によって、繰り返し・言い淀み・文法的破格・方言・卑語などの語用論的ノイズが省略・改変され、データが変容している可能性があるからである。発話とテキスト印刷・出版の時間差や版の違いにより、信頼度が異なることも忘れてはならない（Kytö and Walker 2003）。

印刷されたデータが実際の発話にどれほど忠実かという問題は、4節で扱うコーパスについても同じことが言える。つまり、コーパス編集者はオリジナルデータにどれほど忠実なサンプルテキストが作れるかという問題である。句読点の慣習の違い、異綴り、文法的破格をどう扱うか、当時の文字や記号が PC のキーボードで再現できるかなど、データの忠実性と信頼性はコーパス編纂者の編集方針によるところが大きい。

歴史的裁判記録の場合、裁判制度そのものや前提となる考え方が現在とは異なっているということも斟酌すべきである。現代の裁判では**想定無罪**が前提となっているが、魔女裁判の時代には**想定有罪**が前提であったことから（Archer 2005）、同ジャンルであっても、時代によって取り調べの言語的慣習が異なっていることは考慮すべき重要な点である。

では、書簡はどうだろうか。親族間の私信の場合、現在の電子メールのやりとりから推測できるように、書きことばであっても話しことばに近いと考えられる。しかし、古い書簡の場合、時代の識字率や代書人の介在、他人の目に触れるかどうかなどの郵便事情も考慮に入れなければならないのであ

る。

　データ問題のこうした問いに答えるには**話しことば対書きことば**という二項対立で捉えるよりも、より大きな視野で言語活動を把握した方が有効である。結論を先に言ってしまうと、現在のところ、歴史語用論におけるデータ問題は次のような考え方に落ち着いてきており、以前ほど書かれたテキストの使用は問題視されなくなってきている。それは、メディアこそ異なるが、書かれたテキストも言語コミュニケーションの一形態であることに変わりはなく、語用論的研究の対象となり得るという考え方である。その上で、研究にはできるだけ信頼性の高いデータを使うよう努めることが要求されているのが、現在の私たちの置かれている状況である。

　このように、歴史語用論のデータ問題は現在ではほぼ解決していると考えてよいが、今後、自分でデータを収集したり、独自のコーパスを編纂する研究者が新たなデータに出会った時のために、これまでの議論で出てきたデータに関する重要な見解を少し見ておきたい。**話しことばの記録は書きことばよりも実際の話しことばに近い**という Rissanen（1986）の見解は、当然のことに聞こえるかもしれないが、多くの歴史的テキストを扱った『ヘルシンキコーパス』の編纂者ならではの確信のこもった主張である。

　現在支持されているのは、話しことばと書きことばを**話しことば性と書きことば性の組み合わさった連続体**として捉える見解である。歴史語用論のデータ問題にとっては非常に重要な貢献と言える Biber（1988）のモデルや Koch and Oesterreicher（1985）の多元的なジャンル分類がその例として挙げられる。ここでは、ドイツ人ロマンス語研究者 Koch and Oesterreicher（1985）の多元的なジャンルの分類を参考に見ておきたい。

　図 3 が示すように、このモデルは、上下が**文字・音声というメディア**による分類、左右が送り手と受け手の間の（物理的距離ではなく）**コンセプトとしての距離感**を示している（詳細は高田・椎名・小野寺 2011 を参照）。重要なことは、言語コミュニケーションにはメディアと距離感のコンビネーションによって様々な形態があり、単純な二項対立では捉えきれないということ、そして様々なジャンルのテキストが異なる書きことば性と話しことば性

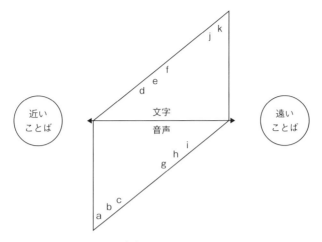

a：打ち解けた談話、b：友人との電話、c：インタビュー、
d：印刷されたインタビュー、e：日記、f：個人的手紙、g：面接時の談話、
h：説法、i：講演、j：新聞記事、k：行政上の規定文

図 3　Koch and Oesterreicher（1985: 23），高田・椎名・小野寺（2011: 13）

を備え、重複しながら連続した関係にあるということである。

　歴史語用論では、コッホとエスタライヒャー、バイバーのモデルに依拠し、コーパスデータ分析からの多くの過去の研究実績を背景に、小説の会話、戯曲、裁判記録、手紙、日記、外国語教育の教科書、マナーブックの会話例など、話しことば性の高い書かれたテキストを、メディアの性質、対話者同士の人間関係、データの限界などを意識した上で、データとして分析している。このようにデータ問題には様々な見解が出されてきたが、最も重要なことは、どんなに信頼性が高いとされているデータであれ、歴史語用論研究において会話関連データを使う場合、自分の分析するデータを無批判に使わず、対話者の人間関係や社会言語学的属性やコミュニケーションのコンテクスト情報を語用論的見地から検討した上で使用すべきだということである。加えて、過去のテキストが関わる歴史的コンテクストへの目配りが必要なことは言うまでもない。

3.2　語用論的変化の過程には普遍的な法則はあるのか？

　言語は常に変化している。通時的変化は、これまでの歴史言語学では統語的、音韻的、意味論的な視点から研究がなされてきたが、談話の通時的変化や、統語論的・意味論的・音韻論的な変化と語用論的要因の関係については、あまり研究がなされてこなかった。これは言語変化を文法化や主観化・間主観化といった語用論的なコンセプトを使って説明し、そこから個別言語を超えた何らかの一般的・普遍的な法則を抽出しようとする方向性を持った**談話志向の歴史言語学研究**であり、まさに歴史語用論の課題と言える。

　研究例としては、トラウゴットの談話標識の形成過程の研究があげられる。意味が**命題的意味→連結的意味→表出的意味**という方向性を持って、重複・共起しながら変化する傾向があることを指摘し、この意味変遷の方向性から、「後の意味は客観的な事柄や状況ではなく、談話というコミュニケーションにおける話し手の主観的な視点・態度を記号化・明示化する」**主観化**（subjectification）の概念を導きだしている（Traugott 2003: 126、高田・椎名・小野寺 2011: 32）。この主観化を基盤にして起こるのが**間主観化**（intersubjectivity）である。間主観化とは、話者が自分の主観的なものの捉え方や意味を、今度は聞き手に向けた含意として伝えようとし、それが時間の流れの中で記号化・明示化していくプロセスのことである。この間主観化のプロセスは文法化とも関連している。文法化とは、ある語彙項目や語彙構造の意味の部分が希薄になり、文法的な機能を果たす機能語へと変化する過程である。Schwenter and Traugott (2000)、Traugott (2004)、滝浦 (2015) は、意味の変化を文法化や主観化・間主観化と関連付けているが、それを語用論的に解釈すると、次のように示すことができる（高田・椎名・小野寺 2011: 34 参照）。

コード化された第一の意味
　→特定の発話において機能する意味（主観化）
　　→同じタイプの発話全てに適応する意味（間主観化：第二の意味の形成）
　　　→コード化された第一の意味＋コード化された第二の意味

この意味変化は、会話的インプリカチャーが慣習的インプリカチャーへと応用領域を広げていく過程と並行して進む変化過程であり、先に見た in fact が語用論的な意味を獲得し、文法化していく過程の説明に適用することができる。

意味の漂白化という初期段階では文法化と似ているが、新しい語用論的意味機能を負ったり、会話的含意が強まる変化を遂げたという点で異なるのが、**語用論化**(pragmaticalisation)である。例としては、神の祝福を祈る God be with you から派生した Good-bye が、17 世紀から 18 世紀にかけて変化し、現在ではもっぱらポライトネス機能を発揮する別れの定型挨拶として使われるようになった変化のプロセスが挙げられる。この場合、神の祝福を祈るために God bless you といった表現が新たに使われるようになったことも興味深い(Arnovick 1999)。

このように、特定の語句が、元々の語彙的意味を希薄化させながら変化していく様子を通時的に観察し、現在の段階で結果的にどのような機能で使われるようになっているのかについての多くの例を見ていくと、文法化、間主観化、語用論化などといった一般的な言語変化の傾向が説明できる法則や、言語変化の背景となる要因を導きだすことができる。これも歴史語用論研究の面白みと言えるかもしれない。しかし、語用論的要素が重視される日本語においては、事情は多少異なっており、必ずしもヨーロッパの言語と同じ変化の道筋を辿っているわけではない(滝浦 2015)。したがって、ここも将来的に日本語の歴史語用論研究の貢献が期待できる領域なのである。

3.3　実際の分析における留意点

形式―機能の対応づけにせよ、機能―形式の対応づけにせよ、歴史的テキストを分析するには、現代語を基盤にした言語感覚や洞察だけでは十分ではない。ミクロ的には、注目するテキストと同じコンテクスト内に現れたメタコメントや評価的発話や発話媒介行為を探ったり、少し視野を広げて、同じ言語コミュニティでの文化的実践に関する知識を得る必要がある。マクロ的には、同時代の間テキスト的な意味合いを把握する必要も出てくるかもしれ

ない。

　具体的な分析において、注目する言語的事象のカテゴリーを分類するのは、それほど単純な作業ではない。どの程度の精密さで類似性を見出して同じカテゴリーとみなすのか、そのレベルの高低によって、データの量も分析の精度も異なってくるからだ。例えば、挨拶のような一見明快に思われる言語活動でさえ、何をもって挨拶とみなすのか、直接性と間接性の重要度の変化、ポライトネスへの概念の変化など、時代によって言語と共に言語を取り巻く状況も変わっているし、異文化間での言語的慣習の違いを把握した上で分析をする必要がある。また、1つのカテゴリーに収まらない要素や曖昧な事例をどう扱うかなど、研究者の主観や解釈が入る部分での客観性の保持には注意を払わなければならない。

　また、言語はコンテクストによって意味合いや機能が変化するので、コンテクストをどの規模で捉えるのかによって、研究のアプローチや方法が異なってくることも付け加えておきたい。マクロの視点とミクロの視点のどちらを取るかによって、考慮すべき文脈の大きさが異なってくるからである。通時的であれ共時的であれ、あるスピーチアクトに注目する場合、その発話状況のみに注目し、使われた語句、聞き手の反応だけを観察することもできるし、より大きなコンテクストを考慮する必要が出てくる場合もある。例えば、呪いというスピーチアクトを調べる場合、魔女裁判というジャンルの言説を時代や地域ごとに集めたり、魔女狩りといった社会・文化的・宗教的背景を言語的コンテクストの中に読み込んだりする必要があるだろう。二人称代名詞の T/V を観察する場合だと、対話者の人間関係をそのテキスト内でのみ観察することもできるが、そのテキストが演劇か裁判記録かというジャンルによっても使用状況や慣習が異なるので、ジャンル・時代・英語史・ヨーロッパの言語という大きなコンテクストの中で捉える必要が出てくる。このように、研究者の視点によってコンテクストの取り込み方や、比較対象や注目すべきテキストや資料も異なってくる。

4. コーパスとコーパス言語学：データと方法論

　コーパスは何らかの方針に沿って編纂されたPCで読める電子テキストを集めたデータセットのことである。コーパス言語学は、言語使用は変化すると考える経験論的なアプローチに基づいたコーパスに関わる様々な研究分野で、コーパス編纂、コーパスを使った分析方法の検討や検索ソフトの開発、そこから生まれる具体的な研究の全体を指す。歴史語用論研究はコーパスデータの導入とコーパス言語学の研究方法によって大きく発展した。それまで紙ベースのデータを自分で集め、手作業で分析していたのが、電子テキストをPCの画面上で検索ソフトを使って分析することにより、大量のデータが正確に短時間で、しかも少ない労力で扱えるようになったからである。とくに、語句の頻度や共起の調査はコーパスと相性がよく、コンピュータの導入によって広範囲に正確に行えるようになった。また、完成したコーパスは再利用できるし、他のコーパスと比較して研究を拡大することもできる。また自分が作ったコーパスを公開すれば、他の研究者も利用できるようになり、共同研究の可能性が広がるといったメリットもある。現在、コーパスは第三世代に入っている。本節では、コーパスデータと方法論が辿った道のりを概観し、今後の課題や発展の可能性へのヒントとしたい。なお、利用可能なコーパスや電子テクストについてはFitzmaurice and Taavitsainen (2007b)、Kytö (2010) に詳しいので、参照してほしい。

4.1　コーパス言語学によるパラダイムシフト

　近年の歴史語用論研究の発展は、コーパス言語学に依るところが大きい。語彙的・形態的・統語的な調査はコーパスアプローチと相性がよく、2節で見た形式─機能の対応づけのアプローチによる研究は、コーパス言語学の方法論やコーパス利用によって飛躍的に進歩した。その前提に、会話を含む歴史的コーパスの編纂と公開があったことは言うまでもない。

　コーパスが歴史語用論にもたらした第一の恩恵としては、それまでコンテクスト重視で、「どのような場面で、どのように特定の語句が使われている

のか」を問う小規模データの質的分析への偏りが強かった歴史語用論研究に、大量のデータを扱う量的分析が導入され、質量的にバランスの良い分析ができるようになったことがある。量的分析によって語句の使用頻度を正確に観察できるようになったので、中心部にある現象と周辺部にある現象を明確に識別できるようになった。一般的な傾向と例外的な用例を数量的に割り出すことが可能になり、例外的用法が、偶然的な出現か有意味な出現かを判断できるようになったということである。第二に、理論的な研究と経験論的な研究の融合が可能になったことがある。例えば、これまで唱えられてきた文法化のプロセスや理論を、実際にコーパスデータを使って検証・修正することができるようになった。第三には、歴史的な言語研究と現代語の言語研究の距離が縮まり、繋がったことである。つまり、共時的に行われていた現代語の語用論研究の方法を歴史語用論研究に応用し、その結果を比較すれば、通時的語用論研究へと統合することができる。最後に、コーパスデータの使用によって、歴史語用論がネイティヴスピーカーへの確認、研究者の洞察といった従来の研究方法とは次元の異なる客観性と信頼性を持つようになったことを挙げておきたい。それまで主流であった質的分析に量的分析が加わり、統計的処理によって研究結果の信頼性と客観性が格段に上がったことは、歴史語用論とコーパス言語学のインターフェイスの大きな利点の1つである。頻度(回数やパーセント)の数字を扱う場合、統計的処理なしに数字の大小やその意味を論じることは避けるべきである。

4.2 三世代のコーパス：どんなコーパスがあるのか？

　1995年に新しい学問領域として出発した歴史語用論研究の発展は、ジャンル、地域、書き手の地域的・社会的背景などといった言語外条件を統制した上で、その時代を代表する歴史的テキストを体系的に集めた歴史的コーパスに依るところが大きい。歴史的言語データを集めた第一世代のコーパスとしては、80年代に編纂が始まり1991年に公開された「ヘルシンキコーパス」(*Helsinki Corpus of English Texts*) と「歴史英語使用域に関する代表コーパス」(*A Representative Corpus of Historical English Registers*, ARCHER) が挙げら

れる。これらは特定の時代・ジャンル・レジスターに偏らず、長期に渡る多くのジャンルの一般的なテキストを薄く広く集めた多ジャンル・多目的に使える通時的な歴史コーパスである。前者は、8世紀の古英語から18世紀初頭の初期近代英語までの約1000年に渡る英語テキストを集めている。連続した2,000語〜20,000語から成る400以上のサンプルテキストから成る約150万語のコーパスである。サンプルはそれぞれ6ジャンルに属する文書から採取されている。例えば、宗教的教訓というジャンルの下には、宗教的論文、説教といった文書ジャンルがあり、各ジャンルからのサンプルが集められている。サンプルテキストの冒頭には、パラメータコードと呼ばれるサンプルの背景となる情報リスト（例：テクストの出処・年代、書き手・読み手のジェンダー・年齢・社会階級・教育歴などの社会的属性）や、対話者の関係（親疎・上下）などが付加されている。こうしたコード化されたパラメータ情報は「ヘルシンキコーパス」が最初に考案した試みで、社会言語学的研究、語用論的研究にとっては重要な情報である。第一世代コーパスは、マルチジャンルのテキストが集められていて多様な研究課題に対応できるので、パイロット研究への使用に適している。しかし、各テキストの規模が小さいので、深く研究するには、時代やジャンルなどに特化した第二世代のコーパスと組み合わせて使用した方が有効性が高まる。

　第二世代コーパスは、特定のジャンル、時代、レジスター、媒体、地域などに焦点を当てて、狭く深くデータを集めたものである。ヘルシンキ大学で特定のジャンルに焦点を当てて編纂された例としては、15世紀後半以降の私信に特化した「初期英語通信文コーパス」(*Corpus of Early English Correspondence*) や、後期中英語期から数世紀に渡る医療関係のテクストを集めた「初期英語医療文書コーパス」(*Corpus of Early English Medical Writing*) がある。また、「ヘルシンキコーパス」を基にした、「ヨーク・ヘルシンキ統語構造標識付き古英語詩コーパス」(*York-Helsinki Parsed Corpus of Old English Poetry*)、「ヨーク・トロント・ヘルシンキ統語構造標識付き中英語コーパス」(*York-Toronto-Helsinki Parsed Corpus of Middle English*) などがある。また、パンフレットなどを集めた「ランペーター初期近代英語小冊子コーパス」

(*Lampeter Corpus of Early Modern English Tracts* (1640–1740) はドイツで、新聞を集めた「チューリッヒ英語新聞コーパス」(*Zurich English Newspaper Corpus*, ZEN, 1661–1791) はスイスで、口語を集めた「近代英語期口語コーパス」(*Corpus of English Dialogues 1560–1760*, CED) はイギリスで編纂された第二世代のコーパスである。他にも第二世代の歴史的コーパスは多く編纂・公開されている。

　第三世代のコーパスは、さらに焦点を絞り、特定の研究課題に合わせて編纂されたコーパスを指す。研究者が自分の研究領域のニーズに合わせて編纂したり、アノテーションを施した、特定の研究課題に特化したコーパスのことである。第三世代コーパスの例としては、歴史語用論研究に必要なアノテーションを施した「社会語用論コーパス」(*Socio-Pragmatic Corpus*, SPC) が挙げられる。これは CED がカバーする時代の一部に社会・語用論的アノテーションを施した、応用性の高いコーパスである(詳しくは、4.3 を参照)。

　このように、コーパスは複数の大学が連携した大規模なものから、研究者が個人で編纂する小規模なものまで数多く存在する。ここでは主に英語のコーパスにしか触れなかったが、日本語を含め、他の多くの言語でコーパスが編纂され、有料・無料で公開されている。現在の歴史語用論研究においては、ほとんどの事例研究でコーパスが使われているし、複数のコーパスを横断的に使用した研究もある。ただし、複数のコーパスデータを比較する際には、ジャンルや時代だけでなく、サンプルの選び方やサイズなどが同等かどうかを見極める必要があることは意識しておくべきである。

　最後に、Kytö (2010) に倣って、*Dictionary of Old English* (DOE), *Middle English Dictionary* (MED), Samuel Johnson's *Dictionary of the English Language*, *Oxford English Dictionary* (OED Online) などの電子辞書も一種のコーパスとして使えることを付け加えておきたい。これらは特に文法化の研究で意味の変遷や新しい意味の初出例の調査に有用である。ただし、正規のコーパスとは異なり、十分なコンテクストがないので、正規コーパスを併用する必要がある。

4.3　コーパスアノテーション

　コーパスアプローチの最大の利点は、大量のテキストが扱えることである。現代英語のコーパスであれば、生のテキストだけでも優秀なコーパス検索ソフトがあれば、特定の語句の頻度やコロケーション、使用された語のコンコーダンスなどを調べることができる。おそらくWordSmithが最も有名なソフトだが、他にも多くの有料・無料の検索ソフトが開発されている。中でも、Ant Conc（無料）は多言語対応のコンコーダンサとして人気が高い。文法構造だけでなく意 味 領 域〔セマンティック・ドメイン〕も検索できるWMatrix（有料）のようなソフトもある。

　コーパスはテキストだけでも有用だが、テキストにアノテーションと呼ばれる「注記標識(タグ)」を付加することによって、より深い研究に利用できるようになる。品詞や文法構造の自動タグ付けソフトは早期から開発が進んでいたが、最近はスピーチアクトなども自動的にタグ付けできるソフトが開発されつつある。また、歴史的コーパス独特の異綴りを同定するソフトもある。検索ソフトについてはコーパス言語学の専門書を参照してほしい。

　ここでは第三世代のコーパスの例として、前述した「近代英語期口語コーパス」(CED)の部分コーパス「社会語用論コーパス」(SPC)に施されたアノテーションを紹介したい。CEDはウプサラ大学のクータとランカスター大学のカルペパーが編纂したもので、1560年から1760年までの200年間の裁判記録、証人供述書、戯曲、小説、作法書といった会話関連テクストを集めたデータセットである。そのうち1640年から1760年までの120年間にわたる17の裁判記録と12の戯曲を合計約25万語集めて、話し手と聞き手に関する詳細な社会語用論的アノテーションを付加したのがSPCである。SPCではすべての発話者に関して、数、IDナンバー、性、役割（談話的役割・社会的役割・親族的役割・演劇的役割）、社会階層、年齢の6領域について、以下のようなアノテーションが付けられている。下線部が本文、太字部分がアノテーションである。

[$ (^Lady Townly.^) $] <u speaker="s" spid="s3cether001" spsex="f" sprole3="fr" spstatus="1" spage="9" addressee="s" adid="s3cether002" adsex="f" adrole3="fr" adstatus="1" adage="8"> (^I^) Was afraid (^Emilia^), all had been discover'd.</u>

このアノテーションには、「これは劇作家 George Etherege のサンプルテキストで、ジェントリに属する年配女性 Lady Townly が、同階級、同年代の女友達 Emilia へ発した1回分の発話」という情報が含まれている。実際にこの SPC を使って行われた研究例としては、裁判記録における疑問文のスピーチアクトの研究（Archer 2005）や、演劇テクストや裁判記録における呼びかけ語研究（Shiina 2003, 2007、椎名 2014）がある。ただし、こうしたタグを付与するにはテキストの精密な読解が必要で多くの労力と時間がかかるため、大規模にはできないのが難点である。また、読み手としての編纂者の解釈が必ずしも唯一の正解とは限らないし、タグ付けが手作業なので誤りも起きるので、プロジェクトチームを作り、複数の研究者によるチェックが必要である。しかし、こうした標識付きコーパスを作っておくと、単独に異なるテーマの研究にも使えるし、他の研究者との共同研究にも使えるし、他のコーパスと比較したコーパス横断的研究にも再利用できるという、デメリットを補って余りある大きなメリットがある。

5. 研究対象となる言語現象とデータの種類

　歴史語用論研究のテーマは多岐にわたる。大きくは2節で見た分野に分かれるが、分野そのものが発展途上であるため、データの信頼性などのデータ問題や方法論などといった実際のデータ分析以前の事柄も研究課題になり得ることは、歴史語用論研究の特徴かもしれない。すでに述べたが、注目されてきたテーマを挙げると、言語形式の例としては呼称、談話標識、間投詞など、言語機能に注目する例としては、スピーチアクトや（イン）ポライトネスがある。また、口論や挨拶などの儀礼的言語交換といった相互作用的な場

面に注目した研究も最近増えてきている。事例研究が増えるにつれて、研究方法も徐々に確立しつつある。

取り上げるデータとしては、共時的アプローチでは、特定の時代をジャンル横断的に調べる研究もあれば、チョーサーやシェイクスピアといった特定の作家の1つのテキストやテキスト群、ある時代の裁判記録や書簡などといった特定のジャンルのテキストを対象にするものもある。通時的アプローチでは、裁判記録、書簡といった特定のジャンルを長期にわたってデータ観察する。データ問題が解決をみてからは、対象となるデータも増えてきた。初期の研究では、演劇テキスト、裁判記録、小説の会話部分、マナーブック、書簡、説教など、談話と関連の強いデータが研究対象となっていたが、最近では、日記、新聞、政治的パンフレット、科学論文など、必ずしも談話との関連が強いとは言えないテキストも研究対象になってきている。

また、通時的研究における変化のタイムスパンは研究テーマや研究者の見解によって異なる。50年、100年といった長期間ではなく、10年、20年の短期間を遡ったものもある。ブログなどの新しいメディアの言語変化を扱って歴史語用論研究に参入する研究例もある(堀江・金 2011)。

6. 歴史語用論研究において外せないポイント

歴史語用論研究で注意すべきことは、次の3つにまとめることができる。第一に重要なことは、良いデータ、つまり信頼性の高いデータを集めることである。基本的には、**話されたことば**を観察するために、記録として残された**書かれたことば**を対象とするので、その**話された時**と**書かれた時**の間に介入する人(話し手、聞き手、書記、編集者、代書人など)、メディアやジャンルの違い(戯曲、裁判記録、書簡、作法書、パンフレットなど)、インタラクションの性質(対話者の属性や人間関係、場面のフォーマリティなど)などといった社会・語用論的情報についても、できる限り正確に把握する必要がある。また、コーパス言語学においては常識的な見解だが、コーパスデータを分析する場合、どんなにバランスのとれた大規模なデータセットであって

も、そこに見出された言語的特徴は、必ずしもその時代やジャンルなどに普遍的な特徴と言えるとは限らず、あくまでもそのコーパスの特徴だと謙虚に受け取って検証する必要があるということである。コーパスを編纂する場合には、できるだけその時代やジャンルを代表するテキストを選ぶ必要があるし、時代によっては地域差も考慮に入れなければならない。また、特定のジャンルのテキストを選ぶ際には、循環的な論法にならないように、言語的特徴によって選ぶのではなく、言語以外の客観的な特徴を考慮に入れてサンプルを選別する必要がある。

　第二に、方法論で重要なことは、言語機能から通時的に言語形式を観察す場合に起こりやすい誤謬に気をつけことである。例えば、「謝罪」というスピーチアクトを通時的に観察する場合、現代語から類推して apologize, sorry といった語を手掛かりに謝罪的言語行為を見ていくと、同語反復的な循環論法に陥ってしまうので、当時の文化的・社会的・言語的習慣をきちんと把握した上で場面を選んで言語現象を観察する必要がある。

　最後は、分析方法についての注意事項である。コーパスデータが利用できるようになって以来、歴史語用論研究では、質的分析と量的分析の両方を見るのがトレンドになってきている。量的分析で全体的な傾向や時代の変化を観察した上で、質的分析でコンテクストを考慮しながら典型例や例外的用法を丁寧に観察する、相補的な研究方法である。また、検索ソフトを使う時には、全面的に機械に頼らず、誤った分類が機械的になされていないかを目視で確認することが必要である。また、量的分析において分布の大小や同異などの数的な判断を下す場合には、必ず統計処理をすべきだということである。適切な検定をして初めて数字が意味を持つからである。

7. おわりに：今後の展望

　近年の言語学は、研究の焦点が均一性から異種混淆性へと移り、内省的データ分析から経験論的データ分析へ、コンテクストやコミュニケーション重視の方向へと変わってきた。言語も、共時的に観察できるスタティックな

体系というよりも、常に変化するダイナミックな体系として観察されるようになった。実際に使われた言語を研究対象とし、言語の意味がコンテクストにおいて対話者間の交渉の中で決定されていくプロセスを観察したり、長い時間の流れの中で言語の意味機能が変化していく様子を観察したり、その変化の背景や要因を探ろうとする歴史語用論への注目の背景には、このような言語学におけるパラダイム・シフトがあった。

1995年に生まれた歴史語用論は、このパラダイムシフトの中で、発生時から携えていた学際性・領域横断性を保持しつつ、この20年間、目覚ましい発展を遂げてきた (Taavitsainen and Jucker 2010)。殊にコーパス言語学との連携は強まっており、今や歴史語用論研究でコーパスアプローチを取らない事例研究はないと言っても過言ではない。今後もコーパス言語学との連携は強まるだろう。地域、ジャンル、レジスター、階級、年齢、ジェンダー、人間関係、発話状況など、細かい社会・語用論的差異に焦点を当てたコーパスの編纂や、研究者の解釈と手作業が必要だったポライトネス関連アノテーションの自動化などが考えられる。

ここまで英語に関して述べてきたが、いうまでもなく、英語以外の言語でも歴史的コーパスは編纂されており、歴史語用論研究が行われている。日本語についても事情は同じで、歴史的コーパスも編纂・公開されている。日本語の歴史語用論研究では、特に敬語・待遇表現の研究は層が厚く、独自の発展を遂げている。研究の実情に見合った質と量の情報発信が外に向かってなされた時、日本語学研究は歴史語用論に大きく貢献できるにちがいない。

読書案内(本文中、節ごとに参考図書を記したが、歴史語用論全体像が知りたい場合は、以下が参考になる。)

・Jucker, Andreas H. (ed.) (1995) *Historical Pragmataics: Pragmatic Developments in the History of English,* Amsterdam: John Benjamins. : この本によって『歴史語用論』が始まったと言っても過言ではない記念碑的論文集。特に、Jacobs, Andreas and Andreas H. Jucker によるイントロダクション The

Historical Perspective, pp. 3–33 は、歴史語用論という学問分野のマニフェストとも言える必読論文である。

・Jucker, Andreas H. and Irma Taavitsainen (eds.) (2010) *Historical Pragmatics*, Amsterdam: John Benjamins.：1995 年以降の歴史語用論の発展をふまえ、西欧の主要な歴史語用論研究者による方法論、研究領域ごとの解説を含むケース・スタディを集めた 743 頁の論文集。ハンドブックとしても使うことができる。

・高田博行・椎名美智・小野寺典子（共編）(2011)『歴史語用論入門―過去のコミュニケーションを復元する』大修館書店：日本語で歴史語用論について読みたい人のために書かれた本邦初の歴史語用論の入門書。第 1 章の「歴史業論の基礎知識」を読むと、本分野の全体像がつかめる。欧米の歴史語用論研究者 3 名（ユッカー、ターヴィツァイネン、トラウゴット）の寄稿論文も邦訳されているので、英語の論文に馴染みのない方には嬉しい入門書と言える。日本語、英語、ドイツ語、韓国語が扱われている。

・金水敏・高田博行・椎名美智（共編）(2014)『歴史語用論の世界―文法化・待遇表現・発話行為』ひつじ書房：上記の『歴史語用論入門』をテーマごとに発展させた論文集で、理論的なものとケース・スタディーの両方を含む。日本語、英語、ドイツ語が扱われており、歴史語用論でどんなテーマがどのように研究されているのかを知ることができる。

参考文献

Archer, Dawn. (2005) *Questions and Answers in the English Courtroom (1640–1760)*, Amsterdam: John Benjamins.

Arnovick, Leslie K. (1999) *Diachronic Pratmatics: Seven Case Studies in English Illocutionary Development*, Amsterdam: John Benjamins.

Bax, Marcel and Dàniel Z. Kàdàr. (eds.) (2011) *Understanding Historical (Im) Politeness, Special Issue of Journal of Historical Pragmatics.*

Biber, Douglas. (1988) *Variation Across Speech and Writing*, Cambridge: Cambridge University Press.

Brinton, Laurel. (2001) Historical Discourse Analysis, In Deborah Schiffrin, Deborah Tannen and Heidi Hamilton (eds.) *The Handbook of Discourse Analysis*, pp. 138–160, Oxford: Blackwell.
Brinton, Laurel. (2007) The Development of *I mean*: Implications for the Study of Historical Pragmatics, In Fitzmaurice and Taavitsainen (eds.), pp. 37–79.
Brown, Roger and Albert Gilman. (1960) The Pronouns of Power and Solidarity, In Thomas A. Sebeok (ed.) *Style in Language*, pp. 253–276, Cambridge: MIT Press.
Busse, Ulrich. (2008) 'An inventory of directives in Shakepeare's *King Lear*, In Andreas H. Jucker and Irma Taavitsainen (eds.) (2008), pp. 85–114.
Culpeper, Jonathan. (2010) Historical Sociopragmatics, In Andreas H. Jucker and Irma Taavitsainen (eds.) (2010), pp. 69–94.
Culpeper, Jonathan and Elena Semino. (2000) Constructing Witches and Spells, *Journal of Historical Pragmatics* 1 (1), pp. 97–116.
Fitzmaurice, Susan M. and Irma Taavitsainen (eds.) (2007a) *Methods in Historical Pragmatics*, Berlin: Mouton de Gruyter.
Fitzmaurice, Susan M. and Irma Taavitsainen. (2007b) Introduction, In Susan M. Fitzmaurice and Irma Taavitsainen (eds.) (2007a), pp. 1–10.
堀江薫・金廷民 (2011)「日韓語の文末表現に見る語用論的意味変化―機能主義類型論の観点から」高田博行他 (共編) (2011)、pp. 195–206
Jacobs, Andreas and Andreas H. Jucker. (1995) The Historical Perspective, In Jucker, Andreas H. (ed.) (1995), pp. 3–33.
Jucker, Andreas H. (ed.) (1995) *Historical Pragmataics: Pragmatic Developments in the History of English*, Amsterdam: John Benjamins.
Jucker, Andreas H., Gerd Fritz and Franz Lebsanft (eds.) (1999) *Historical Dialogue Analysis*, Amsterdam: John Benjamins.
Jucker, Andreas H. and Irma Taavitsainen. (2000) Diachronic Speech Act Analysis: Insults from Flyting to Flaming, *Journal of Historical Pragmatics* 1 (1), pp.67–95.
Jucker, Andreas H. and Irma Taavitsainen (eds.) (2008) *Speech Acts in the History of English*, Amsterdam: John Benjamins.
Jucker, Andreas H. and Irma Taavitsainen (eds.) (2010) *Historical Pragmatics*, Amsterdam: John Benjamins.
加藤重広編 (2015)『日本語語用論フォーラム　1』ひつじ書房
加藤重広 (2015)「『日本語語用論フォーラム』刊行に当たって」加藤重広編 (2015)、pp. iii-viii
Koch, Peter and Wulf Oesterreicher. (1985) Sprache der Nähe: Sprache der Distanza. Mündichkeit und Shriftlichkeit im Spannungsfeld von Sprachteorie und Sprachgeschichte, *Romantistisches Jahrbuch* 36, pp. 15–43.
Kytö, Merja and Terry Walker. (2003) The Linguistic Study of Early Modern English Speech-

Related Texts: How 'Bad' can 'Bad' Data be?, *Journal of English Linguistics* 31, pp. 221–248.
Kytö, Merja. (2010) Data in Historical Pragmatics, In Andreas Jucker and Irma Taavitsainen (eds.) (2010), pp. 33–67.
Lass, Roger (ed.) (1999) *The Cambridge History of the English Language, Vol. III 1476 to 1776*, Cambridge: Cambridge University Press.
Leech, Geoffrey. (1983) *Principles of Pragmatics*, New York: Longman.
Nakayasu, Minako. (2009) *The Pragmatics of Modals in Shakespeare*, Frankfurt: Peter Lang.
Nevala, Minna. (2002) Family First: Address and Subscription Formulae in English Family Correspondence from the Fifteenth to the Seventeenth Century. In Taavitsainen and Jucker. (eds.) (2002), pp. 147–176.
Nevala, Minna. (2004) *Address in Early English Correspondence: Its Forms and Socio-Pragmatic Functions*. Helsinki: Société Néophilologique.
Papi, Marcella Bertuccelli. (2000) Is a Diachronic Speech Act Theory Possible?, *Journal of Historical Pragmatics* 1 (1), pp. 57–66.
Rissanen, Matti (1986) Variation and the Study of English Historical Syntax. In David Sankoff (ed.) (1986) *Diversity and Diachrony*, pp. 97–109, Amsterdam: John Benjamins.
Romaine, Suzanne. (1982) *Socio-Historical Linguistics: Its Status and Methodology*, Cambridge: Cambridge University Press.
Schwenter, Scott A. and Elizabeth C. Traugott. (2000) Invoking Scalarity: The Development of *in fact*, *Journal of Pragmatics* 1 (1), pp. 7–26.
Shiina, Michi. (2003) How Spouses Used to Address Each Other: A Historical Pragmatic Approach to the Use of Vocatives in Early Modern English Comedies, *Bulletin* 48, pp. 51–73, Faculty of Letters, Hosei University.
Shiina, Michi. (2007) Is Gender an Issue?: Vocative Exchange in Early Modern English Comedies, In Yoshiyuki Nakao, *et al* (eds.) (2007) *Text, Language and Interpretation: Essays in Honour of Keiko Ikegami*, pp. 415–429, Tokyo: Eihosha.
椎名美智(2014)「初期近代英語期の法廷言語の特徴―『取り調べ』における『呼びかけ語』の使用と機能」金水敏・高田博行・椎名美智(共編)『歴史語用論の世界―文法化・待遇表現・発話行為』pp. 77–104、ひつじ書房
Taavitsainen, Irma and Andreas H. Jucker. (eds.) (2002) *Diachronic Perspectives on Address Term Systems*, Amsterdam: John Benjamins.
Taavitsainen, Irma and Andreas H. Jucker. (eds.) (2007) Speech Acts and Speech Act Verbs in the History of English, In Susan M. Fitzmaurice and Irma Taavitsainen (eds.), pp. 107–138.
Taavitsainen, Irma and Andreas H. Jucker. (2010) Trends and Developments in Historical Pragmatics, In Andreas H. Jucker and Irma Taavitsainen (eds.), pp. 3–30.
高田博行・椎名美智・小野寺典子(共編)(2011)『歴史語用論入門―過去のコミュニケー

ションを復元する』大修館書店
滝浦真人(2015)「語用論がかかわる次元と日本語」加藤重広編(2015)、pp. 1–25
Traugott, Elizabeth C. (2003) From Subjectification to Intersubjectification, In Raymond Hicky (ed.) *Motives for Language Change*, pp. 124–139, Cambridge: Cambridge University Press.
Traugott, Elizabeth C. (2004) Historical Pragmatics, In Laurence R. Horn and Gregory Ward (eds.) *The Handbook of Pragmatics*, pp. 538–561, Oxford: Blackwell.

第5章　対照語用論

堀江　薫

1.　はじめに：対照語用論と語用論的類型論

　日本語は取り立て助詞、人称代名詞、受動文、名詞修飾節、敬語など多くの文法現象が語用論と密接に関わっているが、日本語の語用論的特徴(「語用論性」(滝浦 2015))が他言語とどのように異なっており、どの程度共通しているかは自明ではない。本章は、ある言語の語用論的特徴を他言語との比較を通じて解明する**対照語用論**(Contrastive Pragmatics)という学問分野の概要を示し、この分野への関心を高めることを目標とし、具体的なケーススタディを示す。対照語用論は対照言語学(Contrastive Linguistics)の1つとして位置付けられるが、文法や語彙、音声・音韻等の対照言語学的研究に比べるとまだ開拓途上の研究分野である。

　対照語用論という分野が独立した学問分野として提唱されるようになったのはそれほど古いことではなく、1980 年代半ばの Littlewood (1983)、Fillmore (1984)、Oleksy (1984) といった研究をその嚆矢とする。ただ、そのような名称はたとえ用いられていなかったにせよ、それ以前にも例えば Keenan (1976)、Brown and Levinson (1978、後に 1987) など、異なる言語社会において会話の公理やポライトネスの方略の選択、準拠の優先性がどのように異なるかという比較研究が、特に言語人類学的な志向性を有する研究者によって生産的に行われてきたことを申し添えたい(最近出版された Senft (2014) も参照されたい)。

　Contrastive Pragmatics というタイトルを冠した初期の論文集(Olesky

(1989))の序文には、まだ同分野の明確な定義はなされておらず、逆に同分野の範囲を狭く限定してしまうことへの警戒感が示されている。(以下特に断らない限り翻訳は堀江による)

　対照語用論としてしばしば言及される最近の言語学研究の分野を狭い範囲に限定しようと試みることは時期尚早でありおそらく不要であろう。
(Olesky 1989: x)

　対照語用論という学問の定義や対象とする現象の範囲に関する萌芽期のこのような状況にはその後変化があったのであろうか。Olesky (1989)の約20年後に刊行され *Contrastive Pragmatics* と銘打たれた論文集である Aijmer(2011)では、対照語用論を以下のように簡潔に定義している。

　対照語用論は、異なった言語における語用論あるいは言語使用に関わるものである。(略)そして、対照語用論の研究対象に関してはポライトネス理論、会話分析、文法化など異なる研究の観点や理論的アプローチが含まれつつも、特に多くの研究が行われてきたテーマが発話行為の実現様態、および発話行為の運用に課せられる規則の言語間、文化間相違に関するものであると述べられている。
(Aijmer 2011: 1)

　対照言語論のより詳しい定義は「対照語用論を発達させる(Developing Contrastive Pragmatics)」というタイトルを冠した Pütz and Neff-Aertselaer (2008)の序文に以下のように示されている。

　対照語用論は、ある言語において人々が準拠する語用論的原理を、これらの原理が他の言語において言語的相互行為をどのように制約しているかと対比しつつ研究する。　　　(Pütz and Neff-Aertselaer 2008: x)

対照語用論の重要な下位分野として、語用論と異文化コミュニケーション研究の洞察を融合した研究分野である「異文化間語用論(Intercultural Pragmatics, Cross-Cultural Pragmatics)」と「中間言語語用論(Interlanguage Pragmatics)」がある。後者は、非母語話者が第二言語において語用論的能力をどのように用い、習得するかを研究する分野である。

本章は、これまでの筆者の研究に基づき、「対照語用論」を言語間の語用論的基盤の類似点・相違点の両方を解明する志向性を有した研究分野として捉える。

対照語用論は実際には2言語の比較研究が中心であるが、より多くの言語の語用論的特徴の通言語比較を行う研究分野の先駆的なものとしてMyhill (1992)が提唱した「類型論的談話分析(Typological Discourse Analysis)」がある。同分野は以下のように規定される。

> 類型論的談話分析は、ある言語の複数の構文間の選択に影響を与えている要因を、周囲の談話文脈がその選択に重要な影響を与えるものとして考慮しつつ、通言語的に研究する分野である。この研究分野の目標は、任意の言語の任意の交替現象の機能を客観的に記述することを可能にするような言語普遍的な枠組みを開発し、その交替現象を他の言語の交替現象と具体的に関連づけ、最終的にこれらの記述や比較データを用いて言語形式と言語機能の関係に関する認知に基盤を置く言語普遍的な理論を開発することにある。 (Myhill 1992: 1–2)

類型論的談話分析は、通言語的なデータを用い、談話において名詞句が担う様々な語用論的・情報論的性質(例：主題、焦点、新情報・旧情報)、談話中の時制・相・態・語順の選択の背後にある認知的・機能的要因の解明を定量的な観点から試みた。類型論的談話分析は、通言語的な語用論現象の分析の枠組みとして先駆的な試みであったが、マイヒルの著書以降積極的には継承されることがなかった。

語用論的類型論(Pragmatic Typology)という萌芽的分野がマックスプラン

ク心理言語学研究所の M. ディンゲマンセや同研究所研究員であった N. エンフィールド(現シドニー大学教授)らによって最近提唱されている。語用論的類型論の暫定的な定義は以下のとおりである。

語用論的類型論(Pragmatic Typology)
類型論は言語体系の比較研究である。音声、統語論、意味論の類型を発展させることが可能であるのと同様に、語用論や会話構造の類型を発展させることは可能である。ナイメーヘンのマックスプランク心理言語学研究所で我々は創発しつつある語用論的類型論という分野即ち言語使用とそれを形作る原理群の類型へ貢献すべくいくつかの大規模な言語比較プロジェクトを実施している。我々の研究は会話構造の比較研究の最近の高まりの一部を成している(例：Selting and Couper-Kuhlen 2001; Enfield and Stivers 2007; Sidnell 2009; Stivers et al. 2009; Sidnell and Enfield 2012; Dingemanse, Torreira, and Enfield 2013; Dingemanse, Blythe, and Dirksmeyer 2014)。　　(http://dlc.hypotheses.org/717 より引用)

対照語用論に比べると、ディンゲマンセらが提唱する語用論的類型論は、提唱している研究者たちの研究の志向性を反映して、自然会話や付随するジェスチャー等の相互行為の言語間比較、類型化を主要な研究対象としており、また、2 言語の対照を中心とする傾向の強い対照語用論よりも多くの通言語比較を企図しているように思われる。ただし、このような区別は厳密なものではなく、連続的である。また、自然会話や付随するジェスチャー等相互行為の言語間比較は、オーソドックスな研究アプローチに束縛されず、共時のみならず通時的な観点も取り入れて言語間の語用論的基盤の相違点を解明する研究アプローチとして近年井出らによって提唱されている「解放的語用論(Emancipatory Pragmatics)」(井出 2014、井出・藤井 2014)にも共有されている。

筆者はこれまで、ディンゲマンセらの提案とは独立して、「認知類型論(Cognitive Typology)」という研究分野を提案する過程で、言語間の文法構

造の相違点・対比の背後にある語用論的基盤の違いに着目し、「主観性・間主観性」「主観化・間主観化」といった指標を用いて言語間の「語用論性」（あるいは「語用論度」）（滝浦 2015）の違いを論じた（堀江・パルデシ 2009：ch.2–3）。筆者の研究の概要は滝浦（2015）に以下のように要約されている。

> （堀江・パルデシ（2009: ch.2–3））には、いくつかの基準を設定し各点でのいわば"語用論度"を異言語間で比較対照した成果がまとめられており日本語と韓国語を比べると、文法構造でも談話構造でも日本語がより語用論的であるとの見解が述べられている。　　　　　（滝浦 2015: 22）

　滝浦（2015: 19）は Sweester（1990）や Traugott（1995）らの意味変化の提案を基に「意味論的［1］」「認知的［2］」「語用論的［3］」という3つの次元を指定し、「様々な言語現象がどの次元で生じているかを明確」にすることは、言語類型論に資する点が大きいと述べている。

　筆者もこの見解に賛同するものであり、言語間の「語用論性」の違いを明らかにする「対照語用論」的な研究が様々な言語間で積極的に推進されることを願うものである。本章がそのためにいささかなりとも貢献できれば望外の喜びである。

　以下では、筆者自身がこれまでに行った対照語用論研究の2つのケーススタディを概説する。具体的には、上述した対照語用論のこれまでの研究において見られた「言語使用に見られる言語間の共通性・相違点」に関わる日韓語の対照語用論的研究を2節の2.1で取り上げる。そして、2.2では応用的な対照語用論的研究である第二言語としての日本語のヘッジ表現の習得に関する中間言語語用論的研究を紹介する。最後に3節で対照語用論研究の展望を述べる。

2. 対照語用論の2つのケーススタディ

2.1 韓国語の「kes-kathun (것 같은)」と日本語の「みたいな」の対照語用論的研究

　韓国語は日本語と多くの共通した類型論的特徴を持っているが、両言語は連体形と終止形の区別の仕方が大きく異なっている。現代韓国語は全ての述語において連体形と終止形が厳密に区別され、時制も現在・過去・未来（非現実）といった複雑な分化をしている（堀江2001）のに対して、現代日本語の場合は述語のうち、動詞（例：走る）と形容詞（例：白い）は連体形と終止形が同形である。これは、日本語において起こった述語の「連体形」と「終止形」の同一化という歴史的変化の結果である。

　この変化は、日本語において中世末期までにほぼ完結した形態・統語的変化であり、それまでは一部の活用を除いて区別されていた述語の連体形と終止形の形態的区別が、述語の連体形が連体形のみならず終止形としても用いられるようになることによって実質的に無くなったという言語変化である。この変化によって、現代日本語においては、すべての動詞・形容詞において連体形と終止形が同一形態になっており、その終止形は元々連体形であった形態である（1a、b）。古語の連体形はそれ自体で「準体句」（名詞節）を構成することが可能であったが、この性質は現代語の諺などの慣用句内の述語（例(1c)の「語る」）に残存している。なお、(1c)の文末に生起している「落ちる」という終止形は古語の「落つ」という動詞の連体形「落つる」が連体形・終止形の同一化の結果終止形になったものである。

(1) a. 毎時15分に来るバスに乗る。（連体形）
　　 b. バスが来る！（終止形）
　　 c. (慣用句)[語る]（連体形：準体句）に落ちる。（終止形）

　現代日本語においてわずかに両者の区別が残るのは形容動詞とコピュラである。

（2） a. 健康な人
　　　b. あの人は健康だ。
（3） a. 韓国人のキムさん
　　　b. キムさんは韓国人だ。

　これに対して、韓国語の場合は、日本語と異なり全ての述語において連体形と終止形が明確に区別されている(4)。

（4） a. ilk-nun（읽는）　　　「読む」(連体形)
　　　b. ilk-nun-ta.（읽는다.）　「読む。」(終止形)

　しかしながら、近年韓国のインターネット（ブログ）において「終止形」で終わるべき文末に「連体形」が生起する現象が観察されている。一例として日本語の「という」(5a)に相当する引用連体形式 tanun（다는）という形式を見てみよう。韓国語の tanun は通常(5b)のように後続名詞を伴わなければならず、単独で生起することはない。しかし、近年「連体形」である tanun が(6)のように文末に単独で現われることによって「判断保留」の働きをする新奇な用法がインターネットやブログなどにおいて観察されている（堀江・金 2011: 207）。

（5） a. 恐竜が生きていたという証拠
　　　b. 공룡이　　　살고　　　있었다는　　　　　증거
　　　　konglyong-i　salko　　iss-ess-tanun　　　cungke
　　　　恐竜-が　　　生きて　　いる-過去-という　　証拠
（6）　〈ビールの写真つきのブログで〉
　　　　새로 나온 맥주 넘넘 맛있다는...
　　　　Saylo　　nao-n　　　　maykcwu nemnem masiss-tanun...
　　　　新しく　出る-過去連体形　ビール　とても　おいしい-TANUN
　　　　「新しく出たビール。とてもおいしいという…」

（堀江・金 2011: 204、ハングルは筆者によるもの、グロスは微修正）

　堀江・金(2011)で詳述したように、tanun に関してはインターネットなどにおいて名詞が後続せず、(6)のように結果的に文末で文を終結しているような用法がかなり定着しつつある。tanun の文末用法には、必ずしも後続名詞が復元できる「省略」とみなし難いものが多い。このような用法は韓国語の他の連体形形式にも広がりつつあるように見受けられる。その 1 つが類似性や比況を表す韓国語の kes-kathta という形容詞の連体形 kes-kathun である。以下では呉・堀江(2013)に基づき、kes-kathun の語用論的拡張の様相を日本語の対応形式との比較を通じて明らかにする。

　終止形の kes-kathta と連体形の kes-kathun の典型的な例は(7)に示す通りである。(7a)に示すように終止形の kes-kathta は「類似性」「推量」「婉曲」等の文法的意味を有している。kes-kathta の kes は形式名詞であり、その直前には述語の連体形が前接する。(7b)の連体形 kes-kathun は後接する nukkim(感じ)という名詞を修飾し、「推量」「婉曲」の文法的意味を表している。

(7) a. 그는 사랑에 빠진 <u>것 같</u>다.
　　　Ku-nun　salang-ey　ppaci-n　　　　<u>kes-kathta</u>.
　　　彼-は　　恋-に　　落ちる-過去連体形　KES-KATHTA
　　　「彼は恋に落ち<u>たようだ</u>。」
　b. 신이 나를 버린 <u>것 같은</u> 느낌이 든다.
　　　Sin-i　　na-lul　peli-n　　　　<u>kes-kathun</u>
　　　神-が　　私-を　捨てる-過去連体形　KES-KATHTA-現在連体形
　　　nukkim-i　tu-n-ta.
　　　感じ-が　　する-現在-終結語尾
　　　「神様が私のことを捨て<u>たような</u>感じがする。」

　このうち(7b)に示す kes-kathun という連体形が以下の(8)に示すように文

末で用いられる用法が近年インターネットなどにおいて頻繁に観察される。

(8) a. 여길 걷다 보면 없던 사랑도 생길 것 같은~!!

　　Yeki-l　ketta　po-myen　eps-ten　　　　salang-to　sayngki-l
　　ここ-を　歩いて　みる-条件　ない-過去連体形　恋-も　　　できる-未来連体形

　　kes-kathun~!!
　　KES-KATHUN

　　「ここを歩いてみると（これまで）なかった恋もできそうな!!」

b. 진짜 평생 요것만 쓸 것 같은ㅋㅋ

　　Cincca　phyengsayng　yokes-man　ssu-l　　　　kes-kathun
　　本当に　一生　　　　これ-ばかり　使う-未来連体形　KES-KATHUN

　　ㅋㅋ
　　（笑い）

　　「本当に一生こればかり使いそうな(笑)。」

c. 황정민만 나왔다하면 다 재밌는 것 같은..ㅋ

　　Hwangcengmin-man　nawa-ss-ta-hamyen　　　　　ta
　　人名-だけ　　　　　出てくる-過去-終結語尾-すると　全部

　　caymiss-nun　　　　kes-kathun..　ㅋ
　　面白い-現在連体形　　KES-KATHUN　（笑い）

　　「ファンジョンミンさえ出てきさえすれば全部面白いような(笑)。」

d. 일주일에 티비 프로를 한 오십 개는 본 것 같은...

　　Ilcwuil-ey　thipi　phulo-lul　han　osip kay-nun　po-n
　　一週間-で　テレビ　番組-を　大体　50 本-は　　見る-過去連体形

　　kes-kathun...
　　KES-KATHUN

　　「一週間でテレビ番組を大体50本は見たような…」

（www.blog.naver.com）

　(8) の文末の連体形 kes-kathun は、例えば (7a) の終止形 kes-kathta とどのように異なるのであろうか。(8a–c) は書き手の感情・考え、(8d) は書き手の

経験を示しており、連体形の kes-kathun で文を終結している。文末の kes-kathun は未来連体形(8a、b)と現在・過去連体形(8c、d)の前接が可能であるが、ネット上で調べたところ、未来連体形に前接する用例数が多く見られる。(8a、b)の場合、書き手は「ここを歩いてみると(これまで)なかった恋もできる」「本当に一生こればかり使う」という現時点では未実現の事態を表す節を連体形の kes-kathun で終結している。一方、(8c、d)の場合、書き手は、「ファンジョンミンさえ出てきさえすれば全部面白い」という現在の自分の感情や、「一週間でテレビ番組を大体50本は見た」という過去に実現した直接経験を表す節を kes-kathun で締めくくっている。これらの用例は、後続する名詞が省略されているという印象は必ずしもなく、文末用法としてある程度慣用化していることが、感嘆符(8a)や「笑い」マーク(8b、c)が後続していることから分かる。kes-kathta という形式自体は推量や婉曲を表していることから、kes-kathun という連体形は推量や婉曲をさらに弱めるような語用論的な効果を果たしているものと考えられる。

　kes-kathta に対応する日本語の類似性・推量・婉曲を表す形式には「ようだ」と「みたいだ」がある。これらはいずれも品詞としては「助動詞」とされるが、終止形と連体形が同形の「動詞」や「形容詞」と異なり、(2a、b)に示した「形容動詞」と同じく、終止形と連体形の区別を保持している述語の1つである(9、10)。

(9) 　a. 彼は恋に落ちた {ようだ／みたいだ}。
　　　b. 神様が私のことを捨てた {ような／みたいな} 感じがする。(作例)

　日本語の2つの形式のうち、kes-kathun に相当する連体形が文末で用いられる用法が定着しているのは「みたいな」である。文末形式としての「みたいな。」は、(10)に示すように、主として話し言葉において、自分(話し手、書き手)あるいは他者の発言や考えを冗談やからかいといった評価を交えて「引用」する「類似引用」(メイナード 2008)形式へと機能変化している(Fujii 2006、堀江・金 2011)。この機能変化は英語の類似性を表す *like* の文

法化（Romaine and Lange 1991）と平行的である。

(10) a.〈DJ（坂本）の受験の時のエピソードを振り返ながらの発言〉
　　　…ウナギの骨がのどに引っかかって、ぜんぜんとれなくて、夜中の3時に病院に行く騒ぎ、もう明日テストなのに、みたいな。ウナギには本当気を付けてください。
　　　　　　　　　　　　　（ラジオ番組「坂本真綾 from everywhere」）
　　b.〈高校時代のクラスの中ではどんな存在、ポジションだったんですかというDJの質問に対する発言〉
　　　山本：女子からはあの、全然もてなかったんですね。あの、どっちかっていうと、そのテンションが上がったところを見た時の女子の一言は「山本怖い」みたいな。
　　　　　　　　　　　　　（ラジオ番組「People編集長！お時間です」）

　日本語の文末形式「みたいな。」は本来の「類似性」「推量」「婉曲」の意味から「（類似）引用」へと機能的に大きく変化している。松本（2010）によると「みたいな。」は1950年代まで映画や新劇、1960年代以降テレビの業界内の用語として用いられていたが、1980年代にコメディアンのとんねるずが番組内で用いることで全国的に若者言葉として流通するようになり、現在では若者に限らず広く人口に膾炙するに至ったとのことである。「みたいな。」が広く用いられるようになった経緯と現状について松本（2010: 110–111）は以下のように述べている。

　　　この独創的な言い回しは、とくに若者たちのあいだに喜んで受け入れられた。それから（筆者注：1980年代から）二十年あまり。かつての若者たちはすでに四十歳を超え、社会の中核を担う大人となった。「みたいな。」は、もはや若者ことばの域を超え、世の大人たちも使うことばになった。（略）こうしてセリフを丸ごと引用する「みたいな。」は、ここ二十年ほどの間に日本人のおしゃべりの作法、コミュニケーションの

スタイルを変えてしまうことになったのである。

　これに対し、対応する韓国語の kes-kathun はどうかと言うと、インターネットなどの話し言葉性を有する書き言葉において、(8)に示すように、必ずしも後続名詞が省略されたというニュアンスを伴わず、「推量」や「婉曲」といった文法的意味をさらに留保するような語用論的な含みをもって文を終結する用法が定着しつつあるが、日本語の「みたいな」のような(類似)引用形式への機能拡張は見られない。
　このように韓国語と日本語で等しく類似性・推量・婉曲といった意味を表す形式の連体形が文末で文を終結する現象が観察されるが、韓国語の kes-kathun に比べて日本語の「みたいな」は、類似引用形式へ転じているという点でより機能拡張の度合いが著しいという相違があることが確認された。
　ただし、日本語において連体的と終止形の形態的区別が存在しているのは述語を構成する内容語のうち、形容動詞とコピュラというごく一部の述語においてのみであり、その中でも「みたいな」のような機能拡張を見せている例は他には殆どない。その点で、今後「みたいな」のような連体形の文末用法が新たに生み出される可能性は必ずしも高くない。一方、日本語と対照的に、連体形と終止形の形態的区別を堅持している韓国語では、日本語と異なり、すべての述語の連体形が潜在的に文末用法を派生する可能性を有している。韓国語母語話者の非正規用法に対する規範意識を反映してか、述語連体形の文末用法の生起頻度は必ずしも高くないが、その中でインターネットなどは非正規用法に対してより寛容な傾向を反映してか、連体形の文末用法もある程度の頻度で観察される(堀江・金 2011)。
　以下に呉・堀江・金(2015)で論じた、韓国のテレビ番組中の発話に生起し、画面のテロップに記載された連体形の文末用法の例を挙げる。注意すべきは、呉らがデータとして使用したテロップ資料内で観察された112個の連体形の文末用法のうち、実際に発話においてそのまま用いられた用例は(11)(12)に挙げる2例を含むわずか3個という少数であった点である。このことは、韓国語の話し言葉においては、連体形の文末用法がまだ十分に定

着していないことを示唆している。以下の (11a) は、話し手のより長い発話 (11b) の連体形の文末用法の部分のみがテロップに表示された例である。

(11)　a.　당시에　　혁신적이었던!
　　　　　Tangsi-ey　hyeksinceki-essten!
　　　　　当時-に　　革新的だ-過去回想連体形
　　　　　「当時革新的だった。」　　　　　　　　　　　（テロップ）
　　　b.　가끔 지방 여관 가면 있어요. 비디오비전. 당시에 혁신적이었던.
　　　　　Kakkum　cipang　yekwan　ka-myen　iss-eyo.　pitiopicen.
　　　　　たまに　　地方　　旅館　　行く-条件　ある-終結語尾　ビデオビジョン
　　　　　tangsi-ey　hyeksinceki-essten.
　　　　　当時-に　　革新的だ-過去回想連体形
　　　　　「たまに地方の旅館に行くとあります。ビデオビジョン。当時革新
　　　　　的だった。」　　　　　（実際の発話）（呉・堀江・金 2015: 328）

　(11a) において話し手が tangsi-ey hyeksinceki-essten (당시에 혁신적이었던、当時革新的だった) という連体形の文末用法を文の終結部に用いた際に、「強調」の意図が声色やイントネーション、ポーズから感じられる。ただし、この場合「強調」という機能が、連体形の文末用法自体に備わっているものであるのか、あるいは主名詞の pitiopicen (ビデオビジョン) との倒置による付随的な効果であるのかはより多くの用例で検討する必要がある。

(12)　　　마음만 먹으면 십분 안에 정리될 수 있는...
　　　　　Maum-man　mek-umyen　sippun　an-ey　cenglitoy-l
　　　　　心-のみ　　決める-条件　10分　　内-に　片付けられる-未来連体形
　　　　　swu iss-nun...
　　　　　こと ある-現在連体形
　　　　　「決心さえすれば 10 分以内に片付けることができる…」
　　　　　　　　　　（テロップ・実際の発話）（呉・堀江・金 2015: 330）

(12)は、発話者の家の内部が他のバラエティ番組で公開され、「思ったよりもひどく散らかっていた」という司会者の感想に、「自分の部屋はただ服が散らかっているだけだ。」と答えた直後の発話である。ここでは maum-man mek-umyen sippun an-ey cenglitoy-l swu iss-nun (마음만 먹으면 십분 안에 정리될 수 있는、決心さえすれば10分以内に片付けられる)という連体終止形の発話がテロップでそのまま現れている。呉らによると、この場面は詳細に観察すると、(11)とは異なって下降イントネーションであり、断定を避け余韻を残す「断定保留」の機能を果たしていると考えられる。ただ、(12)もインタビューの途中で発話が途切れたという可能性も完全に排除できない(安蕙蓮氏、直話)。(6)に示した tanun のように文末用法が定着した一部の形式を除き、連体形の文末用法の実例がまだ少ないことから今後も韓国語の連体形の文末用法の実例の収集・分析を継続的に行っていく必要がある。

このように、韓国語は文法体系上連体形と終止形の区別を維持しており、連体形の文末用法を作ることがすべての述語において可能である点で、連体形と終止形の区別がごく一部の述語にのみ残存している日本語に比べて、今後様々な新規用法が生み出され、定着していく可能性を有している。その一方で、日本語の対応形式「みたいな」と kes-kathun の対比を通じて観察されたように、連体形の文末用法において本来の文法的意味からそれほど顕著な機能拡張が見られない場合もある。韓国語は文法や外来語の借用などに関して日本語に比べて規範意識の高さを伺わせる様々な相違点が見られる(堀江 2001、Horie 2012)。その反面韓国語は、インターネットなどにおいては自由で新奇な文法・語彙の使用が非常に生産的に観察されるのも事実である。連体形の文末用法の使用が広くジャンルを超えて話し言葉、ひいては書き言葉として定着していくかどうかを見定めるには今後を待たなければならない。

2.2 日本語のヘッジ表現の中間言語語用論的研究

日本語の「語用論性」を反映し、日本語において顕著に観察される表現群

に「ヘッジ表現」がある。ヘッジ表現（以下「ヘッジ」）とは以下のように規定できる。

> ヘッジとは、発話者が言語的手段を使用し、ある表現の完全な成員性（membership）へのコミットメントの欠如（命題的ヘッジ行為）、あるいは伝えられる発話行為の効力への完全なコミットメントの欠如（発話行為的ヘッジ行為）を表示することを可能にする修辞的なストラテジーである。　　　　　　　　　　（Fraser 2010: 22、堀田・堀江 2012: 3 における翻訳）

日本語のヘッジは文中の様々な位置で用いられるが、滝浦（2015）が着目するのは文末に生起する「と思う」のポライトネス的機能である。

(13)　　それでは報告会を始めたいと思います。　　　　　（滝浦 2015: 22）

滝浦は(13)を直訳すると意味をなさず、(14)のような意訳が必要であることを指摘する。

(14) a. # So, I think I want to start our briefing session.
　　　b. It's time to start our briefing session.　　　（滝浦 2015: 23）

滝浦によると、(13)の「と思う」の使用は「行為の遂行者たる自分の存在を小さくすることで、聴衆に対する敬避的なポライトネスを表すこと」（滝浦 2015: 23）によって動機付けられているという。さらに、滝浦は、竹村・丁（2014）を援用し、「日本語と文法体系がよく似ている韓国語で「思う」に相当する「センガクハダ」と日本語の「思う」を対照し、「センガクハダ」にはこのような対人的用法はなく、日本語に特徴的な語用論的現象である」（滝浦 2015: 23）と述べている。

以下では、日本語の「語用論性」を特徴的に示す「と思う」に特に注目し、日本語のヘッジを韓国語や中国語を母語とする学習者が習得する際にど

のような困難さに直面するのかを、筆者(堀江)が行った共同研究(堀田・堀江 2012)に基づいて示し、対照語用論の応用的分野である中間言語語用論のケーススタディを提示する。

　堀田・堀江(2012)は、ヘッジを「円滑な人間関係を確立・維持するための言語手段」、つまり「ポライトネス・ストラテジー」の1つとして位置付け、「『断り』行動のFTA (Face Threatening Act) フェイス侵害行為」を緩和する言語形式」と定義し、(15)の2つの機能を持つものとした。

(15) a. 可能性や程度性、類似性など命題内容の不確かさを示す機能(以下、「命題の不確かさ」)
　　　b. 情報に対する話し手の捉え方(発話態度)を緩和させたり、感情や思考などの発話内容を緩和させたりする機能(以下、「発話内容緩和」)
　　　　　　　　　　　　　　　　　　　　　　　　(堀田・堀江 2012: 3)

　その上で堀田・堀江は、中国語および韓国語を母語とする日本語学習者(日本語能力試験1級合格者)と日本語母語話者が、日本語の「断り」場面においてどのようなヘッジを用いるかを比較するために、「断り」行動を誘出する「勧誘」の発話行為のオープン・ロールプレイを行ってもらった。その際に対人関係(「ウチ」×「ソト」)と勧誘内容の改まり度(「フォーマル」と「インフォーマル」)を掛け合わせた4場面を設定した。そして「勧誘」行為に対する「断り」の場面で使用されるヘッジについて、(16)の2つのリサーチクエスチョンを検討した。

(16) a. 使用されるヘッジの言語形式および機能について、日本語母語話者と学習者の間で差異がみられるのか。
　　　b. 差異がある場合、具体的にどのような差異がみられるのか。
　　　　　　　　　　　　　　　　　　　　　　　　(堀田・堀江 2012: 5)

　堀田・堀江が分析対象として抽出したヘッジは表1に示す通りである。

堀田・堀江は、ヘッジには複数の機能があることに着目した。滝浦（2015）も分析していた動詞「と思う」を例にとれば、(17)の「思う」は「命題の不確かさ」を、(18)は「発話内容緩和」という異なった機能を示している。

表 1 観察されたヘッジ（堀田・堀江 2012: 7）

副詞(9種)	ちょっと、あまり、たぶん、せっかく、なかなか、もしかしたら、なんとなく、あいにく、けっこう
助詞(3種)	ね、かな、とか
助動詞(4種)	かもしれない、そうだ、ようだ、みたいだ
動詞類(2種)	思う、気がする
補助動詞(1種)	〜てしまう
名詞類(6種)	感じ、可能性、方向、ころ、くらい、(の)ほう

(17) 「あいつ、大学来てるかな。」
　　　「はあ、来てると<u>思い</u>ます。」
(18) 　乾杯したいと<u>思い</u>ます。
　　　（例文は森山 1992：106、112 より；下線部は堀田・堀江による追加）

　堀田・堀江によると、日本語母語(J)と韓国人(K)、中国人(C)日本語学習者は、使用する日本語のヘッジの頻度と機能の分布に共通性と相違が見られた。まず、ヘッジの使用頻度の日本語母語話者、韓国人学習者、中国人学習者間の相違を示す。表 2 はヘッジを含む発話文が全体に示す割合である。

表2　ヘッジを含む発話文が全体に占める割合（J、C、K）（堀田・堀江 2012: 9）

対象者	1発話文に含まれるヘッジの数							合計	（発話文）
	なし	1つ	2つ	3つ	4つ	5つ	6つ		
J	10.4	46.4	21.6	10.4	8.0	1.6	1.6	100%	(125)
C	27.6	34.5	28.7	3.4	4.6	0.0	1.1	100	(87)
K	25.0	27.5	27.5	15.0	2.5	2.5	0.0	100	(40)
合計	18.7	39.3	25.0	8.7	6.0	1.2	1.2	100	(252)

　1発話文に含まれるヘッジの数は、日本語母語話者、日本語学習者ともに1つまたは2つが最も多く（J：68％、C：63.2％、K：55％）、2つ以上の複数のヘッジを使用している発話文も含めると、日本語母語話者が89.6％、中国人学習者が72.4％、韓国人学習者が75.0％を占め、3グループとも7割以上の発話文において1つ以上のヘッジを使用していた。一方、ヘッジを1つも使用していない発話文は、日本語母語話者に比べ学習者のほうが多かった（J：10.4％、C：27.6％、K：25.0％）。(19)は、日本語母語話者が1つの発話文でヘッジを多用する例である[1]。ここで話者はまず参加できない理由として「その前（食事の前）に予定がつまっている」と述べた後、「（食事に）遅れるかもしれない」、「確約はできない」と再三にわたり不可表明を述べているが、これら命題内容の前、中、後ろに計6つものヘッジを付加させ、「断り」というFTAの緩和に努めている。ヘッジの多用は日本語の「語用論性」を特徴的に示している。

(19)　〈JM01〉
　　　土曜日のお昼だと、うーん、ちょっとその前に予定がつまっていまして—、もしかすると—、遅くなってしまうかもしれない、時間に間にあわないかもしれないので、確約はできないですね—。（「先生から食事に誘われる」場面）
　　　　　　　　　　　　　　　　　　　　　　　（堀田・堀江 2012: 8）

　次に、3つのグループ間で、使用されたヘッジの機能の分布の違いを示

す。堀田・堀江は、ヘッジを「『断り』行動のFTAを緩和する言語形式」と定義し、以下の2つの機能を持つ言語形式とした：(a)「命題の不確かさ」、(b)「発話内容緩和」。その上で発話内容を深慮した結果、これら2分類に、(a)「命題の不確かさ」と(b)「発話内容緩和」とを同時に併せ持つ(a+b)を新たに加え、3つに分類することにした。(a)、(b)、(a+b)が全体に占める割合を母語別に比較した結果は図1(堀田・堀江 2012: 12)の通りである。全グループともに、(b) > (a) > (a+b)と、(b)「発話内容緩和」の占める割合が最も多かったが、日本語母語話者(J)はこの傾向が特に顕著だった(J：75.5%、C：65.8%、K：56.7%)。一方、(a)「命題の不確かさ」を示すヘッジは、日本語母語話者よりも学習者の発話文に多く観察された(J：22.2%、C：33.3%、K：43.3%)。

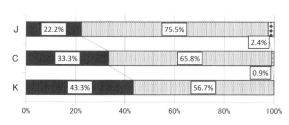

図1　機能別にみるヘッジ(J、C、K)

特に本節で注目したいのは、本節の冒頭で取り上げた「と思う」というヘッジである。学習者は「と思う」を(a)「命題の不確かさ」を表す機能において(20)〜(23)のように様々な場面において不可表明を述べる際に使用し、「自分以外が真偽を確かめられないような情報にヘッジを添加し、当日の自分の行動について「聞き手に言質を与えない」効果を生み出して」(堀田・堀江 2012: 12)いた。

(20) 〈CF10〉
あ、あー、たぶん、無理だと思います、私の友、中国の友達、今日は、あの、東京から仙台に遊びに来るだから、私、かなら、あー、

今、仙、仙台駅に彼女に、迎えに行かなきゃ。(「友達から食事に誘われる」場面)　　　　　　　　　　　(堀田・堀江 2012: 12)

(21)　〈KF07〉
あ、私、あの時、他の仕事がなかったら、ぜひ行きたいのにー、あー、たぶん、あの日はできないと思います。(「友達からセミナーへの参加に誘われる」場面)」)　(堀田・堀江 2012: 12)

(22)　〈CF11〉
すみません、あのー、ちょっと、あの、土曜日にはちょっと用事がありましてー、参加できないと思いますけれども、申し訳ありません。(「先生からセミナーへの参加を誘われる」場面)

(堀田・堀江 2012: 13)

(23)　〈KF05〉
あー、先生、すみません、1時からだと、私、12時からもう ちょっと、用事が入っているので、たぶん、無理と思います。(「先生からセミナーへの参加を誘われる」場面)　　　　(堀田・堀江 2012: 13)

これと対照的に、日本語母語話者の発話(24)(25)においては「と思う」は(b)「発話内容緩和」機能を担っていた。具体的には、(24)において、話し手のセミナーに対する主観的かつ否定的な判断内容を和らげる機能を果たしている。また、発話(25)では、「別の機会に誘ってほしい」という命題内容の後ろに「〜ていただけたらと思う」を接続させることによって話し手の断りの否定的なトーンを和らげている。

(24)　〈JF08〉
すごい国際問題には、興味があるんですけどー、ちょっと、なんか、あの、セミナーを聞くだけっていうのは、つまらない かなー、とか、ちょっと 思っ てしまって…。(「先生からセミナーへの参加を誘われる」場面)　　　(堀田・堀江 2012: 13–14)

(25)　〈JM13〉

あー、すみません、あの、午後の、午後は<u>ちょっと</u>予定があるので、申し訳ないんですけど、また、別の機会に、誘っていただけたらと<u>思い</u>ます。(「先生からセミナーへの参加を誘われる」場面)

(堀田・堀江 2012: 14)

　堀田・堀江は、日本語母語話者と日本語学習者のヘッジの使用に見られる相違に基づき、「本研究の分析結果は、日本語のコミュニケーションにおいて、「聞き手への配慮」の優先順位が韓国語・中国語のコミュニケーションにおいてよりも相対的に高いことを示唆している」(堀田・堀江 2012: 17)と述べている。

　ヘッジは日本語の「語用論性」を集約的に示す言語形式であり、同じ東アジア文化圏に属し、コミュニケーションの様式や言語構造(文法・語彙・表記体系)においても部分的な共通性を有する韓国語や中国語の母語話者にとっても習得が容易でないことが分かる。

3. おわりに

　本章では、対照語用論という研究分野の歴史的展開と現状を述べた後、(I) 対照語用論が言語間の語用論的基盤の共通性や相違点の解明にどのように資するか、(II) 母語と異なる外国語の語用論的基盤の習得にどのような困難が伴うかを、筆者自身が行った研究に基づいて概説した。対照語用論は、相互行為言語学、第二言語習得研究、さらに言語類型論といった様々な関連学問領域と密接に関わる語用論の一分野であり、今後も日本語をはじめ様々な言語の「語用論性」を実証的に解明する上で重要な役割を果たしていくことが期待される。

読書案内

・Myhill, John. (1992) *Typological Discourse Analysis*: *Quantitative Approaches to the Study of Linguistic Function.*：言語類型論の知見を取り入れ、語用論的現象の定量的通言語比較の方法論の確立を目指した「類型論的談話分析」の概説書。対照語用論的研究の類型論的な展開の先駆的な試みして評価できる。

- 堀江薫・プラシャント パルデシ（2009）『言語のタイポロジー—認知類型論のアプローチ』：言語類型論と認知言語学を融合させた「認知類型論」という創発的学問分野の概説書。語用論的現象の言語間の質的・量的な対照研究のケーススタディを3章・4章に示しており、対照語用論の実践例として参考になる。

- Senft, Gunter. (2014) *Understanding Pragmatics.*：語用論の入門書であるが、言語人類学、フィールド言語学を専門としている著者が世界の諸言語の語用論的現象の実例をあげており、語用論的現象の通言語的バリエーションを垣間見ることができる。

- 井出祥子・藤井洋子（2014）『解放的語用論への挑戦』：オーソドックスな研究アプローチに束縛されず、諸言語の相互行為データの比較分析を通じて言語間・文化間の語用論的プラクティスの異同を明らかにしようとする「解放的語用論」の論文集。日英・日韓・日英韓・日英アラビア語の語用論現象に関して、母語話者視点からの分析を行った5つのケーススタディが示されており対照語用論の実践例として示唆的である。

謝辞

本章の2つのケーススタディは呉守鎮氏（名古屋大学大学院国際言語文化研究科博士課程修了生）、堀田智子氏（東北大学大学院国際言語文化研究科博士課程修了生）との共同研究に基づいております。また、本ハンドブックの編者である滝浦真人先生、加藤重広先生には本論文の作成上多くの貴重な助言を頂きました。また名古屋大学大学院国際言語文化研究科博士課程の安蕙蓮氏、朱氷氏には編集のご協力を頂ました。ご協力頂いた方々のご厚意に深謝いたします。本研究は日本学術振興会基盤研究（C）（課題名「構文の機能拡張と名詞句省略の相互関係に関する認知類型論的研究：アジア言語を対象に」：研究代表者・堀江薫、課題番号22520384；課題名「中断節の語用論的機能に関する通言語的対照

研究：連体・準体節と連用節の対比を中心に」：研究代表者・堀江薫、課題番号16K02624)の支援を一部受けて行われています。

注
1 　発話例の表記のうち、〈 〉内は調査対象者を示す。1文字目のアルファベットは母語（J：日本語母語話者、C：中国語母語話者、K：韓国語母語話者）を、2文字目は性別（F：女性、M：男性）、数字は参加者の番号である。また網掛けで表示した箇所は、当該の発話文において特に注目すべき言語形式である。また、ヘッジは(a)「命題の不確かさ」を、ヘッジは(b)「発話内容緩和」を、ヘッジは(a+b)を示す。

参考文献
Aijmer, Karin (ed.) (2011) *Contrastive Pragmatics*, Amsterdam & Philadelphia: John Benjamins.
Brown, Penelope and Levinson, Stephen C. (1978) Universals of language usage: Politeness phenomena, In Esther N. Goody (ed.) *Questions and Politeness Strategies in Social Interaction*, pp.56–311, Cambridge: Cambridge University Press.
Brown, Penelope and Levinson, Stephen C. (1987) *Politeness: Some Universals in Language Usage*, Cambridge: Cambridge University Press.（田中典子監訳・斉藤早智子・津留崎毅・鶴田庸子・日野壽憲・山下早代子訳(2011)『ポライトネス　言語使用における、ある普遍現象』研究社）
Dingemanse, Mark, Joe Blythe, and Tyko Dirksmeyer. (2014) Formats for other-initiation of repair across languages: An exercise in pragmatic typology, *Studies in Language* 38(1), pp.5–43.
Dingemanse, Mark, Francisco Torreira, and Nicholas J. Enfield. (2013) Is '*Huh?*' a universal word? Conversational infrastructure and the convergent evolution of linguistic items, *PLOS ONE* 8(11), e78273.
Enfield, Nicholas J. and Tanya Stivers (eds.) (2007) *Person Reference in Interaction: Linguistic, Cultural, and Social Perspectives*, Cambridge: Cambridge University Press.
Fillmore, Charles J. (1984) Remarks on contrastive pragmatics, In Jacek Fisiak (ed.) *Contrastive Linguistics: Prospects and Problems*, pp.119–143, Berlin: Mouton.
Fraser, Bruce. (2010) Pragmatic competence: The case of hedging, In Wiltrud Mihatsch and Stefan Schneider (eds.) *New Approaches to Hedging*, pp.15–34, Bingley: Emerald Group.
Fujii, Seiko. (2006) Quoted Thought and Speech Using the *Mitai-na*'be-like', In Satoko Suzuki (ed.) *Emotive Communication in Japanese*, pp.53–95, Amsterdam & Philadelphia: John

Benjamins.
堀江薫(2001)「膠着語における文法化の特徴に関する認知言語学的考察―日本語と韓国語を対象に―」山梨正明他編『認知言語学論考』1、pp.89–131、ひつじ書房
堀江薫・プラシャント パルデシ(2009)『言語のタイポロジー―認知類型論のアプローチ』研究社
堀江薫・金廷珉(2011)「日韓語の文末表現に見る語用論的意味変化」高田博行・椎名美智・小野寺典子編『歴史語用論入門』pp.193–207、大修館書店
Horie, Kaoru. (2012) The interactional origin of nominal predicate structure in Japanese: A comparative and historical pragmatics perspective, *Journal of Pragmatics* 44 (5), pp.663–679.
堀田智子・堀江薫(2012)「日本語学習者の「断り」行動におけるヘッジの考察―中間言語語用論分析を通じて」『語用論研究』14、pp.1–19、日本語用論学会
井出祥子(2014)「解放的語用論とミスター・オー・コーパスの意義―文化・インターアクション・言語の解明のために」井出祥子・藤井洋子編『解放的語用論への挑戦』pp.1–31、くろしお出版
井出祥子・藤井洋子編『解放的語用論への挑戦』くろしお出版
Keenan, Elinor. (1976) The universality of conversational postulates, *Language in Society* 5 (1), pp.67–80.
金珍娥(2013)『談話論と文法論―日本語と韓国語を照らす』くろしお出版
Littlewood, William. (1983) Contrastive pragmatics and the foreign learner's personality, *Applied Linguistics* 4(3), pp.200–206.
メイナード・泉子・K(2008)『マルチジャンル談話論―間ジャンル性と意味の創造』くろしお出版
松本修(2010)『「お笑い」日本語革命』新潮社
森山卓郎(1992)「文末思考動詞「思う」をめぐって―文の意味としての主観性・客観性」『日本語学』11(9)、pp.105–116、明治書院
Myhill, John. (1992) *Typological Discourse Analysis. Quantitative Approaches to the Study of Linguistic Function*, London: Blackwell.
Olesky, Wieslaw. (ed.) (1989) *Contrastive Pragmatics*, Amsterdam & Philadelphia: John Benjamins.
呉守鎮・堀江薫(2013)「韓国語の連体形「kes-kathun」の終止形化と語用論的拡張―日本語の連体形「みたいな」との対比を通じて」『日本語用論学会第15回大会発表論文集』pp.241–244、日本語用論学会
呉守鎮・堀江薫・金廷珉(2015)「韓国語のテロップにおける「連体終止形」：実例に基づく機能分類を目指して」『東北亜文化研究』44、pp.311–335、東北亜文化學會
Olesky, Wieslaw. (1984) Towards pragmatic contrastive analysis, In Jacek Fisiak (ed.) *Contrastive Linguistics: Prospects and Problems*, pp.349–365, Berlin: Mouton.
Pütz, Martin and JoAnne Neff-Aertselaer. (eds.) (2008) *Developing Contrastive Pragmatics:*

Interlanguage and Cross-Cultural Perspectives, Berlin: de Gruyter.
Romaine, Suzanne and Deborah Lange. (1991) The use of LIKE as a marker of reported speech and thought: A case of grammaticalization in progress, *American Speech* 66, pp.227–279.
Senft, Gunter. (2014) *Understanding Pragmatics*, London and New York: Routledge.
Selting, Margret and Elizabeth Couper-Kuhlen (eds.) (2001) *Studies in Interactional Linguistics*, Amsterdam & Philadelphia: John Benjamins.
Sidnell, Jack (ed.) (2009) *Conversation Analysis: Comparative Perspectives*, Cambridge: Cambridge University Press.
Sidnell, Jack, and Nicholas J. Enfield. (2012) Language Diversity and Social Action. *Current Anthropology* 53 (3), pp.302–333.
Stivers, Tanya, Nicholas. J. Enfield, Penelope Brown, C. Englert, and Makoto Hayashi. (2009) Universals and cultural variation in turn-taking in conversation, *Proceedings of the National Academy of Sciences* 106 (26), pp.10587–10592.
Sweetser, Eve E. (1990) *From Etymology to Pragmatics: Metaphorical and Cultural Aspects of Semantic Structure,* Cambridge: Cambridge University Press.
竹村和子・丁仁京(2014)「日韓両言語の文末思考動詞に関する研究―「と思うと「고생각하다」を中心に」『日語日文學研究』91、pp.1-26、韓國日語日文學會
滝浦真人(2015)「語用論がかかわる次元と日本語―初めに間主観性があった、と言ってはならないか？」加藤重広編『日本語語用論フォーラム』1、pp.1-25、ひつじ書房
Traugott, Elizabeth C. (1995) Subjectification in grammaticalization. In Dieter Stein and Susan Wright (eds.) *Subjectivity and Subjectification: Linguistic Perspective*, pp.31–54, Cambridge: Cambridge University Press.

第6章　統語語用論

加藤重広

1. はじめに

　文をつくるとき構成要素がどのような規則に従って配列され、どういう構造を成しているかを分析するのが統語論(syntax)だとすれば、言語運用に関心を持つ語用論とはあまり関わらないように思える。しかし、文法が厳密な規則でありながら、柔軟に構造を変えたり、談話上の必要に応じて表現を選択したりすることは従来から知られている。運用が構造に作用し、運用によって構造が作られることや、構造が運用への制約として作用することを念頭に、言語運用と文法構造・統語規則のインターフェイスを研究するのが、**統語語用論**(pragma-syntax)とここで呼ぶ領域・方法論にあたる。

2. 文法と語用論の関わり

　文法は統語構造の形成規則に主たる関心を持ってきたが、言語学の中で語用論が１つの領域として確立する以前から、使用上の制約や偏りが生じることは知られており、どちらかというと些末な文法現象として論じられることが多かった。例えば、英語では will は be going to と同義で置き換え可能とすることがある。しかし、ノックの音を聞いて来客だと考えた夫が妻に「僕が出よう」という意味で *I'll get it.* ということはできるが、*I'm going to get it* は不自然になる。この種のことは、語用論が知られる以前から、語法や語義として論じられてきており、一部の情報は、辞書や文法書に以前から収録

されている。

　文が何らかの事態を表しているとき、表す事態が同一（これを「知的意味が同一」と言う）であっても、形式が異なることがある。形式の違いがあれば何らかの差異が想定されるが、多くの場合、それは認識や解釈、伝達に関わる差異である。それは発話状況や発話意図、世界知識といった文脈（第1章）に関わる違いの反映であることから、語用論が扱うべきテーマだと言える。

　しかし、文の形式に関することは、これまで文法や統語論が扱ってきたことであり、語用論が分野として認知されたのは最近のことなので、両者にまたがる現象であっても、統語語用論として論じられるケースは少ない。例えば、文は主語と述語からなると見るのではなく、文は主題と陳述からなるという機能言語学の立場は文を情報構造と見る立場に近く、談話の場にある事態や事物との関係や認識を踏まえて文を分析する談話文法や、日本語の話しことば文法の流れを汲む日本語記述文法などは、言語体系内の文法規則でのみ説明するのではなく、言語外的な要因も分析に含めている点で、統語語用論と方向性や関心を共有していると見てよい。認知言語学も特に構造と意味・解釈を下位分野に区分せず、統語論・意味論・語用論を統合的に捉える立場なので、基本的な立場は統語語用論の考え方に近い。

　一方で、生成文法などの理論言語学的な研究では、統語論と語用論を峻別し、文脈に関与しない構造の記述と分析を重視してきたが、近年では、形式面に着目しつつも主題や対照といった情報構造の記述を取り込む傾向が見られる。統語語用論は、構造と機能（意味・解釈）を再統合するというかたちでも、最初から両者を区分しないという立場でも、いずれでもよいが、共有すべき枠組みの整備はいまだ十分とは言えない段階にある。

　従来の文法は作例の例文や文学作品からの採例をもって論じることが多く、話しことばや発話の状況に関心が薄く、説明の射程に含めないのが一般的であった。1970年代以降多くの成果がもたらされた**談話文法**（discourse grammar）は、発話の状況や話者・聴者の知識状態を含めた分析である。日本語文法の研究でも、発話状況などを考慮に入れた研究は従前からあった

が、文語(古典語)と口語(現代語)を統合的に説明する文法原理としては、なるべく語用論的要素を排除した簡潔で透明な体系が求められたこともあり、主流ではなかった。転換点は、松下大三郎(1878–1935)・佐久間鼎(1888–1970)・三尾砂(1903–1989)らの話しことばの研究を踏まえて、使用者としてのみずからの感覚や理解を解明・説明する原理としての文法研究を創始した三上章(1903–1971)であり、それを継承して確立させた寺村秀夫(1928–1990)が**日本語記述文法**と呼ばれる枠組みを打ち立てたことであった。日本語の文法研究の中で、話しことばの研究が受け入れられ、重視されるようになったのは、1980年代以降で、日本語記述文法の確立と軌を一にしている。

　一方で、語用論における「前提」の研究は動詞を中心とした使用条件の分析が主であり、一般慣習推意(GCI)も形式と強く結びついている点を考慮に入れると、従来の統語論や意味論の拡張領域にあると見ることもできる。以上の談話文法と日本語記述文法と語用論的な語や文の研究は、出自は異なるものの、相互に近い関係にある。本章で言う統語語用論は広くこれらを含むものである。ただし、それぞれの研究は研究者ごとの枠組みや考え方や歴史を反映するものであり、従来の枠組みを尊重するか統語語用論といった新しい枠組みで研究するかどうかは、研究上の自由である。例えば、特に語用論と意識しないままに語用論的な分析を行うことはこれまでも珍しくなかったのである。

　認知言語学は、意味論と語用論の境界を想定せず、形式と機能、表示と運用なども分離して分析しないので、統語と語用に関わることを統合的に扱うことができる。もちろん、従来のように、形式性の高い統語論の分析を先に行い、それに語用論の分析を加えて統合することで、より精緻に、高度に扱う統語語用論を想定することもできる。また、語用論的な分析を先行させて、それに統語論の分析を重ね合わせることで、研究を重層化し、質を高めるという、従来とは逆向きの枠組みで研究してもよい。近年の**複雑適応系**(Complex Adaptive System: CAS)の研究では、「言語運用が言語規則をつくる」「今日の語用論が明日の統語論になる」と考えることもあり、まず、運用に着目して構造や形式の分析を始めることは広く行われるようになってい

る。この考え方は、認知言語学の使用に基盤をおく言語観とも通底し、今後の1つの潮流になる可能性がある。

3. 語用論的な説明の導入

　文脈といったものを想定しなくても、言語形式と構造の記述はある程度まで可能である。しかし、語用論的な説明を導入することで、格段に見通しがよくなることがある。以下の例を見てみよう。

（1）　花子が教室に入った。
（2）　花子が教室に入ってきた。
（3）　花子が教室に入っていった。

　上の(1)(2)(3)が表す事態(花子が教室の外から教室内へ移動したこと)はまったく同一である。ただ、(2)(3)は視点がある叙述なので、視点を持つ人物の存在が想定できなくてはならない。無視点の(1)はそういう制約がない。視点を持つ人物は花子が移動する動作を見ている人であることが普通で、(2)は教室の中から見ており、(3)は教室の外、例えば廊下などから見ている。教室の中にいる人物は自分のいる部屋に入る花子を見て(3)のように言うことはできない。発話者のいる場所が表現の選択に制約を与える場合は、状況文脈が関与しているので文法だけでなく語用論としての分析も必要である。
　もう1つの重要な点は、**選好**(せんこう)(preference)である。これは、運用に関わる好みのことだが、用語としては「選好」か「プレファランス」を使うことが多い。好みと言っても個人的な好き嫌いではなく、ある言語を母語とする人たち、あるいは、その社会(＝言語共同体)が明確な傾向で使用に偏りがあることを指す。この種の選好が運用の偏りをつくり、運用の偏りが固着すると、制約や規則のように定着する。つまり、運用が文法をつくる方向性を考えるのである。

言語が完全な体系をなし、規則が完璧な整合性と一貫性のもとで文を構成しているのであれば、規則体系として安定するので、無駄や遊びがないことになる。しかし、実際の言語運用の中には一見すると効率性や体系性に違反するような現象も見られる。

　「太郎が花子にお世辞を言った」としよう。その事実を花子が友達に伝えるときにそのまま「太郎が私にお世辞を言ったの」というだろうか。

（４）　　太郎にお世辞を言われたの。
（５）　＃お世辞が太郎によって私に言われたの。
（６）　　太郎がお世辞を言ってきたの。
（７）　　太郎がお世辞を言ってくれたの。

　いわゆる直接受動文の(5)は、文法的な文であるが、友達に使う話しことばとしては不自然である。このように、文法的には不適格でないが、運用上何らかの問題があるときに＃を付けて示すことがある。＃は語用論的に不自然・不適切、用いる文脈に問題がある、あるいは、意図した意味に解釈されないといった意味で付すことが多いが、なかには基準が不明な使い方も見られるので、用いる際にはどういう評価を表すために使用したかをあらかじめ述べておくのが望ましい。

　(4)は間接受動文で主語に相当する「私が」あるいは、それを主題化した「私は」をつけると不自然になり、(4)のままそういう要素がない方が自然である。なお、間接受動文は迷惑の意味合いを帯びることもあるが、ほとんど迷惑の意味合いが感じられないこともあり、迷惑や被害の意味は構文の固有の意味ではないと考えるべきである。

　(7)は「てくれる」を使った受益構文で、花子がありがたいと思っていることがわかる。(6)は「てくる」を使っているが移動行為ではなく、自分への方向性を表し、花子が警戒心や不快感を持っていることがわかる。(6)(7)はいずれも能動文であるが視点を含んでいるので、「私に」はなくても発話者である花子に向けられた動作であると理解できる。

興味深いのは (4) (6) (7) はいずれも視点を含み、それは発話者たる花子で、発話者を指す「私(が／に)」を欠落させたほうが自然な発話になるという点である。このあと観察する現象にも当てはまるが、日本語の運用では、個人的な出来事を語る場合には視点を含む表現が好まれる傾向があり、それに対する肯定的な評価・否定的な評価などを含むことが多いのである。

初期の日本語談話文法の成果である久野(1978)では、「くれる」「あげる・やる」などの授受動詞を用いた**受益構文**(benefactive construction)について、出来事を捉えるカメラのような視点があり、それが共感度(empathy)を表示すると分析した。これらは、発話者を起点・着点とする場合に制約があり、「私がX氏に～をあげる／やる」は可能だが、標準語ではこのとき「くれる」が使えず、「X氏がわたしに～をくれる」は可能だが、「あげる・やる」は使えないという制約があることがつとに指摘されていた。この種の制約を「人称制約」と呼ぶことがあるが、言語学的に見ると日本語には人称という文法範疇があるわけではないから、適切とは言えない。

(8)　見ず知らずの人が父に道を教えて{くれた／#あげた}。
(9)　ママがお姉ちゃんにワンピースを買って{くれた／あげた}。

「見ず知らずの人」と「父」を比べれば、一般的に考えて、共感度が高いのは明らかに「父」であり、授受動詞では共感度の高い方に視点を置くことになる。視点は特に断りのない限り話者の視点と考えてよい。従って、(8)では、父により強く共感して父に自分の視点を重ねる「くれた」は違和感がないが、見ず知らずの人に共感して自分の視点を重ねる表現となる「あげた」は不自然に感じられるわけである。しかし、共感度が他人より身内のほうが高いというのは、一般的ではあるが、個々の家庭や個人により事情は異なるから絶対的かつ普遍的で例外なく成立するとは言えない。つまり、(8)で「あげた」が不適切なのは、世界知識といった文脈に基づく判断であって、文法構造として不適格というわけではないのである。

一方、(9)は「ママ」と「お姉ちゃん」のいずれに強く共感して、視点を

重ね合わせるケースも想定できる。ママに視点を重ねれば「あげた」を、お姉ちゃんに視点を重ねれば「くれた」を使うことになる。この共感度と視点が現実世界の状況に合わせて変わるのだとしても、人は通常自分に視点があり、「私」が関わる出来事において自分から視点を他者に移動することは考えにくい。これが、「私に～してくれる」「私が～してあげる」と自分に視点があるように用い、「くれる」と「あげる」を入れ替えて他者に視点を置いて叙述しにくい理由である。逆に考えると、視点を「私」が自分から他者に移動させるだけの事情があれば、例外的に「私に～してあげる」や「私が～してくれる」が可能になると考えられる。(10)は「あげよう」を「くれよう」に置き換えると不自然になる。(11)は「くれる」を「あげる」に置き換えても成立するだろう。

(10) まわりの大人たちは急に降りだした雨の中をみな駅に急いでいる。夕闇が迫ってくる。幼い僕が街角で雨宿りしていても気づいてくれる大人などいない。ましてや、<u>僕に傘をかしてあげよう</u>と考える大人などいるはずがなかった。

(11) <u>私がなんでも助けてくれる</u>と君は思っていたのか？

これらは「と」で引用された従属節内で授受動詞が使われ、思念内容は他者のものだという点で共通している。(10)は「まわりの大人」が思っていることであり、(11)は「君」の思っていることであり、思考主体に視点を重ねることは十分に合理的である。(11)の「私」は今ここにいる私だが、(10)は過去の「幼い僕」であり、今の私からは切り離された存在であるため、(10)は「くれる」が使いにくいと説明できる。

以上のような例を見ると、授受動詞の選択を語用論的要因が左右しており、これらは、改めて、人称制約といった文法的現象ではないことがわかる。

4. 情報構造ととりたて詞

　言語学における文法研究では、文を主語という名詞句と主に動詞類が担う述語に分解し、動詞類に対する補語、修飾する要素を分離して精密に記述する方法が主流であった。これは、品詞とおおよそ重なる構成要素に分解して構造を記述する方法と言える(構造主義・分解主義)。一方、文は主題と陳述からなり、主題は文を超えて前後のテクストに効力を有したり、談話構成に関わったりすると考える機能言語学は傍流と言えるだろう。

　しかし、何を主題として伝達するか、焦点をどう設定するかは、話者の意図や認識・知識状態といった言語構造外の要因によって決まるので、機能主義的なアプローチはきわめて語用論的だと言える。

(12) a. 昨日ジョンはメアリーと公園に行った。
　　 b. Yesterday John went to the park with Mary.
(13) a. 昨日ジョンがメアリーと行ったのは公園だ。
　　 b. It is to the park that John went with Mary yesterday.

　これらの文が表す事態は同一である(よって知的意味は同じと言える)。しかし、(13)はいずれも「公園(に)」to the park が強調されており、この種の形式を**分裂文**(cleft sentence)という。分裂文は It is X that... あるいは「…なのは X だ」の形をしており、学校英文法で強調構文ということからわかるように、X が強調される**焦点**(focus)であって、それ以外(…で示す部分)が**前提**(presupposition)と見なされるが、この前提は文法用語であり、語用論でいう「前提」と同一ではない。一般に、聞き手が既に知っている情報(既知)は後景化して前提となり、聞き手がまだ知らないと思われる新情報(未知)が前景化されて焦点となる。(12)は全体を同じ強さで読めば無焦点だが、音声的な強調としての卓立(prominence)を置くことで「公園に」や with Mary を強めて焦点としての解釈を誘導することができる。卓立のある句は焦点と解釈されやすいが、分裂文のように確定的に焦点になるわけでは

ない。また、焦点は新情報であるのが普通だが、これらは必要十分の関係をなさない。つまり、新情報でない焦点があり、焦点以外が新情報のときもありうるのである。(12)は全体が初めて知る新情報という場合もあるが、文のなかに情報伝達の強弱があり、後景と前景が混在することで焦点を形成しているとすることから、文全体が新情報の時には(「全新」のように扱い)「焦点」とは扱わないこともある。一方で、「昨日ジョンはメアリーと公園に行ったんだ。なんと昨日ジョンが公園に行ったのはメアリーとなんだぜ。」のように言えば、第2文は分裂文なので「メアリーと」が焦点だが、第1文で既に述べた内容であって旧情報である。このように、情報の新旧と焦点・前提はおおむね一致はするものの、完全に一致するわけでなく、その点が理解を困難にしている。

　文における情報の配置のあり方を**情報構造**(information structure)あるいは情報統合(information packaging)というが、多くの場合、**主題**(topic)と**陳述**(comment)からなる関係を想定している。主題は「テーマ」「話題」等とも言い、陳述は「レーマ」「解説」等とも言う。文の基本的な形は何かそれについて語る話題を立てて主題とし、それについて説明や解説を述べる陳述が存在することで構成されると考えると、未知のものや了解していないものを主題にすることは自然ではなく、伝達のあり方としても適切でないとわかる。話者と聴者が共有していることを出発点として、それについて詳しく述べるほうが受け入れやすいからである。このため、主題は既知であり、英語のように定冠詞のある言語では The doctor is... のように定冠詞で既知の名詞句を主題として取り上げることが多いと言われてきた。

　日本語の「は」は伝統的な区分では係助詞か副助詞(口語文法には係助詞がないので副助詞にすることが多い)とされるが、日本語記述文法で**とりたて詞**[1] の一種とすることが多い。「は」は一般に主題提示の助詞とされ(略して提題の助詞とも言う)が、「紅茶は飲むが、コーヒーは飲まない」のように対格(ヲ格)の位置にも現れることから、主語を表すわけではないと確認できる。「は」は主題を標示する際には、既知(旧情報)に付くことが多いが、例外なくすべてというわけではない。また、格助詞の「が」と比較するとき

には、「が」は新情報を標示すると言うことがあるが、それほど単純でもないのが実情である。

(14) ｛月が／月は｝出ている。

　Lambrecht (1994: 213) では命題を構成する前提以外の要素が焦点だと言うが、これは前提がどう決まるかの手順が明確でなければ、循環定義になりかねない。既知というとき、「月」は誰でも知っているものだとすれば、焦点にはならないことになる。しかし、「夜空には何が見える？」という質問に対して「月が出ている」という場合、「月が」は焦点である。既知か未知かだけでは混乱するので、発話状況に「既出」か「未出」かも使って区分することがある (Prince 1992) が、それでも十分な説明になっているとは言えない。

　一方、「月がどうなったの？」や「月は沈んだだろ？」に対する回答としての「月が出ている」なら「月が」が前提にあたる。「月が」が前提だというと違和感があるが、語用論でいう前提は命題であるのに対して、文法論でいう前提は焦点とともに命題を構成するもの、命題の一部なので、定義に違反しないことになる。

　日本語文法の知見に従えば、「は」は主題標識であるが、「は」をすべて主題だと考えると整合しない面がある。

(15) 私は朝はコーヒーは飲む。

　一般に主題は1文に1つだけであるが、(15) は「私が朝にコーヒーを飲む」をベースにした単文であるにもかかわらず、「は」が複数現れている。すべて主題だとしたら、それに対応する陳述も3つ必要になる。このとき「は」には①主題提示、のほかに、②対比 (contrast)、の用法があり、主題になれるのは文の最初の「は」だけで、対比は文にいくつあってもよい、とされる。例えば (15) は、「私はふだん紅茶を飲む」のような文に対して、相違

点が対比として解釈されるが、形式上は「朝は」と「コーヒーは」と別々に表示されているものを1つの焦点とする解釈もあり得る。対比は通例情報伝達上の焦点になることが多いが、命題に異なる焦点が複数存在することは想定されていない。焦点と「は」による対比を区別したり、あるいは、まとめて1つの焦点部と扱ったりするなど、明確な理解を確立しておく必要がある。

　加えて、日本語の格助詞には範列関係的(paradigmatic)に想定される他の要素を否定・排除して、当該の名詞句を強調する総記の用法がある。久野(1973)では、「が」に総記用法を認めているが、文脈の助け、あるいは、音声的卓立の助けも借りる必要があり、「を」や「に」「で」など別の格助詞でも総記の解釈が可能である。総記が焦点に相当するのであれば、それぞれの定義を明確にしておく必要がある。

(16)　　【割れた窓ガラスを指さして】「太郎が割ったんだよ」

　このときの「が」は、「ほかの人ではなく太郎が」のように、「太郎」と範列関係にある他の要素を否定する「X以外では成立せず、Xでのみ成立する」の意味になる。(16)は「割ったのは太郎だよ」と分裂文にできることから、「太郎が」が焦点と言えそうだが、他の範列関係要素の否定を焦点の本質的な機能と見るか、焦点解釈からの拡張あるいは自動推論と見るかについて事前に整理しておく必要がある。

　このように、文法領域で一定の成果があることを語用論的な観点から再分析する場合、用語や基礎概念の整理など事前に明らかにしておくべきことは少なくない。

5.　語用論が関心を持つ文法現象

　文あるいは節の命題的意味は、常に1つに確定するわけではなく、文脈を考慮した上で一義化すべきことも多い。また、読み込んだ意味や解釈が正

しくなくて、あとから修正されることもある。発話について与えた推意（第1章）は、取り消し可能性が重要な特徴であった。そのような完全に一義化できない解釈に語用論は関心を持っている。それが文法的現象や文法的形式であれば、統語論・文法論と語用論の双方が関心を持つテーマとなる。

以下では、日本語における、助動詞（相当表現）の過去形の推意と可能表現の過去形の推意をその例として取り上げる。

5.1　助動詞の過去形の推意

推意が文の持つ命題的内容に対して引き出されるもので、別の命題に相当するものであるとすれば、助動詞という文法形式に対して「推意」を想定するのは適切でないことになる。しかし、グライスは、慣習推意の例として接続詞を取り上げており、推意と結びつく単位については確定的な見解がある状況ではない。ここでは、助動詞が構文を構成する重要な要素であると見て推意を論じるが、助動詞といった品詞レベルの単位に対応する推意もあるとする枠組みを考えることは可能だろう。

（17）　太郎が改札の前で私を待っているはずだ。
（18）　太郎が改札の前で私を待っているはずだった。

「はずだ」は近世を通じて現在の用法が確立してきた、比較的新しい形式で、伝統的な文法では形式名詞の「はず」に断定の助動詞「だ」が後接したものと見るが、現在の日本語記述文法などではモダリティの助動詞と扱うことが一般化している。(17)は、未確認の事態「太郎が私を待っている」に「はずだ」が後接しており、確認していない現在の事態か、未来の事態を指している[2]。これに対して(18)は過去における推定・推断を「はずだった」が表しており、「太郎が私を待っている」のも過去のことだと考えられる。しかし、(18)は、それだけでなく、「太郎が私を待っている」という事象に対する推断が正しかったのか誤りだったのかの結果（「真偽」といってもいいだろう）が判明しており、「誤り」だったという解釈が優勢になる。つまり、

(18)のあとには、(19)が続くと一般的に予想されるのである。

(19)　しかし、太郎は約束を忘れていて改札の前にはいなかった。
(20)　そして、やはり太郎は改札の前に立っていた。

　もちろん、(20)が(18)の直後にあっても成立するから、「～するはずだった」が常に「しかし、～しなかった」という命題否定の帰結を導くわけでなく、この解釈は取り消し可能だとわかる。しかし、(18)単独では、実現しない結果という解釈を導き、(20)のように明らかにその解釈を否定するような文脈が与えられないと容易に推意は取り消しにくい。
　同様のことが他の助動詞(相当句)でも生じるかというと、生じるものと生じないものがあり、一律ではない。

(21)　太郎が改札の前で私を待っているかもしれなかった。
(22)　太郎が改札の前で私を待っているらしかった。

「かもしれない」や「らしい」の過去形は、特に命題否定を推意するとは言えない。しかし、「べきだ」の過去形「べきだった」は「はずだった」と同じく命題否定を推意し、多くの場合、それは不適切な判断に対する後悔や批判の意味合いを含む。

(23)　その本は買っておくべきだった。
(24)　今では絶版になっていて、入手困難なのだ。
(25)　だから、当時いささか無理をして購入したのだ。

　例えば、(23)のあとに(24)が続くのは自然で、(24)だけでも「買っておくべきだった」のに「買っておかなかった」という命題否定が推意され、自分の行為なら後悔、他者の行為なら非難の意味合いが読み取れる。しかし、(23)のあとに(25)を続けることも不可能ではないので、この命題否定とい

う解釈は取り消し可能であり、推意の条件を満たしていることになる。
　「べきだ」は義務や当為を意味し、deontic modality や評価のモダリティに区分されることがある。「はずだ」は epistemic modality であり、認識のモダリティの一種であって、カテゴリーは同じでない。「かもしれない」などは認識モダリティだが、同様の推意は持たない。「わけがない」「はずがない」の過去形でも、命題否定の推意が得られる。

（26）　　太郎が花子に貴重な資料を貸してくれるわけがなかった。
（27）　　花子が太郎を待っていてくれるはずがなかった。

　一般に(26)は「資料を貸してくれなかった」という推意が、(27)では「待っていてくれなかった」という推意が、それぞれ得られる。どういう場合に否定命題の推意が得られるのかが、助動詞(相当表現)の形式・機能と相関していることはわかるが、どのような場合にどういう条件で相関するのかはまだ明確でない。なお、ここで「推意」としているものは、関連性理論など推意の意味を狭く定義する枠組では、推意と見なされない解釈にあたる（第1章）。

5.2　可能の語用論的機能

　可能を表す方法は言語ごとに異なり、また、1言語においても複数の方法が存在し、しかもそれが他の意味や機能に拡張していることが多い。また、文法(統語論・意味論)における可能の意味記述はしばしば雑駁で不十分である。一方で、語用論における可能表現の分析は、形式面の記述や整理が欠落しているか、不十分であることが多い。意味や用法だけに関心がある人にとっては、形態や構造の分析はそれほど重要でないと思えるかもしれないが、文法や統語論に軸足を置く研究者は、その形式や構造のことも重視していることが多い。どの程度取り上げるかは研究課題や分析の手順と関わるが、たとえ言及しなくとも、構造や形式について整理しておくことで研究に深みや奥行きが増すので、おろそかにしない方がよい。

可能を表す形式は、助動詞で表すほか、動詞や形容詞を転用することもある。英語の can のように本来動詞に由来する助動詞もあれば、フランス語の pouvoir と savoir のように動詞の用法として記述する場合もあり、英語の able や possible や capable のように形容詞を用いることもできる。能力を有する主体・人間が主語になるか、行為やできごとが主語になるかでも、able と possible は異なるが、後続部が of ＋動名詞になるか、to ＋不定詞になるかで capable とそれ以外は異なる。これらの学校文法の知識はもちろんのこと、どういう構文をつくり、どういう制約があるか、などを整理して理解しておくことが望ましい。日本語では、子音語幹動詞（五段動詞）の「踊る」を例にすると、①可能動詞形「踊れる」、②助動詞付加形「踊られる」、③関係節化「踊ることができる」、④複合動詞「踊りえる・踊りうる」、⑤その他「踊ることが可能だ」などの形式があるが、母音語幹動詞（一段動詞）には①が本来欠けており、その対応形としてら抜き形が用いられている。④が②の元の形だと推定されているが、現在では別の形態として区別されている。構造や形態に関わる知識は、語用論の分析には直接役立つとは言えないが、広い視野で理解する上では役に立つ。

　例えば、日本語では、「太郎が速く走る」を可能文にして「太郎が早く走れる」としても格シフト（格助詞の配置関係）は変わらないが、「太郎がロシア語を話す」を可能文にすると、「太郎がロシア語｛を／が｝話せる」のように、目的語を主語に昇格させる配置が可能であり、主語に昇格させると「太郎にロシア語が話せる（ものか）」のように、元の主語を与格に降格させることができる。但し、これは、「太郎にロシア語が話せるよ」のように通常の肯定文では使わず、「太郎にはロシア語が話せない」のように、否定文か疑問文で用いるのが普通である。

　このように格シフトが変わるのは、構文の意味や解釈に関わる現象であり、語用論的な研究においても重要である。日本語では、文を事象叙述文と属性叙述文に分けることがあり、前者はできごと（event）を表し、「太郎が試験を受けた」「花子が欠勤した」のように主題を持たない無題文になるのが普通であるのに対して、後者は「この公園の桜は美しい」「次郎は一生懸命

勉強している」のように主題を持つ有題文になるのが一般的である。

(28) 　　太郎が速く走る。／太郎がロシア語を話す。
(29) 　　太郎は速く走れる。
(30) 　　太郎はロシア語が話せる。

　以上を念頭に置いて見ると、(28)の事象叙述文は無題文にするのが普通で、「太郎は」とすると「ほかの男子は走るのが遅いが」などとの対比が想定され、単なる主題ではなくなる。可能文(29)(30)では、「太郎が」を用いると総記解釈になり、「ほかの人物ではなく、太郎が」のように排他的焦点とする読みが優勢になる。これを「太郎は」にすると、主題文として自然な表現だと言える。(30)では「ロシア語を話せる」としてもよく、この場合は、対格「を」が目的語「ロシア語」と他動詞「話す」をつなぐ関係標示を担っている。一方、主格「が」を使う場合は「ロシア語」についてその属性として「話せる」（＝運用可能だ）という可能表現が結びつけられている。前者では可能の意味は対格に反映していないが、後者では目的語と他動詞の関係が消されている。
　近年の日本語では、本来可能であるという状態や見込みなどを意味する可能表現を、すでに達成し、実現したできごとを表す際にも使うことが多い。

(31) 　　おかげさまでＡ大学に合格しました。
(32) 　　おかげさまでＡ大学に合格できました。

　単純に「合格した」という事実を述べるだけなら(31)でよいはずだが、(32)を使って同内容の事実を表すことがある。「できた」は本来過去の可能状態を表すので、実際にその行為や変化が実現しなくてもよいはずである。そして、実際に(33)のようにすることもできる。

(33) 　　大食いの太郎は、食べようと思えば、さらに3杯食べられたが、

これ以上、友人たちを驚かさないように、食べるのをやめた。

　この場合は、「できた」が「しなかった」という意味で、可能状態であることと実現達成することが本来区分されていることがわかる。しかし、「志望校に入った」の意味で「志望校には入れた」としたり、「契約をとった」の意味で「契約がとれた」としたりすることは広く見られ、日本語文法では、意図成就などと呼ばれている（川村 2004、加藤 2015）。問題は、「～した」でできごとの叙述はできるのに、なぜ「～できた」と可能表現を用いるのか、ということであろう。これは、「した」より「できた」が好まれるという選好現象であり、この選好の偏りをつくっている原因があるはずである。一般に、(31) と (32) を比べると後者のほうが謙虚な言い方に聞こえると判断する人は多い。推定される原因は、この謙虚さも説明できることが望ましく、少なくとも、謙虚さに関わる印象と整合性がある（矛盾しない）ことが必要である。

　「する」系の表現は、自分の意志で実現できる場合には、意志や意図があって行うことを表し、「した」のように過去形で表すと、意図性が強く感じられるときもある。「おいしかったので、僕はそのパンを3個食べた」「カリキュラムが充実していたので、私はその大学に入学した」などでは、「私」の判断や意志が読み込める。「私は」を第三者の「太郎は」や「彼女は」に変えると、一人称ほど強くはないが、それでも意志や意図があったと推定できる。しかし、可能表現は意志や意図と共起できないこともある。「入学するつもりだ」や「入学する意志がある」は可能な表現だが、「入学できるつもりだ」は意図ではなく「できると見込んでいる、可能だと予想している」ということであり、「入学できる意志がある」は非文だ。このことは可能表現にすることで、自分の意志で制御できるわけではないことを表そうとする動機につながる。

　以上から、「～できた」は、事前に達成できる見通しがなかったことを推意として表し、それが、自信のなさと自力での達成ではなく、他者の協力や支援、幸運などの外的要因で達成したという《謙虚さ》が感じられるのであ

る。日本語の言語共同体では、自慢や専断などは受容されにくい。例えば「私は言語学の研究をしています」ではなく「～させていただいています」を使うケースが見られるのも、独力・独断ではなく、まわりの許可や支援を得て進めているかのような謙虚さを醸し出せるからである。(31)のように「～した」のほうが正確で単純な表現であるにも関わらず、(32)のように「～できた」という曖昧で解釈処理に手間のかかる表現が選好されるのは、より受容されやすいからだと考えられるのである。

　実は、可能と一口に言っても蓋然性(可能性)と可能は異なり、可能も能力可能と状況可能に二分することが多い[3]。例えば、「目がいいので、遠くの文字が読める」ときは能力可能だが、「十分な明るさがあるから小さい文字が読める」ときは状況可能である。しかし、「このきのこは食べられない」のように、単純な解釈では説明しにくい場合もある。毒きのこであっても、通常の咀嚼能力を持っていれば口に入れて咀嚼して飲み込むことは可能であり、まわりに邪魔する人がおらず、かみ切れないほど固かったりひどく苦かったりするのでなければ、食べることはやはり可能である。つまり、能力的に可能で状況的に可能と思われる場合でも「食べられない」ということがあるわけであるが、このとき《不可能》と判断する理由はどこにあるのだろうか。毒きのこは、食べれば、身体に重大な影響があってときに死に至りかねないほど健康を害するものである。これは、つまり、達成可能か実現可能かということではなく、達成・実現に伴ってなんらかの重大なトラブルが生じるということである。実は日本語の可能表現は特に問題や支障なく達成できて、達成後も問題やトラブルがない場合に用い、一方、不可能は達成後か達成を目指している最中に重大な支障や問題が発生するを意味することが多いのである(加藤 2003)。

6. 構造を崩す用法

　言語学の立場は、ことばの変化を規範的に捉えるのではなく、記述的に捉えようとするものである。変化や運用を規範的に捉えるときには、先に正し

く望ましい姿を定めるので、大半が誤りや逸脱と見なされてしまう。記述的な立場では、事実を広汎に正確に記述して、それを科学的に分析することで言語の本質をより的確に理解することを目指すことになる。ときに、記述的な言語学の態度は、世の中の求めるものと合致しない見解につながるが、科学的な態度は一貫していて強く、揺らがぬものでなければならない。

6.1 文の幻想と言いさし

　西欧語では、文の境界が比較的明確で文の形式性が強く求められることが多い。もちろん、日常の会話では不完全な文が現れることはあるが、文は形式的な完結性と独立性を持っているのが普通である。現代日本語でも、規範的な書きことばは、一般紙の新聞記事であれ、本書の各章の文章であれ、個々の文は完結しているのが普通である。しかし、話しことばでは完結しない文が多く見られる。また、近世以前の書きことばの和文でも、文が完結しないまま続くことはそれほど珍しいことではなかった。例えば、『源氏物語』の任意の巻を一部でも読んでみれば、確認できるはずである。今でも日本語の日常会話では、文が完全に完結した形で出てくることは少ない。

　山田文法では、通常の叙述を行う文（述体）では、文が完結することで文の表す命題的な内容（山田 (1908) では「思想」などと言う）がまとめ上げられて統一体となるとし、その元になる認知作用を統覚（Apperzeption）[4]だと考えた。つまり、文は統覚作用によって統括され、完結した形式になるものと見なされていたのであるが、近代における文法教育は、文法を論理的な体系と見なす立場が強かったことから、「文はきちんと完結しているもの」という観念が国語教育や作文教育を通じて人々に植えつけられたのだろう。しかし、本来、自然な形で用いられる日本語では、完結しない文も多用されていたわけである。

　日本語記述文法の枠組みでは、白川 (2009) が「言いさし文」として論じている[5]が、その典型的な形は(34)–(36)のように、接続助詞（それに「ね」「さ」などの間投助詞がつくこともある）で終わる従属節だけの形式である。

(34) 最近、疲れがとれなくて。
(35) あの人の言うことも分かるんだけどね。
(36) 花子ちゃん、もうじき転校するんだってさ。

　これらは、命題内容を伝えるだけなら、言いさしにせず完結文で「最近、疲れがとれないの」「あの人も言うことも分かるんだよ」のようにすることも可能である。一方、(36)は「花子ちゃん、もうじき転校するんだって言ってた」のようにすることはできるが、これでは「花子は〜言ってた」を主節とする文のように解釈され、(36)が表す情報の入手先を明らかにしない伝聞の表現とは違いが生じる。そして、全体として、くだけた発話のなかでは完結文より言いさし文を選好する傾向が日本語の共同体のなかに見られることは重要な事実である。
　Evans (2007) は、従属節が主節を欠いたまま単独で用いられる現象を非従属化 (insubordination) と呼んでいる。本来は、主節と従属節が揃った複文だったものから主節の省略が慣習化して、消去されることで非従属化は生じると説明される。Evans (2007) の挙げるドイツ語の例 (37) は、英語では生じない非従属化である。

(37)　*Ob*　　　　　*wir*　　　*reichtig*　　*sind.*
　　　whether　**1.pl.**　**right**　　**cop (1.pl)**
　　　'(I wonder) whether we are right.'

　これは一般に間接疑問節が独立したものと考えられている。日本語でも、「われわれが正しいかどうか」のように言いさし文にして用いることが可能である。しかし、日本語で見られる多くの言いさしは、必ずしも主節を削除したとは考えられないものが多い[6]。
　日本語は、いわゆる主要部右方型の言語で、主節は必ず従属節の後 (＝右) に現れる。英語などの主要部左方型の言語は主節が先 (＝左) に現れることがある。

(38)　　　I think that we are right.
(39)　　　私たちが正しいと思う。

　主節が先に現れる構造では、非従属化する場合、文を発話する前に非従属化することを決めていなければならない。日本語のように主節が必ず後に来る言語では、従属節を発話した時点で後続部を省略しても、非従属化（言いさし）が可能である。(39)は「私たちが正しい」のみにすれば主節のみの単文になるので非従属化ではないが、下線部のみにすれば非従属化である。これが慣習化すると「と」は接続助詞から文末に現れる終助詞のように振る舞うが、現に九州方言などでは「と」が文末詞のように用いられている。

　非従属化や言いさしの通言語学的な研究はそれほど多くないが、日本語はかなり多用する言語だと考えられている。このことには、日本語が主節を右方に置く構造的特性を持つことが関わっている。例えば、「私たちが正しいと」まで言った時点で、そのまま言いさしにしてもよいが、「思います」を付け足して文を完結させてもよく、従属節の節末境界部のあとで決められる自由度が非従属化を容易にしている。いわば、構造確定が早い主要部左方型の言語に比べて、日本語は構造確定が遅い主要部右方型であり、この時間差が言いさしを多用させているのである。

　文を途中で言いさすかどうかは、運用とも関わるが、このように、言語構造とも関わるので、文法と語用論の双方にまたがるテーマだと言えるだろう。そして、私たちは「言いさし文」を文法規則から外れ、未完結で不完全な文だと考えがちであるが、文が論理的に統覚によって完結させられるものという刷り込みを近代の文法教育が行っていたのだとしたら、実は完結させる文のほうが有標で、完結しない言いさしが無標だと見ることもできるのである。公的な文書やスピーチなど高い文体ではいまでも文の完結は重要であるが、言いさし文は望ましくないと見なすのではなく、なぜ言いさし文が多用されるのかを使用者の動機と環境としての言語の構造的特性から明らかにすることに意義がある。

6.2 いわゆる人魚構文

　日本語の文は、動詞文・形容詞文・名詞文などに分けられるが、本来動詞文として構成されていながら、文末でコピュラ(「だ」「である」「です」)を用いて名詞文として完結しているものを、上下が異なる構造体からなると見て人魚構文(marmaid construction)と角田(2011)では名づけた。

(40)　　この電車はまもなく新宿駅に到着します。／店頭で限定商品を販売しています。
(41)　　この電車はまもなく新宿駅に到着です。／店頭で限定商品を販売(中)です。
(42)　　太郎は来週京都に行く予定だ。
(43)　　#僕もその研究会には参加するです。

　動詞文(40)はこのままで意味をなすので、(41)のように動詞活用語尾をコピュラ「だ」「です」で置換して人魚構文(以前は体言締め文と角田は呼んでいた)にする必要はない。角田(2011)は(42)も人魚構文に含めているが、日本語では一般名詞を形式名詞のように用いて助動詞相当表現を生成することは広くおこなわれており、これは文の主要部が「予定です」から「行く」に転じる非節化(declausalization)(加藤2013)の例である。また、新屋(2015)では人魚構文と重なる現象として文末に「です」を用いる(43)のような例も論じているが、これは動詞文のあとに「です」を付加したものである。(42)は対応する動詞文を名詞文に変更したものではなく、(43)はコピュラ付加のみなので、厳密な意味での人魚構文にここでは含めない。問題は、情報量は(40)と(41)で変わらず、既に文法構造にかなった(40)があるのに(41)のような人魚構文が生じ、かつ、人魚構文を選好する傾向があることである。

　一般的に考えれば、格シフトを制御しているのは動詞なので、(40)(41)で「新宿駅に」という与格、「店頭で」という場所格、「限定商品を」という対格などを配置しているのは「到着する」「販売する」という動詞である。

「する」という語尾を削除しても「到着」「販売」の語義に動詞の意味と機能は残存しているから(41)のような格シフトの保持が可能なのだろう。また、動詞の活用語尾を失うということはアスペクト表示の喪失と考えられるが、「到着済み」「販売中」のように完了や未完了(事象継続)は語彙的手段によっても表せる。テンスや否定はコピュラを使う場合も表示可能なので、人魚構文にすることでできなくなること(失う能力)はあまりない。

　別のやり方でも同様の表現機能が担保されているのなら、従来の正規の規則から逸脱することで新奇さや面白みを表したり、深刻さを軽減したりすることが可能である。角田(2011)の報告では、この種の人魚構文は、他言語ではそれほど広く見られるわけではなく、日本語ほど多用されることもないようである。とすれば、「ちょっと変わった言い方をしてみよう」という気分だけで人魚構文が広く選好されるとは考えにくい。いくつかの動機が複合しているとも考えるべきだろう。

　まず、通常の動詞文は事象叙述文になり、動きのありさまを鮮明に描写するのに対して、名詞文は属性叙述文になり、動きのない状況・状態を淡々と伝えることになる。報告や告知といった伝達では淡々と強くなりすぎないように伝えるのが望ましいと感じる人が多いとも考えられる。電車のドアが開閉する際には危険が伴うので注目を集める必要があり、事象叙述文のほうが効果的である。「ドアが開きます」を「(ドアが)開扉です」としては不自然で、段取りや号令でなければこの種の言い方になることはない。

　また、個人のメモや日記では「15時新宿に到着」のように書くことが一般的なこと、報道の見出しでは「A首相、B大統領と会談」のようにする原則があることなどジャンル的な影響もありうる。そして、かつての日本語では文を必ずしも完結させる必要性がなかったということも関わりがあるだろう。しかし、現代は聴者待遇(聞き手への配慮)が重視される時代なので、丁寧に表そうとすれば「新宿に到着です」のようになるが、これも、待遇を重視しなければ「新宿に到着」でもよいわけである。

7. 統語語用論の展開：まとめに代えて

　Ariel (2008) では、指示表現階層を語用論と文法論の境界的現象として論じている。私たちは聴者として指示表現の示す指示対象を同定しなければならないが、厳密な指示のための負担と指示対象同定のための認知的負担は反比例するものである。日本語は形式上で定指示か不定指示かを見分けにくいこともあるので、冠詞を持つ西洋語の分析をそのまま適用するのではなく、日本語の研究から貢献できる面も残っている (第 2 章)。

　Levinson (2000) は、推意に尺度推意も含めているが、多くの場合、尺度推意は厳密な推意から除外されるものである。英語では、Bill has three kids. のあとに、In fact, he has five. が来ても不適格でないとされる (3 人は 5 人に含まれると見るため) が、日本語では「太郎には子どもが 3 人いる」のあとに、「実は 5 人いる」とすれば、先行する文を偽とした上で後続文を述べることになり、英語と尺度推意のあり方が異なる。

　他に、複数の文があるときそれらの命題間の関係をどのように解釈するか、関係標示をどのように行うか、という問題もある。関連性理論では、接続詞や接続副詞など (これは、おおむね談話標識と重なる) を解釈の手順を指示する手続き的意味を担うものと位置づけている。しかし、日本語のように命題間の関係標示を自立語でない接続助詞に担わせる言語もあり、日本語の助動詞には手続き的解釈に関わっていると見るべきものもあり、談話標識の研究には日本語の研究からも貢献できる余地が大いにある (第 1 章)。

　先に述べたように統語語用論を、従来の談話文法、また、日本語記述文法などを広く含むものと捉えると、この領域の研究テーマは本章で触れたものにとどまらず、無尽蔵にあると言ってもよいほどである。統語語用論のテーマとして研究課題を掘り下げることは、構造と運用、あるいは統語論と語用論の双方の知識が必要とされ、両方の先行研究を十分に調べなければならないことから、手間がかかるように思われるかもしれないが、視点や枠組みが異なる成果が多くあれば、知的刺激も多く、新しい切り口を案出しやすいなど、よい面もある。また、成果は統語論にも語用論にも貢献することがで

き、倍の手間がかかっても倍の効果があると考えれば、コストパフォーマンスは悪くないだろう。

　重要なのは、テーマや課題そのものが小さいもの、限局された現象を扱うものであったとしても、関心や分析まで小さくならないように意を用いることである。どんな言語現象でもいかなる分析でも、どこかに言語の本質や当該言語(日本語や英語など)の本質と触れあうところがあるはずだ。基本的な視点や論点にそのような普遍的な問題意識があれば、テーマや課題には発展する可能性があり、他の研究と共有できる面が見いだされ、新たな局面へと展開していくこともありうる。特に若い研究者には、すぐに成果にならない潜在的なものであっても、みずからの研究の価値を高められるように、研究課題を立て、研究を進めていってほしいと切に願う。

読書案内

・久野暲(1978)『談話の文法』(大修館書店)：久野は国際的に知られる discourse grammar の第一人者であり、本書は授受動詞を視点の観点から論じた初期の成果である。現在では、授受動詞をベネファクティブ構文として間接受動との対比で論じるなどテーマが拡張しており、内容には古さがあるが、発見を例文によって例証し、仮説を論証していく手順は参考になる。
・寺村秀夫(1982, 1984, 1991)『日本語のシンタクスと意味 I, II, III』(くろしお出版)：日本語記述文法を寺村文法抜きに語ることはできないほど、現在の研究の多くの源流になっている。なぜ成立する表現と不適格な表現の違いが生じるのかを言語使用者(日本語母語話者)の感覚に添うように巧みに論述する点は今でも学ぶところが多い。
・Ariel, Mira. (2008) *Pragmatics and Grammar*, Cambridge: Cambridge University Press.：日本語で書かれた統語語用論の著作は今のところまとまった形では出されていないが、アリエルの本書は大学院生向けの教科書として書かれたもので、名詞句階層や du Bois の選好項構造(preferred

argument structure）なども取り上げており、この種の研究に関わる語用論の考え方とともに学ぶことができる。

注

1 「とりたて詞」は取り立てて提示するということから focus particle という英訳を当てることがある。しかし、「は」は焦点（focus）の基本的な概念（新情報につき、他は旧情報の前提）に合致しない。いまだ見通しのよい用語の整理がない状況と言える。
2 歴史的現在の用法では、過去の事態を意味することもありうるが、ここではその解釈は除外して論じる。
3 状況可能と能力可能は各地の方言では区分されることが多いが、その多くは否定形（不可能の意）で顕在化する。例えば、近畿の「よう食べん」と「食べられ（へ）ん」（対立は消失しかけている）、東北の「食べるにいい」と「食べ（ら）されね」（「食べられね」は両義に用いる）、九州（肥筑）の「食べ（ら）れん」と「食べ切らん」など、広く見られる。また、上代の「ゆ・らゆ」は「る・らる」よりも古く、先に衰退したと考えられているが、「ゆ・らゆ」も肯定（可能）よりも否定（不可能）に使用が偏っており、そもそも、不可能の意のほうがより細かに意味の違いを表すことが選好されたと考えることもできる。
4 統覚（独 Apperzeption／仏 apercetion）は、デカルトによる造語であるが、その後ライプニッツやカントによって論じられ、カントの二分法をヴントが心理学に取り入れた概念を山田が文法論に導入したと考えられている。
5 白川（2009: 11）は、「言い残し」「言い尽くし」「関係づけ」の3種類に言いさし文を下位区分している。
6 Kato（2014）では、Evans（2007）の言う非従属化を、主節を削除するタイプとし、日本語には主節削除型のほかに、主節の削除で言いさしたとは考えにくいタイプがあり、それは接続助詞などを付加することで形成される付加型だとしている。

参考文献

Ariel, Mira. (2008) *Pragmatics and Grammar*, Cambridge: Cambridge University Press.
Evans, Nicholas. (2007) Insubordination and its uses, In Nikolaeva, Irina (ed). *Finiteness; Theoretical and empirical foundations*, pp.366–431, Oxford: Oxford University Press.
加藤重広（2003）「語用論的に見た「可能」の意味」『富山大学人文学部紀要』38、pp.87–98
加藤重広（2013）『日本語統語特性論』 北海道大学出版会

Kato, Shigehiro.(2014) Insubordination types in Japanese: What facilitates them?, *Asian and African Languages and Linguistics* 8, pp.9–30, Research Institute for Languages and Cultures of Asia and Africa, Tokyo University of Foreign Studies.
加藤重広(2015)「構文推意の語用論的分析―可能構文を中心に」『北海道大学文学研究科紀要』146、pp.259–294
川村大(2004)「受身・自発・可能・尊敬――動詞ラレル形の世界」尾上圭介(編)『朝倉日本語講座6　文法Ⅱ』pp.105–127、朝倉書店
久野暲(1973)『日本文法研究』大修館書店
久野暲(1978)『談話の文法』大修館書店
Lambrecht, Knud.(1994) *Information structure and sentence form*, Cambridge: CUP
Levinson, Stephan.(2000) *Presumptive Meanings*, Massachusetts; MIT Press
Prince, Ellen.(1992) The ZPG Letter: subjects, definiteness, and information-status, In Thompson and Mann(eds) *Discourse description*: *diverse linguistic analyses of a fund-raising text*, pp.117–143, Amsterdam / Philadelphia: Johns Benjamins.
新屋映子(2015)「新しいデス文―その実態と機能」『日本語文法』15–2、pp.65–81、日本語文法学会
白川博之(2009)『「言いさし文」の研究』くろしお出版
角田太作(2011)「人魚構文―日本語学から一般言語学への貢献」『国立国語研究所論集』1、pp.53–75
山田孝雄(1908)『日本文法論』宝文館

第7章　関連性理論・実験語用論

松井智子

1. はじめに

　本章では、まず関連性理論に基づく発話解釈のプロセスを概観する。そして発話解釈のメカニズムを実験的に検証する試みとして、近年注目されている実験語用論の方法論や成果を紹介したい。

　人間の発話解釈の特徴は、言語的情報を手がかりとしながらも、それ以上に推論に依存するところが大きい(松井 2013)。日常会話は言語を媒介としたコミュニケーションの典型であるが、じつは言語情報は話者が伝えたいことのうちのほんの一部しか伝えることができないのである。そのため聞き手は言語情報と話者が伝えたいと思っていることのギャップを推論で埋めなければならない。

　関連性理論の目的は、このような推論をベースにした人間の発話解釈のメカニズムを認知心理学的に妥当な理論を用いて説明することである(Sperber & Wilson 1995, 2012)。1980年台から1990年代までは、関連性理論の研究は理論的なものが中心であったが、その後、より心理学的な手法を用いる研究が少しずつ増え始めている。仮説検証型の心理学的実験の手法は、関連性理論を含め、語用論理論の原理に基づく仮説の妥当性を検証するのに適していると言えるだろう。語用論の仮説が、皮肉の理解や指示表現の理解、メタファーの理解など、異なるタイプの発話解釈プロセスを説明するのに妥当なものであるかを検証することは重要である。また発話解釈に必要な認知能力の発達や障害に関して、語用論の仮説がどのように貢献できるのかを検討す

ることも必要であろう。

　近年、関連性理論はとくにこれまで主に発達心理学や哲学の領域で研究されてきた**心の理論**（theory of mind）に着目し、発話解釈に必要な推論の心理的な基盤として心の理論を位置づけている（Sperber & Wilson 2002）。心の理論は、自己や他者の心的状態を推論的に把握する人間に固有な能力とされる（子安 2000、Wellman 1990）。コミュニケーションにおける意図の解釈との関連は深いと考えられている。さらにより最近になって、心の理論とは別に、**認識的警戒心**（epistemic vigilance）と呼ばれる心理的プロセスが人間のコミュニケーションには不可欠であるという提案が関連性理論の立場から出されている（Sperber et al. 2010）。認識的警戒心は、発話解釈の際、話し手が信頼できる相手かどうかや、発話内容のつじつまは合っているかなどを判断するために不可欠な能力とされている。一方、時期を同じくして、発達心理学的な立場から、**明示的な伝達意図**の認識こそがコミュニケーションはもちろん、教育と学習をも可能にする人間特有の能力であるという仮説が 2000 年台になって出されている（Csibra & Gergely 2009）。この仮説は**生得的教育**（natural pedagogy）仮説として心理学でも着目されているが、コミュニケーション能力の早期の発達に関する研究として重要な実験的語用論研究としても位置づけられる。

　そこで、本章では、心の理論、認識的警戒心、明示的伝達意図をキーワードとして、これまで実験心理学的な手法を用いて語用論のテーマを扱ってきた研究をいくつか取り上げることとする。限られたスペースの中で、できるだけ多様な手法と異なる調査対象を紹介するために、取り上げるテーマは**語彙学習**と**皮肉**の 2 つに絞った。また近年の研究の傾向がわかるように、なるべく新しい研究を含めるようにしたつもりである。

　語用論のメカニズムを実験的に検証した研究を紹介する前に、まずそれらの研究の理論的な基盤について簡単に解説する。はじめに、関連性理論が提唱する意図明示的コミュニケーションにおける伝達意図の認識に基づく発話解釈の原理について説明したい。その後、認識的警戒心について簡単に触れ、最後に心の理論と発話解釈に不可欠な推論の働きについて短い説明を加

えたい。

2. 関連性理論における発話解釈プロセス

2.1 意図明示的コミュニケーションにおける伝達意図の認識の役割

　関連性理論が説明しようとする発話解釈のメカニズムは、**意図明示的コミュニケーション**に限られる（Sperber & Wilson 1995、Wilson & Sperber 2006）。意図明示的コミュニケーションとは、話し手の伝達意図（話し手が聞き手にある情報を伝達したいと意図していること）が話し手と聞き手の双方に明らかに示されている状況の中で情報伝達が行われるコミュニケーションのことである。関連性理論は、意図明示的コミュニケーションに以下のような2つの意図が介在すると考えている。

　a. 情報意図
　　（話し手が）聞き手に何らかの情報を知らせる意図
　b. 伝達意図
　　（話し手が）聞き手に何らかの情報を知らせる意図があることを（話し手が）聞き手に知らせる意図

　a. The informative intention:
　　The intention to inform an audience of something.
　b. The communicative intention:
　　The intention to inform the audience of one's informative intention.

（Wilson & Sperber 2006: 611）

日常会話の典型的な形は意図明示的コミュニケーションと言って良いだろう。しかし実際のコミュニケーションの状況では、話し手が伝えようとしていなかった情報が聞き手に読み取られてしまうこと（偶発的情報伝播 accidental information transmission）や、話し手が聞き手に情報を伝えたいという意図に気づかれたくないと話し手が思っていて、その意図を隠して情報

だけが聞き手に届くようにすること（covert information transmission）もあり得る。後者のように、自分の伝達意図が聞き手に認識されることなく、情報だけが聞き手に届くことを望む話し手が聞き手に情報のみを認識させたいという意図がある場合、そこには話し手の情報意図があるが、伝達意図は介在しないと考えられる。

重要なことは、関連性理論が対象としているコミュニケーションは、情報意図に加えて伝達意図が介在する意図明示的コミュニケーションに限られるということである。そして意図明示的コミュニケーションにおいて、以下のような関連性の伝達原理が成立すると仮定する。

関連性の伝達原理
発話を含めた意図明示的な刺激は、それ自体が最適な関連性を持つものであることを期待させる。
Communicative Principle of Relevance
Every ostensive stimulus conveys a presumption of its own optimal relevance. （Wilson & Sperber 2006: 612）

この原理の鍵となるのは**意図明示的な刺激**と**最適な関連性**の概念である。意図明示的な刺激の典型例は先に述べた通り、話し手が伝達意図を持っていることが話し手と聞き手の両者に認識できる状況でなされる発話である。最適な関連性を持つ刺激とは、端的に言うと、その刺激が伝える情報を処理する労力が低く、知識の改善という情報がもたらす認知効果が高いという特徴を持つ。最終的には**処理労力**（支出）と**認知効果**（報酬）のバランスがとれていて、労力の無駄使いをしたという意識を聞き手が持たない刺激である。

さらに関連性の伝達原理は、話し手の伝達意図を認識した聞き手が、話し手の情報は自らの知識の改善という認知効果をもたらすと期待し、それにかかる処理労力は低く抑えるべく、以下のような効率性を重視した制約に基づいて発話解釈をすると予測する。

関連性理論に基づく解釈プロセス
a. 情報の認知効果を計算するのに処理労力が最小限になるようなルートをとること。解釈の仮説（あいまい性の除去、指示表現の特定、推意の特定など）はアクセシビリティ（入手しやすさ）の高い順に沿って試すこと。
b. 関連性の期待が満たされたところで解釈を終了すること。

Relevance-theoretic comprehension procedure
a. Follow a path of least effort in computing cognitive effects: Test interpretive hypotheses (disambiguations, reference resolutions, implicatures, etc.) in order of accessibility.
b. Stop when your expectations of relevance are satisfied.

(Wilson & Sperber 2006: 613)

　関連性の伝達原理は、コミュニケーションにおいて話し手が自分の伝達意図を聞き手と共有することが、情報に対する聞き手の関心、期待を高め、聞き手の発話解釈を促進することを予測する。言い換えれば、伝達意図が介在しないコミュニケーションでは、情報が関連性を持つものであるという期待を聞き手が持つという保証はない。そもそも話し手の意図を理解することを目的とした発話解釈プロセスが開始するには、話し手の伝達意図の認識が不可欠ということになる。

2.2　発話解釈と認識的警戒心

　聞き手にとってコミュニケーションのメリットは、話し手から受け取る情報が自己の知識の改善につながることである。聞き手は処理労力を費やして話し手の意図した解釈を見出そうとするのはそのためである。しかし、ここで注意しなければならないのは、話し手は常に善意のもとにコミュニケーションをしているとは限らないということである。相手を騙そうという意図を話し手が持っている場合、聞き手がそれに気づかなければまんまと騙されてしまうことになる。当然これは聞き手にとっては大きなデメリットであ

る。一方、話し手が善意のもとに自分の信じていることを伝えている場合でも、話し手自身の知識が間違っている場合もあり得る。話し手に悪意はないが、聞き手がその間違った情報を信じてしまった場合、それもまた聞き手にとってはデメリットに違いない。

　Sperber et al. (2010) によると、人間は聞き手としてできるだけコミュニケーションから生じるデメリットを避けるように進化してきたとされる。進化の結果、人間は認識的警戒心を持ち得たのである。認識的警戒心を持つ聞き手は、必ずしも話し手が言わんとすることをすべて信じるわけではない。話し手の意図を推測する際、話し手が何を信じているか、何を知っているか、すなわち話し手の知的能力 (competence) の高さを推測し、それを手がかりに意図された解釈を導き出すと考えられている。そして進化した聞き手にとって、**発話の解釈** (comprehension) と **解釈の受容** (acceptance) は2つの独立したプロセスとなったのである。おそらく人間以外の動物のコミュニケーションにおいては解釈されたメッセージが自動的に受容されるため、解釈と受容が切り離されたコミュニケーションは人間に固有なプロセスと言えるだろう。

　このような見方をとると、人間のコミュニケーションにおいて聞き手は以下の2つのことを同時に行っていると考えられる。発話解釈において発話の関連性を見出すことと、解釈を受容するか否かを決めるために発話の信頼性を評価することである。発話の信頼性は情報源である話し手の信頼性で決まる場合と、発話の内容自体の信頼性で決まる場合がある。話し手の信頼性の決め手となるのは、能力 (competence) と善意 (benevolence) である。発話内容の信頼性は論証 (argumentation) の妥当性や証拠の信憑性などで評価される。

　近年の発達心理学の研究は、話し手の信頼性の評価は3歳くらいからできるようになり、年齢が上がるにつれてより洗練された能力を持つようになることがわかりつつある。

2.3　推論的発話解釈と心の理論

前節までは、意図明示的コミュニケーションという表現で関連性理論が対象としているコミュニケーションを説明してきたが、**意図明示的推論的コミュニケーション**（ostensive-inferential communication）という用語も関連性理論ではよく用いられている。「意図明示的」の部分に関してはすでに説明をしたので、ここでは心の理論の概念に触れながら、「推論的」の部分の説明を簡単にしておきたい。

関連性理論では、話し手が意図した発話解釈を聞き手が導き出すためには社会的な推論が必要であると仮定する。さらに発話解釈に必要な社会的推論を可能にするのは、人間が持つ生得な能力だと仮定し、それが哲学や発達心理学で 80 年代から研究されてきた心の理論と呼ばれる社会的推論能力に近いものであると考えられている (Sperber & Wilson 2002)。心の理論とは、与えられた情況から自己や他者の思考や信念を推測し、複数の心的状態を比較したり、心的状態と行動との関係を説明したりするのに必要な社会的なメタ表象能力のことである (Perner 1991)。心の理論を対象とした研究は多数に上るが、近年、言語獲得前の乳児にも他者の行動から他者の信念を推測することができることを示唆する研究が増え、社会的推論能力の生得性を支持する証拠が増えつつある (Onishi & Baillargeon 2005、Surian, Caldi, & Sperber 2007)。

その一方で、乳児の持つ社会的推論能力と 5 歳児、8 歳児の持つ能力は大きく異なっていることも長年の研究の示すところである。言い換えれば、心の理論は時間をかけて発達するものなのである。心の理論の発達を検証するのに広く用いられる課題が「**誤信念課題**」(Baron-Cohen, Leslie & Frith 1985; Wimmer & Perner 1983) である。この課題で子どもは 2 人の登場人物と 2 つの入れ物が出てくる短いストーリーを見る。たとえば、「1 人目の登場人物トムが箱の中に飴を入れて立ち去った。2 人目の登場人物ジェリーが出てきてその飴を箱から取り出すと、缶の中に入れて、立ち去った。するとそこにトムが戻ってきた」といった単純なものだ。子どもはそのようなストーリーを見たあとで、「戻ってきた 1 人目の登場人物トムが飴を食べよう

と思っているけれども箱と缶とどちらに探しに行くのかな」という質問に答える。

3歳児はこの質問にほとんど正しく答えられないが、5歳児であれば大部分が正しく答えられる。このことは、ジェリーが飴を缶に移したので飴は現在缶の中にあるけれども、それを知らないトムは箱の中に飴が入っていると誤って信じているということを5歳児なら頭に思い浮かべることができることを示唆している。さらに「トムは箱の中に飴が入っていると信じている」というような、ある人物の誤信念を理解できる段階を1次的な誤信念の理解ととらえ、「アンはトムが缶の中に飴が入っていると信じていると思っている」のように、ある人物の信念について別の人物が誤信念を持っていることを理解する段階を2次的な誤信念の理解として区別することも多い。1次的な誤信念の理解は5歳くらい、2次的な誤信念理解ができるようになるのは8歳くらいと考えられている。1次的な誤信念の理解ができるようになると、**うそ**が理解できるようになり、2次的な誤信念の理解ができるようになると、**皮肉**の理解が可能になることが示唆されている。心の理論、すなわち社会的推論能力の発達が、言葉の意味とはかけはなれた話し手の意図を理解することと密接な関係にあるということであろう。

3. 発話解釈プロセスの実験的検証

3.1 いつごろから話し手の伝達意図を理解できるのか

近年、聞き手がコミュニケーションにおいて話し手の明示的伝達意図を認識し、伝達された情報を処理し受容する能力が生得的なものであるという生得的教育仮説を検証するために、乳幼児を対象とした研究が増えている。

数は少ないものの、言語を理解する前の乳児を対象にした研究もある。たとえば Senju & Csibra (2008) は、注視時間を指標とした実験で、6ヶ月児が話し手の視線や声かけから、伝達意図を察知するかどうかを検証している。2つの実験のうち1つは、自分に向けられた相手の視線から参加児が相手の伝達意図を理解できるかどうかを見るものだった。この実験には2つの条

件があり、参加児は各自そのどちらかに振り分けられた。2つの条件は、参加児の注意を喚起する場面で、画面上の女性が子どものほうに顔を向けて子どもの目をしっかり見るか、顔を下に向けていて子どもの目を見ないかという点で異なっていた。どちらの条件でも、「注意喚起場面」に続いて、女性が目をやったものに参加児も目をやることが期待される「視線追従場面」がモニター上に提示された。この場面で女性は2つの新奇なおもちゃのどちらかに目をやっていた。この「視線追従場面」で子どもが女性の見たおもちゃを、見なかったおもちゃよりも先に見る、あるいはより長く注視すれば、女性の伝達意図が子どもに伝わったとみなされた。実験の結果、女性が子どもと目を合わせた条件では、参加児は女性が見たおもちゃを最初に見たことに加え、それを長い時間注視したことがわかった。しかし、女性が子どもの目を見なかった条件では、そのようなことは起こらなかった。このことから、生後6ヶ月で、子どもは相手の視線から伝達意図を理解することが強く示唆された。Senju and Csibra の論文では、子どもにわかりやすい「マザリーズ」と呼ばれる母親の高い声で声をかけた場合にも、6ヶ月児が相手の伝達意図を理解し、相手の見たおもちゃを長く注視したことも報告されている。対照的に、大人同士の会話で使われるような低い声で声をかけた場合には、そのような反応は示さなかったそうである。話し手は聞き手の認知能力に合わせて、相手が認識できる方法で伝達意図を伝える必要があるということを再確認させられる実験結果である。

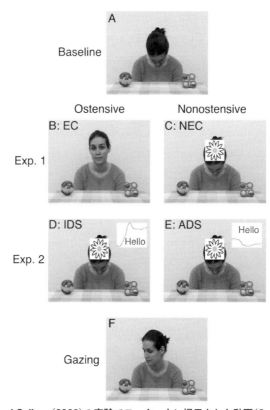

図 1 Senju and Csibra (2008) の実験でモニター上に提示された動画 (Senju and Csibra 2008 Figure 1)

1歳以上の子どもを対象とした話し手の意図理解に関する研究の多くは、語彙学習場面における伝達意図と「指示的意図」の理解を調査の対象としている。語彙学習期の子どもは、毎日の生活の中で身近な大人が使っている言葉と、それが指すものを結び付けて、新しい語彙を学習する。基本的に子どもは大人の使う音声言語とそれが指すものを推論によって結び付けなければならない。たとえばまだ「コップ」という音が何を指すかわからない乳児にとっては、テーブルの上にあるすべてのものが「コップ」になり得る可能性がある。そのような状況のなかで、どれが「コップ」であるかを判断するには、推論を用いる必要がある。そしてどうやら語彙学習期の子どもにとって

は、話をしている大人の視線や表情、声の調子、指差しなどが大きな手がかりとなっているようなのだ。逆に、これらの手がかりをうまく使えないうちは、語彙学習が成立しないのである。生後1年くらいから子どもは話し手の視線から、話し手が何を指して言葉を発しているのかという「指示的意図」を理解し語彙学習に生かすことができるようになる(Vaish, Demir, & Baldwin 2011)。安定してその能力を使えるようになる18ヶ月から24ヶ月の時期は、語彙の数が爆発的に増える時期でもある(Baldwin 1991, 1993)。

　視線に加えて、指差しも乳幼児が語彙学習に使う手がかりとして重要なものである。子ども自身が指差しを始めるのは11ヶ月ごろである(Butterworth 2003)。一方、指差しから話し手の指示的意図を理解し始めるのは13ヶ月ころからのようだ(Gliga & Csibra 2009)。2歳になるころまでには、子どもは話し手の指差しを語彙学習の重要な手がかりとして使えるようになる。そのことを示すGrassmann & Tomasello (2010)の研究を紹介しよう。1つの実験では、実験者は子どもがすでに名前を知っているもの(コップ)とまだ知らないもの(ドアストッパー)を机の上におき、子どもがまだ名前を知らないものを指差しながら「コップを取って」と子どもにたのんだ。「コップ」という語彙を知っていたのにもかかわらず、実験に参加した2歳児と4歳児はコップではなく、実験者が指差しをした、まだ名前を知らないものを取って渡したのである。この年齢の子どもたちは、話し手の指示的意図を理解するのに、言語情報(コップという名前)よりも、話し手の指差しを優先したと考えられる。

　語彙学習課題の中に、心の理論の発達指標とされる誤った信念(誤信念)の理解を組み込んだ実験も行われている。たとえばSouthgate et al. (2010)が17ヶ月児に行った実験の1つは次のようなものである。まず1人目の実験者が、子どもの前で2つの新奇なものを別々の2つの箱に入れていなくなる。次に2人目の実験者がそれぞれの新奇なものを逆の箱に入れ替えてその場を去る。箱はふたが閉まっているので、中身は子どもには見えない。最後に1人目の実験者が戻ってきて、子どもの前に座る。2つの箱のうちの1つを指差して、子どもの顔と箱を交互に見ながら「ここに私が入れたものを

おぼえてるかな？　セホだよ、セホがここにあるよ、セホで一緒に遊ぼうよ」と言う。その後2つの箱を同時にあけて、2つの新奇なものを子どもの前に置く。この間実験者は箱や新奇なものには目をやらず、ずっと子どもの顔を見ている。そして「セホを取ってくれる？」と子どもにたのみ、子どもがどちらか1つの新奇物を取ってくれるまで質問を繰り返す。子どもが1人目の実験者がいない間に中身が入れ替えられてしまったことと、それを1人目の実験者が知らず、入れ替えられる前の箱に中身がまだ入っていると思っている（誤信念を持っている）ことを理解していれば、実験者が「セホ」を呼んだものは実験者が指差しをしなかったほうの箱に入っていると判断すると予測がたてられた。実験の結果、参加した17ヶ月児のほとんどが、実験者が指差しをしなかったほうの箱に入っていたものを取って渡したことから、この年齢の子どもでも、相手の誤信念を理解できることが示唆された。またこれまでの多くの研究が他者の行動から、その人が誤信念を持つにいたったことを理解できるのは5歳以降であると報告していることから、子どもにとって、自分がコミュニケーションに参加している状況で相手の誤信念を理解することは、単に相手の行動を第三者として観察しているときに誤信念を理解することよりも容易である可能性も示された。他者の心を理解するための推論の働きが、コミュニケーションにおいて促進されるという仮説は、コミュニケーションにおける推論は独立したモジュール構造を持ち、独自の発達軌道を持つ可能性があるという関連性理論の見方に通じるものがある。

3.2　話し手の信頼性を見抜くのはいつごろか

　語彙学習課題を用いて、子どもが話し手の態度をどの程度理解できているのかを調べることもできる。Matsui et al.(2016)では、幼児がいつごろから相手が自分の言っていることに自信があるのかどうかを理解し、その相手の言っていることを信じるか否かの判断に使うのかを調べるために語彙学習課題を用いている。この実験は話し手の信頼性を察知して、発話の内容を信じるべきか否かを判断する能力、つまり認知的警戒心の発達を検証することを

目的としている。

　Matsui et al. の実験の１つでは、実験者が話し手の自信を示す日本語の文末助詞の「(だ)よ」を使って話をする条件と、逆に自信のなさを示す文末助詞「かな」を用いて話をする条件を比較し、3歳児と4歳児の語彙学習に条件間で差がでるかどうかを調べた。「(だ)よ」条件では、実験者は新奇なおもちゃで子どもと遊ぶときには「こうやって遊ぶんだよ」と遊び方を教え、新奇な名前を教えるときには「これがトマだよ」と自信を持って教えた。それに対して「かな」条件では、「こうやって遊ぶのかな」「これがトマかな」と終始自信なさそうな話し方をした。実験の結果、3歳児も4歳児も「(だ)よ」条件では新奇語を学習したのに対して、「かな」条件ではしなかった。このことから、3歳児は文末助詞から相手の自信のあるなしを聞き分けて、自信があると思われた人の言うことは受け入れ、自信がないと判断した人の言うことは受け入れない(学習しない)ということが示された。

　話し手の自信の度合いの強弱以外にも、情報の信頼性を推測するための手がかりはたくさんある。たとえば、話し手がどのくらい強い証拠を持っているのかは重要な手がかりとなり得る。「おとといのお昼休み、Aさんは学食にいた」と言った人が、実際におとといAさんと学食で会っていたとすれば、この情報の信頼性は非常に高い。一方、もし話し手はAさんが連日昼休みに学食にいるので、その日もそこにいると推測したとか、Aさんがおととい学食で食事をしていたとBさんが話していたのを聞いただけという場合には、情報信頼性は相対的に低くなる。そのため、もし話し手が「おとといAさんが昼休みに学食にいたのをこの目で見たよ」と言ったとすると、聞き手はそれなら信じようという気持ちになるはずだ。逆に「Aさんがおとといの昼休み学食にいたって聞いたけど」と言った場合、話し手自身もそれが真実かどうかはわかっていないということになり、聞き手の自分も必ずしも信じるべきではないと警戒するはずである。

　このような判断を、子どもはいつごろからできるようになるのだろうか。Matsui et al.（2006）は、3歳から6歳の子どもと大人を対象に、パソコンを使って以下のような探し物課題を実施した。パソコンのモニター上に2匹

の動物が登場し、それぞれが赤い箱と青い箱のどちらに探し物が入っているかを順番に子供に伝えてくれる。ただし、それぞれの動物が言うことは矛盾している。また2匹の動物が言っていることは自信の度合いや、証拠性の強さも異なっている。たとえば片方の動物が「僕見たよ、[X] があるのは青い箱」といえば、もう片方は「僕聞いたよ、[X] があるのは赤い箱」と言うという具合である。子供はどちらか1匹の動物が言っていることを信じて箱を選択しなければいけない。

ここでは証拠性の強さの認識がいつごろからできるのかを調べた以下の2条件に絞って見ていこう。「聞いた」という動詞と「見た」という動詞を対比させる条件に加え、伝聞情報であることを伝える文末助詞の「って」の理解についても検証した。その際、日本語には目撃情報を示す文末助詞がないことから、強い自信を示す「よ」と対比させた。片方の動物が「リンゴが入っているのは赤い箱だって」と言えば、もう片方は「リンゴが入っているのは青い箱だよ」と言うのである。大人の場合は、100パーセントが「よ」を使った動物を「って」を使った動物よりも信頼することが確認できた。

調査の結果、「聞いた」といった人と「見た」といった人の証拠の強さを推測し、そこから情報の信頼性を判断できるのは6歳以降であることがわかった。一方、文末助詞の「よ」と「って」を対比させた条件では、3歳児と4歳児はどちらの動物も同程度に信用し、5歳以上の子どもだけが「よ」を使った動物を信頼することができた。証拠性の理解において、文末助詞のほうが動詞よりも区別しやすいという可能性が示されたと言える。また先に述べた話し手の自信の度合いの強さから情報の信頼性を判断するのは3歳までに比較的早くからできるのに対して、情報源によって情報のタイプ（目撃情報や伝聞情報）を理解し、そこから情報の信頼性を判断できるようになるのには時間がさらにかかることがわかる。

世界の言語の中には、日本語よりも情報のタイプを示す表現が豊かな言語もある。例えば韓国語には、伝聞情報と目撃情報を表す文末表現が別々にある。またトルコ語やブルガリア語は、伝聞情報か目撃情報かによって、動詞の形が変わる。一般的には、目撃情報、目撃以外の知覚情報（音が聞こえた

とか匂いがしたなど)、推測情報、伝聞情報などを区別する言語が多い。世界の言語の4分の1ほどがこのように情報源を区別するが、この中には英語など西欧の言語が含まれていないためか、まだまだ研究は少なく、今後の研究が待たれるところである。これまでの研究に関してはMatsui (2014)とFitneva & Matsui (2009)を参照されたい。

3.3 言葉にならない話し手の意図や態度の理解はいつごろからできるのか

　ここまで視線や指差し、あるいは使われた言葉から、子どもが話し手の意図や態度をどのように理解するかを調べる研究についてみてきた。ここからは少し視点を変えて、言葉にならない話し手の意図や態度をどのように理解するのかについて考えてみたい。

　まずは子どもが言葉にならない話し手の意図、すなわち推意(implicature)をいつごろから理解するのかを調べた最近の発達研究を紹介しておこう。Schulz et al. (2013)は、3歳児と4歳児に次のようなパペットとのやりとりを見せた。

① パペット　「とってもおなかがすいているの。何か食べたいわ」
　　実験者　　「それならここにロールパンとシリアルがあるわ。どっちにする?」
　　パペット　「牛乳がきれてるの」

この会話シーンをみていた子どもは、そのあと実験者からロールパンとシリアルのどちらかをパペットにあげてほしいとたのまれた。実験者は、子どもがシリアルを食べるのには牛乳が欠かせないことを知っていれば、牛乳がきれていると言ったパペットにシリアルを渡すはずはないと予測していた。実験の結果、半数以上の3歳児がシリアルではなくロールパンを渡したことがわかった。このことから、自分の知識の範囲で理解できる内容であれば、3歳児でも言葉の裏にある話し手の意図を理解することができると結論づけ

られた。

　次に Winner and Leekam（1991）の研究を紹介しよう。平均年齢5歳半の子どもを対象に、**優しいうそ**と皮肉を見分けられるかどうかを調査した研究である。この調査では、相手を非難すべき状況であるにもかかわらず、相手に配慮して逆に褒めるような発話をし、たとえば第三者の目から相手の非を隠す効果を持つ発話を優しいうそとしてとらえている。

　一般的に優しいうそと皮肉は、ともに発話の文字通りの意味と実際の状況で起こっていることとの間に乖離があるという点が共通であるものの、重要な違いもある。その1つ目は、話し手の意図である。優しいうそを言うとき、話し手は、聞き手がその内容を事実として信じることを意図しているが、皮肉を言う時には、聞き手がその内容を信じるのではなく、むしろ事実とは異なることに気づくことを意図している。それに気づいた上で、皮肉にこめられた話し手の批判的な態度を理解することが聞き手には期待されている。2つ目は、話し手の態度に関することである。皮肉が批判的な態度を伝えるのに対して、優しいうそは、肯定的で誠実な態度を伝える。この実験では、話し手として登場する兄が、弟に対して意地悪だったか、優しかったかを参加児に判断してもらい、それぞれの発話に適した態度を理解できているかを検証した。

　参加児は以下のようなストーリーを聞かされた。弟は散らかった部屋を片付けるように言われたが、言うことを聞かずにそのまま散らかしっぱなしにしておいた。それを兄が見つけて、「弟の部屋は、すっかりきれいに片付いたよ」と母親に言った。皮肉のストーリーと優しいうそのストーリーは、以下のように状況が異なっていた。皮肉のストーリーでは、聞き手である母親は、話し手である兄と一緒に散らかった部屋にいて、部屋が散らかっていることを知っていた。つまり、話し手も、聞き手も、部屋が散らかっているという事実を共有していたことになる。また兄の発話にはいやみっぽいイントネーションが伴った。それに対して優しいうそのストーリーでは、聞き手の母親は部屋から離れたところにいて、部屋が散らかっていたことを知らなかった。この状況では、兄が母親に「部屋が片付いている」とうそをつく可

能性がある。さらに兄の発話は楽しげで誠実なイントネーションを伴っていた。

参加児は、絵を伴ったストーリーを聞かされた後、以下の2つの質問に絵を指差すことで答えた。

② 「2つのストーリーのどちらかひとつでは、お兄さんはお母さんに弟の部屋が本当などんなに汚いか、知ってほしい(あるいは知ってほしくない)と思っています。それはどちらのストーリーですか?」

③ 「2つのストーリーのどちらかひとつでは、お兄さんは弟に優しく(あるいは意地悪く)ふるまっています。それはどちらのストーリーですか?」

調査の結果、63人中42名(67パーセント)の子どもが1つ目の質問に正答した。さらに1つ目の質問に正答した子どものうち、28名(67パーセント)が、2つ目の質問にも正答することができた。2つ目の態度の関する質問のほうが、1つ目の意図に関する質問よりも参加児によっては難しかったようだ。一般的に、皮肉にこめられた話し手の批判的な態度は8歳から9歳の間にできるようになると考えられている(Filippova & Astington 2008)。そのためこの調査の参加児である5歳から7歳の子どもには、話し手の批判的な態度を理解することはまだ困難だったと考えられる。

3.4　発話解釈プロセスと語用障害

自閉スペクトラム症(Autistic Spectrum Disorder, 略称ASD)は生得的な発達障害のひとつで、語用論の研究対象となるコミュニケーションにおける意図や態度の理解が非常に困難であるという特徴を持つ。以前は「自閉症」「アスペルガー症候群」などと分類されていた症状が、今は自閉スペクトラム症というひとつの連続体をなす障害とみなされるようになっている。ここではPerkins (2010)にならい、発達障害の中でも特にコミュニケーションに

関わる側面を**語用障害**(pragmatic impairment)と呼ぶことにしよう。そして語用障害の特徴を実験的な手法で検証している研究をいくつか紹介したい。

これまでに見てきた研究でも確認されていることであるが、発達障害を持たない定型発達児であれば、1歳から2歳の間に視線や指差しから話し手の伝達意図や指示的意図を理解し、それを語彙学習に生かすことができる。しかし自閉スペクトラム症の子どもにはそれが困難であることが知られている。たとえば Preissler and Carey (2005) の以下のような研究でそのことが確認されている。子どもの前にまだ名前を知らない新奇なものが2つ並んでいる。実験者が「トマをとって」と子どもにたのむのだが、その言葉を聞いただけでは、どちらがトマかわからない状況である。そこで実験者は2つのもののうち、1つだけに目をやりながら「トマを取って」と子どもにたのむ。この場面で実験者の視線を追うことによって、視線の先にあるものが「トマ」であると推測できれば、それを取って渡せばよいことになる。実験の結果、定型発達の2歳児のほとんどが視線を手がかりに正しい選択をすることができた。しかし自閉スペクトラム症の小学生にはそれができなかった。これまでに自閉スペクトラム症児が語彙学習の際、視線を手がかりとして使えないということは他の研究調査でも報告されている (Baron-Cohen et al. 1997、Leekam, Lopes & Moore 2000)。一方、数は少ないが、指差しならば話し手の指示的意図を理解する手がかりとして使うことができるという報告もある (Akechi et al. 2013)。今後は自閉スペクトラム症児がどのような社会手がかりから話し手の指示的意図を理解することができるのかを調べる必要がありそうだ。

語用障害がある場合、皮肉や優しいうそはどの程度理解できるのだろうか。Happe (1994) は、平均年齢が17歳前後の自閉症者を対象に、「うそ」、「優しいうそ」、「冗談」、「たとえ話」、「説得」、「皮肉」などが含まれたストーリーを聞かされた。ここでは「優しいうそ」「説得」「皮肉」のストーリーを紹介しよう。

④「優しいうそ」
ヘレンはクリスマスをずっと待っていた。両親からのクリスマスのプレゼントは、ウサギをお願いできると知っていたから。ヘレンはこの世で1番ウサギが欲しかった。クリスマスの日、ヘレンは両親がくれたプレゼントの大きな箱を見つけて駆け寄った。これは小さなウサギが入っているかごに間違いないと思えた。でも、家族みんなが見守る中、それを開けてみたら、中身はつまらない古い百科事典だった。ヘレンはそんなものはちっとも欲しくなかった。それでも、両親にプレゼントを気に入ったかどうか尋ねられると、ヘレンは「素敵な贈り物をどうもありがとう。私はちょうどこれが欲しかったのよ」と言った。

⑤「説得」
ジェーンは子猫を買いたいと思っていたから、スミス夫人に会いに行った。スミス夫人は子猫をたくさん持っていたけれど、手放したいと思っていたから。スミス夫人は子猫が大好きで、大切にしたいと思っていたけれど、子猫をすべて自分のところで飼うことができなかったのだ。でもジェーンはスミス夫人の家に行ったとき、そこにいた子猫が欲しいかどうか、すぐには決められなかった。メスの子猫が欲しかったのに、そこにはオスの子猫しかいなかったからだった。それでスミス夫人はヘレンに言った。「誰もこの子猫たちを買わなかったら、私は子猫たちを川でおぼれさせるしかないわ」。

⑥「皮肉」
アンの母親は、アンが大好きな料理である「フィッシュアンドチップス」を長い時間かけてつくった。でも母親ができあがったものをアンのところに持っていくと、アンはテレビを見ていて、顔をあげて母親のほうを見ることもなく、「ありがとう」も言わなかった。アンの母親は機嫌を悪くして、こう言った。「あら、何てしっかりしているのかしら！それこそが私が礼儀正しさと呼んでいるものよ」。

参加者は、上のようなストーリーの最後に出てくるセリフを聞いたあと、内容確認の質問のあとで「話し手はどうしてそのようなことを言ったのか」という質問に答えた。妥当な返答ができる場合もあったが、そうでない場合も多かった。たとえば、「優しいうそ」のヘレンの発話を「ヘレンは百科事典をウサギと思ったから」と説明したり、「説得」のスミス夫人の発話について「ジョークを言っただけだ」と解釈していたという報告がある。「皮肉」のストーリーに関しては「娘にショックを与えないため」という答えもあった。調査の結果から、何種類かのストーリーがある中で、とくに「皮肉」と「優しいうそ」の話者の心情について妥当な説明をすることが難しいことが示唆された。

　この実験に先立ち、参加者は 1 次と 2 次の誤信念課題を経験していた。そこで Happe は参加者を以下の 3 つのグループに分けて結果を検討している。1 次の誤信念課題にはパスしたけれども 2 次の誤信念課題にはパスできなかった参加者のグループ、1 次と 2 次の誤信念課題にもパスした参加者のグループ、どちらもパスできなかった参加者のグループの 3 つである。その結果、両方の誤信念課題にもパスした参加者のグループがこの実験でも最も正答率が高く、どちらもパスしなかった参加者のグループが最も低かった。また 1 次の課題のみパスしたグループはその中間だった。この結果から、文字通りの意味とはかけはなれた話し手の意図を理解するためには、2 次の誤信念を理解する能力が必要であることが示唆された。

　ここまで見てきた実験の参加者は平均 17 歳であったが、より低年齢の自閉スペクトラム症児は皮肉の理解ができるだろうか。定型発達の子どもであれば、8 歳から 9 歳のころに皮肉にこめられた批判的な態度を理解できるようになることは先に述べたとおりである。しかし先行研究によると、学童期の自閉スペクトラム症児は、皮肉を言う話し手の意図について説明する場合のように、説明の選択肢が多くて 1 つに絞ることが難しいという状況では、うまく返答ができないことがわかっている。そこで 11 歳の高機能自閉スペクトラム症児が皮肉を理解できるのか調べた Pexman et al. (2011) の研究では、話し手の意図を尋ねる質問に答える際、2 つの選択肢からどちらか 1 つ

を選ぶという強制選択の方法をとった。話し手が優しい気持ちで発話をしたか、いじわるな気持ちで発話をしたかのどちらかを選ぶのである。言葉で説明することの難しさをできるだけ排除するため、指差しで答えることができるようにした。以下の図のように、参加児の前には微笑んでいる「優しいアヒル」とおそろしい顔をした「意地悪なサメ」が置かれた。話し手の意図に関する質問に答えるとき、参加児は話し手が「優しいアヒルのように優しかった」のか、「意地悪なサメのように意地悪だった」のかを、それぞれアヒルとサメを指差して示せばよかったのである。

図2　Pexman et al.（2011）の実験の状況を表した図（Pexman et al. 2011 Figure 1）

参加児は聞いた皮肉のストーリーは以下のものであった。

⑦「シャノンはジョンと一緒のサッカーチームで試合をしていた。ゲームの残り時間はあと数分だった。ジョンはボールを蹴ったが、ゴールをはずした。そこでシャノンは言った「素晴らしいプレーだったわ」」

ストーリーを聞いたあとで、参加児はいくつかの質問を受けたが、その中に

は以下のような話し手の意図を尋ねる質問と信念を尋ねる質問が含まれていた。

・話し手の意図を尋ねる質問
　「シャノン（話し手の名前）はサメのようだった、それともアヒルのようだった？」

・話し手の信念を尋ねる質問
　「シャノン（話し手の名前）はジョンのプレーは素晴らしかった（発話内容）と言ったけど、サリーはジョンのプレーは素晴らしかったと思っていたの？　それともひどかったと思っていたの？」

調査の結果、高機能自閉スペクトラム症児は同年齢の定型発達児と同程度の正答率（60パーセント）で話し手の意図を尋ねる質問に正答することができた。つまり、自閉スペクトラム症児は言葉で話し手の意図を説明することは苦手である傾向があるが、指差しで答えることができれば、定型発達児と同程度に話し手の皮肉的な意図を理解することができることが示された。さらに、話し手の信念を尋ねる質問に対しては、正答率は70パーセントであった。同年齢の定型発達児が80パーセントであったのに比べるとやや低いが、それでも正答の割合は誤答の割合よりも有意に高いレベルである。2つの選択肢のうち、どちらかを選べば良いという方法が功を奏した結果といえるだろう。

3.5　発話解釈プロセスと脳活動

　最後に、まだそれほど多くはないが、語用論を対象とした脳科学的研究が少しずつ増えてきているので、その方法について簡単に触れておきたい。語用論の研究が少ないのとは対照的に、関連する心の理論や共感に関する脳神経学的な研究の数は膨大である。そのこともあってか、これまでの語用論的解釈プロセスを対象にした脳科学的な研究は、心の理論の働きに焦点を置い

たものが多い。

　皮肉の理解に関する脳神経学的な研究は日本からも何本か出されている (Matsui et al. 2016、Shibata et al. 2010、Uchiyama et al. 2006、Wakakusa et al. 2007)。ここでは、比較的新しい Spotorno et al. (2012) の皮肉解釈プロセスを神経科学的に検証した論文を簡単に紹介しておこう。Spotorno らは、関連性理論が提案するように、皮肉を通して話し手は、発話で伝えられた内容に関して批判的な態度を持っていることを暗に伝えるとしている。話し手は自分の批判的な態度を伝えることを意図しているが、聞き手がそれを理解するためには、高度な推論能力が必要となる。これまでの理論的な研究により、この推論能力は心の理論を基盤とするものであると考えられてきた。皮肉の理解には心の理論が関与するということは、これまで行動実験を通して検証されてきたが、Spotorno らは、その仮説を神経学的に検証するために fMRI を用いて実験を行った。

　皮肉を解釈するプロセスで、心の理論の神経ネットワークとされている脳部位が活動し、文字通りの解釈をするときにはそれらの部位に顕著な活動は見られないという仮説が検証された。心の理論の神経ネットワークと考えられている脳部位は、右側頭 - 頭頂接合部 (the right temporo-parietal junction)、左側頭 - 頭頂接合部 (the left temporo-parietal junction)、内側前頭前野 (the medial prefrontal cortex)、楔前部 (the precuneus) などとされている (Van Overwalle 2009)。

　20 人の健康な成人が実験に参加した。実験に使われたのは、全部で 60 のストーリーで、その内訳は皮肉と解釈すべきストーリーが 10、文字通り解釈すべきストーリーが 8、ダミーのストーリーが 6、フィラーのストーリーが 36 である。フィラーのストーリーが多いのは、実生活ではあまり頻繁に皮肉を聞くことがないため、実験でも参加者が皮肉を耳にする頻度を低くおさえるためであった。参加者は、fMRI の中で 1 文ずつ提示されるストーリーを自分のペースで読み、最後の質問には「はい」か「いいえ」で答えた。

　刺激として使われたストーリーはすべて 7 つの文で構成されていた。こ

こでは同じ1つのストーリーを取り上げて、その中で6文目に出てくる発話が皮肉と解釈されるべき場合と、文字通り解釈されるべき場合を比べてみよう。

⑧ 皮肉の解釈条件
シンシアとリーは同じオペラで一緒に歌うことになっていた。
初演の晩に会場で待ち合わせをした。
オペラは時間通りに始まることになっている。
上演中、ふたりとも音をはずしていた。
公演が終わったあと、シンシアはリーに言った。
「今夜私たちは素晴らしいパフォーマンスをしたわね」
化粧を落としながら、ふたりは公演について話を続けた。

⑨ 文字通りの解釈条件
シンシアとリーは同じオペラで一緒に歌うことになっていた。
初演の晩に会場で待ち合わせをした。
オペラは時間通りに始まることになっている。
ふたりとも素晴らしい歌を披露し、大喝采をあびた。
公演が終わったあと、シンシアはリーに言った。
「今夜私たちは素晴らしいパフォーマンスをしたわね」
化粧を落としながら、ふたりは公演について話を続けた。

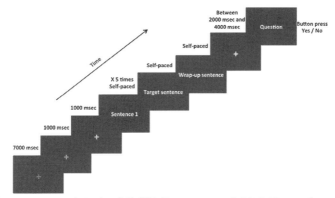

図3 Spotorno et al.（2012）の実験手順（Spotorno et al. 2012. Figure 1）

　実験の結果は、皮肉の解釈条件で活動した脳部位から文字通りの解釈条件で活動した脳部位を差し引く方法で検討された。その結果、皮肉の解釈条件でのみ、心の理論神経ネットワークとされる脳部位がすべて活動していたことがわかった。これは皮肉の解釈プロセスには心の理論の関与が不可欠であるという仮説を支持する結果である。

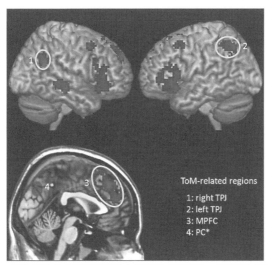

**図4　皮肉条件の脳活動から文字通り条件の脳活動を差し引いた場合に残る活動部位
　　（Spotorno et al. 2012 Figure 2）**

4. おわりに

本章では心の理論に関心のある心理学者を中心として増えつつある語用論のテーマを取り上げた実験的な研究を紹介した。2000年以降は、「赤ちゃん研究」とも呼ばれる乳児を対象とした近年の発達心理学研究の台頭の影響を受けて、実験語用論も乳幼児から就学児童までの発達研究が盛んになっている。語用能力の発達に関する研究成果について知りたい読者は、以下の邦書2冊と洋書2冊を最初に読まれると良いだろう。

読書案内
- 林　創(2016)「子どもの社会的な心の発達」金子書房
- 松井智子(2013)「子どものうそ、大人の皮肉」岩波書店
- Matthews, D. Ed. (2014) *Pragmatic Development in First Language Acquisition,* Amsterdam: John Benjamins.
- Ifantidou, E., & Matsui, T. Eds. (2013) *Special Issue: Pragmatic Development in L1, L2, L3: Its Biological and Cultural Foundations. Journal of Pragmatics* 59.

本章ではあまり取り上げられなかった成人の発話解釈に関する実験的研究について知りたい読者には、以下のような文献にまとまった情報が載っている。

- 岡本真一郎(2013)「言語の社会心理学」中公新書
- Colston, H.L. & Katz, A. N. (2013) *Figurative Language Comprehension: Social and Cultural Influences,* Routledge.
- Gibbs, R.W.J. & Colston, H.L. Eds. (2007) *Irony in Language and Thought: A Cognitive Science Reader,* Routledge
- Matsui, T. (2000) *Bridging and Relevance,* John Benjamins.
- Noveck, I., & Sperber, D. (2004) *Experimental Pragmatics,* Palgrave.

いずれにしても実験語用論の最新の研究を知りたい読者には、語用論のジャーナルに加えて、社会心理学や発達心理学、そして神経科学のジャーナルをながめてみることをお勧めする。近年、語用論に関心のある心理学者は確実に増えているが、心理学的実験をしてみようという語用論研究者はまだ少ない。学際的な研究が求められている今日、語用論の理論的な仮説を実験的に検証しようとする試みが増えることを願う。

参考文献

Akechi, Hironori・Kikuchi, Yuko・Tojo, Yoshikuni・Osanai, Hiroo and Hasegawa, Toshikazu. (2013) Brief report: Pointing cues facilitate word learning in children with autism spectrum disorder, *Journal of Autism and Developmental Disorders* 43, pp.230–235.

Baldwin, Dare, A. (1991) Infants' contribution to the achievement of joint reference, *Child Development*, 62, pp.875–890.

Baldwin, Dare, A. (1993) Early referential understanding: Infants' ability to recognize referential acts for what they are, *Developmental Psychology* 29, pp.832–843.

Baron-Cohen, Simon, Baldwin Dare A., and Crowson, Mary. (1997) Do children with autism use the speaker's direction of gaze strategy to crack the code of language?, *Child Development* 68, pp.48–57.

Butterworth, George. (2003) Pointing is the royal road to language for babies. In S. Kita (ed.), *Pointing: Where language, culture, and cognition meet*, pp.9–33 Mahwah, NJ: Lawrence Erlbaum Associates Publishers.

Csibra, Gergely and Gergely, Gyorgy. (2009) Natural pedagogy, *Trends in Cognitive Science* 13, pp.148–15.

Filipova, Eva and Astington, Janet, W. (2008) Further development in social reasoning revealed in discourse irony understanding, *Child Development* 79, pp.126–138.

Fitneva, Stanka and Matsui, Tomoko. (eds.) (2009) *Evidentiality: A Window into Language and Cognitive Development*, pp.49–62, San Francisco: Wiley.

Gliga, Theodora and Csibra, Gergely. (2009) One-year-old infants appreciate the referential nature of deictic gestures and words. *Psychological Science* 20, pp.347–353.

Gliga Theodora・Elsabbagh, Mayada・Hudry, Kristelle・Charman, Tony・Johnson, Mark, H. and BASIS Team. (2012) Gaze following, gaze reading, and word learning in children at risk for autism, *Child Development* 83(3), pp.926–38.

Grassmann, Susanne and Tomasello, Michael. (2010) Young children follow pointing over words in interpreting acts of reference, *Developmental Science* 13, pp.252–263.

Happe, Francesca, G.E. (1994) An Advanced Test of Theory of Mind: Understanding of Story Characters' Thoughts and Feelings by Able Autistic, Mentally Handicapped, and Normal Children and Adults, *Journal of Autism and Developmental Disorder* 24, pp.129–154.

子安増生（2000）『心の理論―心を読む心の科学』岩波書店

Leekam, Susan, R., Lopez, Beatriz, and Moore, Chris. (2000) Attention and joint attention in preschool children with autism, *Developmental Psychology* 36, pp.261–273.

Mascaro, Olivier, and Sperber, Dan. (2009) The moral, epistemic and mindreading components of children's vigilance towards deception, *Cognition* 112, pp.367–380.

松井智子（2013）『子どものうそ、大人の皮肉』岩波書店

Matsui, Tomoko. (2014) Children's understanding of linguistic expressions of certainty and evidentiality. In Matthews, D (ed.), *Pragmatic Development in First Language Acquisition*, pp.295–316, Amsterdam: John Benjamins.

Matsui, Tomoko, Nakamura, Tagiru, Utsumi, Akira, Sasaki, Akihiro, T., Koike, Takahiko, Yoshida, Yumiko, Harada, Tokiko, Tanabe, Hiroki, C., and Sadato, Norihiro. (2016) The role of prosody and context in sarcasm comprehension: behavioral and fMRI evidence, *Neuropsychologia*.

Matsui, Tomoko, Yamamoto, Taeko and McCagg, Peter. (2006) On the role of language in children's early understanding of others as epistemic beings, *Cognitive Development* 21, pp.158–173.

Matsui, Tomoko, Yamamoto, Taeko, Miura, Yui and McCagg, Peter. (2016) Young children's early sensitivity to linguistic indications of speaker certainty in their selective word learning, *Lingua* 175–6, pp.83–96.

Onishi, Kristine, H. and Baillargeon, Renee. (2005) Do 15-month-old infants understand false beliefs?, *Science* 308, pp.255–258.

Perkins, Michael. (2010) *Pragmatic Impairment*, Cambridge: Cambridge University Press.

Perner, Josef. (1991) *Understanding the representational mind*, MIT Press.

Pexman, Penny, M., Rostad, Kristin, R., McMorris, Carly, A., Climie, Emma, A., Stowkowy, Jacquiline, and Glenwright, Melanie. R. (2011) Processing of ironic language in children in high-functioning autism spectrum disorder, *Journal of Autism and Developmental Disorder* 41, pp.1097–1112.

Preissler, Melissa. A. and Carey, Susan. (2005) The role of inferences about referential intent in word learning: Evidence from autism, *Cognition* 97, pp.B13–B23.

Senju, Atsushi and Csibra, Gergely. (2008) Gaze Following in human infants depends on communicative signals, *Current Biology* 18, pp.668–671.

Shibata, Midori, Toyomura, Akira, Itoh, Hiroaki, and Abe, Jun-ichi. (2010) Neural substrates of irony comprehension: a functional MRI study, *Brain Research* 1308, pp.114–123.

Schulz, Cornelia・Grassman, Susanne and Tomasello, Michael. (2013) 3-year-old children make relevance inferences in indirect verbal communication. *Child Development* 84, pp.2079–

2093.
Southgate, Victoria, Chevallier, Coralie and Csibra, Gergely. (2010) Seventeen-month-olds appeal to false beliefs to interpret others' referential communication, *Developmental Science* 13: 6, pp.907–912.
Sperber, Dan, Clément, Fabrice, Heintz, Christophe, Mascaro, Olivier, Mercier, Hubo, Origgi, Gloria and Wilson, Deirdre. (2010) Epistemic vigilance, *Mind & Language* 25, pp.359–393.
Sperber, Dan and Wilson, Deirdre. (1995) *Relevance: Communication and Cognition*. (2nd edition), Blackwell, Oxford.
Sperber, Dan and Wilson, Deirdre. (2002) Pragmatics, modularity and mindreading, *Mind & Language* 17, pp.3–23.
Sperber, Dan and Wilson, Deirdre. (2012) *Meaning and Relevance*, Cambridge: Cambridge University Press.
Spotorno, Nicola, Koun, Eric, Prado, Jerome, Van Der Henst, Jean-Baptiste and Noveck, Ira, A. (2012) Neural evidence that utterance-processing entails mentalizing: The case of irony, *Neuroimage* 63, pp.25–39.
Surian, Luca. Caldi, Stefania and Sperber, Dan. (2007) Attribution of beliefs by 13-month-old infants, *Psychological Science* 18, pp.580–586.
Uchiyama, Hitoshi, Seki, Ayumi, Kageyama, Hiroko, Saito, Daisuke, N., Koeda, Tatsuya, Ohno, Kousaku, and Sadato, Norihiro. (2006) Neural substrates of sarcasm: a functional magnetic-resonance imaging study, *Brain Research*. 1124 (1), pp.100–110.
Uchiyama, Hitoshi, Saito, Densuke, N., Tanabe, Hiroki, C., Harada, Tokiko, Seki, Ayumi, Ohno, Kousaku, Koeda Tatsuya and Sadato, Norihiro. (2012) Distinction between the literal and intended meanings of sentences: a functional magnetic resonance imaging study of metaphor and sarcasm, *Cortex* 48 (5), pp.563–583.
Vaish, Amrisha, Demir, Özlem. E. and Baldwin, Dare. (2011) Thirteen- and 18-month-old infants recognize when they need referential information, *Social Development* 20, pp.431–449.
Wakusawa, Keisuke, Sugiura, Motoaki, Sassa, Yuko, Jeong, Hyeonjeong, Horie, Kaoru, Sato, Shigeru, Yokoyama, Hiroyuki, Tsuchiya, Shegeru, Inuma, Kazuie, and Kawasima, Ryota. (2007) Comprehension of implicit meanings in social situations involving irony: a functional MRI study, *Neuroimage* 37 (4), pp.1417–1426.
Wellman, Henry, M. (1990) *The child's theory of mind*. Cambridge, MA: MIT Press.
Wilson, Deirdre and Sperber, Dan. (2006) Relevance theory. G. Ward & L. Horn (eds.), *Handbook of Pragmatics*, pp.607–632.
Winner, Ellen and Leekam, Susan. (1991) Distinguishing irony from deception: Understanding the speaker's second-order intention, *British Journal of Developmental Psychology* 9, pp.257–270.

Van Overwalle, Frank. (2009) Social cognition and the brain: a meta-analysis, *Human Brain Mapping* 30 (3), pp.829–858.

第8章　応用語用論

清水崇文

1. はじめに

　本章のタイトル**応用語用論**(applied pragmatics)はあまり一般的な用語ではないが、本書では理論言語学と応用言語学の関係になぞらえ、理論語用論の知見を現実の言語行為事象に応用する研究分野といった意味で用いている。応用言語学が主に言語習得・教育を対象とするように、応用語用論の中心は**中間言語語用論**(interlanguage pragmatics)であるが、本章では関連する領域である**異文化間語用論**(cross-cultural pragmatics)と併せて解説する。

2. 研究の目的

2.1　異文化間語用論

　異文化間語用論は、文化の違いが言語コミュニケーションにどのように反映するかを語用論の枠組みを用いて研究する分野である。中間言語語用論が第二言語学習者(以降「学習者」)を対象とするのに対して、異文化間語用論は母語話者を対象とした研究である。

　異文化間語用論の目的は、ある特定の言語共同体における言語の機能や構造と社会的文脈(会話参与者の関係や発話状況など)との体系的な関係(**社会語用論的変異**(sociopragmatic variation))を明らかにすることと、異なる言語文化間における、同じ社会的文脈下での言語行為の遂行方法の類似点と相違点(**異文化間変異**(cross-cultural variation))を明らかにすることである(Blum-

Kulka, House and Kasper 1989)。また、比較する言語が学習者の母語(L1)と**目標言語**(target language: TL)(例えば、日本人英語学習者にとっての日本語と英語)である場合には、習得が困難な側面やL1の影響(**語用論的転移**(pragmatic transfer))をある程度予測できるため、言語教育に対する貢献の可能性も考えられる(Nelson, El Bakary and Al Batal 1996)。

2.2 中間言語語用論

中間言語語用論は、学習者の第二言語(L2)の語用論的知識の使用と習得を研究する分野である。**中間言語**(interlanguage)とは、TLとも自身のL1とも異なる学習者固有の可変的なL2の言語体系を指す(Selinker 1972)。

中間言語語用論の目的は、学習者の語用論的能力の習得・発達の過程を明らかにすることである。そのため、現在では**第二言語習得**(second language acquisition: SLA)**研究**の一分野として位置づけられているが、歴史的には異文化間語用論の対照研究的な手法を継承して発展してきたため、習得の認知的側面には関心を向けず、学習者とTL母語話者との差異の特定とその原因の究明に終始する研究も多い。

3. 研究テーマと研究課題

3.1 異文化間語用論

異文化間語用論の黎明期の主要な研究テーマは、「**発話行為**(speech act)や**ポライトネス**(politeness)現象は言語や文化を越えて普遍的なのか、それとも言語や文化に特有のものなのか」という普遍性・文化特異性の問題であったが、1980年代半ばに行われた大規模共同研究である**異文化間発話行為実現プロジェクト**(The Cross-Cultural Speech Act Realization Project: CCSARP)が契機となり、以降、発話行為の実現の仕方の探求が異文化間語用論の中心的テーマとなった。特に、言語形式が異なる言語間の言語運用の相違を比較するために有効な分析単位として、**ストラテジー**(strategy)(**意味公式**(semantic formula)とも呼ばれる)に焦点が当てられ、依頼、謝罪、断り、ほめに対す

る返答などの発話行為を対象として、ストラテジーと表現形式の使用範囲と文脈的な分布、同じ社会的文脈で使われる表現形式の直接度、発話の複雑さ、発話行為に与える文脈変数の影響、状況認識の仕方などが研究されてきた。

3.2　中間言語語用論

中間言語語用論の分野で探求されている主要なテーマには、学習者の言語運用の特徴と原因、語用論的能力の習得・発達過程、習得・発達に影響を与える要因、語用論的知識の教室指導の効果、学習者と TL 母語話者による発話行為の共同構築などがある。

3.2.1　学習者の言語運用の特徴と原因

これは異文化間語用論の対照研究的な流れを汲んだテーマで、受容と産出における学習者の語用論的特徴が調査されている。受容では、発話の非字義的な意味（**会話の含意**（conversational implicature））と発語内効力（**間接発話行為**（indirect speech act））をどのように理解するのか、言語的手段や形式によって慣習的に伝達されるポライトネスの価値をどのように評価するのか、社会的文脈や言語行為の変数をどのように受け取るのかといった課題が探求され（Kasper 1998）、学習者が L2 の間接発話行為を受容する際に、発話意図の理解と社会的適切性（ポライトネス）の理解のレベルで二重の困難が生じることや、言語形式と発話意図やポライトネスとの対応関係（**語用言語学**（pragmalinguisitcs））だけでなく、発話が行われている文脈に関する変数の評価（**社会語用論**（sociopragmatics））においても TL 母語話者と異なることなどが示唆されている。

産出の面では、主に発話行為の遂行が研究されており、依頼、謝罪、断り、ほめに対する返答、感謝、不平などを対象とした多くの研究の結果、表現の直接度、ストラテジーの選択・組み合わせ、発話の長さや複雑さ、言語形式の選択などにおいて、TL 母語話者と異なる学習者の特徴が特定されている。

学習者の言語行為が TL の語用論的規範と異なるために、発話意図やポライトネスの伝達に失敗すること(**語用論的失敗**(pragmatic failure))の原因としては、多くの研究が語用論的転移を挙げている。語用論的転移とは、L2 での言語運用の際に L1 のやり方が影響することで、L1 の言語形式と発話意図の対応が TL のそれと異なる場合(**語用言語学的失敗**(pragmalinguistic failure))や L1 の文脈的要因の評価が TL と異なる場合(**社会語用論的失敗**(sociopragmatic failure))に生じる。語用論的転移以外の原因としては、文法能力の不足、TL 文化に対する知識の**過剰般化**(overgeneralization)、コミュニケーションの効果に確信が持てないための冗長な発話(**ワッフル現象**(waffle phenomenon))、学習項目の提示・練習の仕方によってひき起こされる誤りである**訓練上の転移**(transfer of training)などが指摘されている。

3.2.2 語用論的能力の習得・発達過程

習得・発達の過程の探求は、SLA 研究本来のテーマと言える。後述する、異なる発達段階にある学習者集団を比較する**横断的研究**(cross-sectional study)や、特定の学習者を定期的に繰り返し調査する**縦断的研究**(longitudinal study)によって、語用論的能力の習得・発達の過程に関する手がかりが示されてきた。例えば、受容の側面では、一定の習熟度に達することで発話行為の正しい認識に必要な言語形式と機能のマッピングが始まることなどが、また産出の側面では、習熟度が低い学習者のほうが直接的なストラテジーへの依存傾向が高く、習熟度が上がるにつれて語彙的・統語的な緩和手段の使用が増加することなどが示唆されている。また、英語の依頼については、Kasper and Rose(2002)によって、児童を対象にした縦断的研究(Achiba 2003、Ellis 1992)の結果に基づいた初期の発達段階のモデルが提示されている。

3.2.3 習得・発達に影響を与える要因

習得・発達に影響を与える諸要因の中で、中間言語語用論で特に関心が高いのは学習環境である。TL が教室外の日常生活でも使用されている**第二言**

語環境 (second language environment) と教室以外ではほとんど TL と接触のない**外国語環境** (foreign language environment) との比較が行われ、第二言語環境の優位性が示唆されているが、一方で、第二言語環境における阻害要因として、教室外の自然習得環境に特有の問題 (必要なインプットの入手困難、否定証拠の欠如、語用論的に不適切なインプットの存在) や個人差に関する要因 (母語話者との接触機会、普遍性のビリーフ、習熟度、第二言語環境の滞在期間) も指摘されている。

3.2.4 語用論的知識の教室指導の効果

　言語教育とも関わる研究テーマに、教室指導の効果がある。研究課題としては、語用論的特徴は教室で指導できるか、語用論的特徴について指導した場合と単にインプットを与えた場合とでは効果に違いはあるか、異なる方法で指導を行なった場合に効果に違いはあるか、が挙げられる (Kasper and Rose 2002)。このテーマに関しても多くの研究が行われており、語用論的特徴の指導は可能であること、単にインプットを与えるだけよりも指導をした方が習得が促進されること、**暗示的指導** (implicit instruction) よりも**明示的指導** (explicit instruction) のほうが効果が高いことなどが示唆されている。また、インプットだけでなく、アウトプットや訂正フィードバックによる否定証拠の提供の重要性も指摘されている。

3.2.5 学習者と TL 母語話者による発話行為の共同構築

　中間言語語用論では、語用論的能力を個人の認知的能力である**コミュニケーション能力** (communicative competence) の構成要素と捉えることを前提としてきた (Bachman and Palmer 1996、Canale and Swain 1980)。これは心理言語学に基盤を置く SLA 研究の基本的な立場であるが、近年これとは異なるアプローチで行われる研究が増えつつある。それは**談話 (言説) 的アプローチ** (discursive approach) (Kasper 2006) と呼ばれるもので、個人に帰属するコミュニケーション能力ではなく、参与者間の協働によって具現化される**相互行為能力** (interactional competence) を前提とし、自然談話の中で学習者

とTL母語話者が発話行為を**共同構築**(co-construction)していく様子を明らかにしようとする。こうした研究では、**ロールプレイ**(role-play)や**談話完成テスト**(discourse completion test: DCT, 4.2.2参照)などの実験や自己報告のような内省法は用いず、録音された自然談話の連鎖構造を**会話分析**(conversation analysis)の手法によって詳細に記述・分析する手法が採られる(詳しくは5.2を参照)。

4. 研究デザイン

応用語用論(異文化間語用論、中間言語語用論)はデータに基づく実証研究であるため、自身で研究を行うためだけでなく、他者の研究論文を読んで理解するためにも、研究方法やデータ収集方法に関する正確な知識を持つことが必要不可欠である。本節では、この分野の研究方法とデータ収集方法を紹介する。

4.1 研究方法
4.1.1 質的研究と量的研究

異文化間語用論や中間言語語用論の研究方法は、データの記述・分析の仕方によって2種類に分けられる。1つは、自然な言語行動をありのままに観察、記録したデータを詳細に分析する**質的研究**(qualitative study)である。質的研究は、分析結果から新たな仮説を立てることを目的とする仮説生成型の研究として行われることが多い。もう1つは、アンケートやロールプレイなどによって抽出されたデータを頻度や割合などの数値に換算して分析する**量的研究**(quantitative study)である。量的研究は、あらかじめ立てた仮説を検証するために行う仮説検証型の研究方法であり、分析結果の信頼性を確保するために統計的検定が用いられる。

質的研究では自然な言語使用を調査できるが、調査協力者(以降「協力者」)の数が少なくなりがちであるため、分析結果の一般化は難しい。一方、反復検証が可能な客観的な手法を使って大量の協力者を対象に行う量的研究

は、結果を一般化することはできるが、個別的・具体的な特徴の記述には向かない。研究計画を立てる際には、こうした特徴を十分に理解し、自己の研究課題に適した方法を採る必要がある。

4.1.2　縦断的研究と横断的研究

　学習者の語用論的能力の習得・発達の過程を探る研究では、習得・発達の過程における複数のポイントで収集したデータを比較する必要があるが、そのデータの取り方(対象者と時間軸)によっても、研究方法を2種類に分けることができる。1つは、同一対象者を一定期間継続的に観察・測定することによって変化や発達の原因を探る方法で、縦断的研究と呼ばれる。縦断的研究には、少数の協力者を追跡し、言語行動の詳細を記録・分析する質的研究(**事例研究**(case study))も、複数の異なる時期に収集した大人数の同一対象者のデータを数量的に解析する量的研究もある。

　もう1つは、習熟度や第二言語環境の滞在期間ごとに学習者の集団を設定し、一斉に採集した複数の集団のデータを比較することによって、集団ごとの発達的特徴や発達の経過を明らかにしようとする方法で、横断的研究と呼ばれる。横断的研究は、異なる集団の特徴を比較するため量的研究が一般的だが、質的な分析が並行して行われることもある。

　縦断的研究にも横断的研究にも、それぞれ長所と短所がある。縦断的研究の利点は、時間の経過に沿った複雑で個別的な発達過程の実態を提示できることである。しかし、調査対象者数が少ない事例研究の場合、結果の一般化にはその事例の特殊性を考慮した慎重な推論が必要となる。また、途中で協力を辞退される可能性もあるなど、長期間にわたり同一の協力者を追跡することは容易ではなく、研究者にとっては研究を実施するうえで時間的、労力的、経済的な負担が大きくなりがちである。また、データを収集するのに時間がかかるため、修士論文のための研究など、短期間で成果を出さなければならない研究には適さない。

　横断的研究の長所としては、時間にしばられないため研究が実施しやすい点が挙げられる。対象者の発達を待つことなく、初級から超上級までといっ

た広範な発達段階にわたるデータを短期間に収集でき、研究にかかる時間的、労力的、経済的な負担も小さい。また、特定の項目のデータを大量に採集することにより一般化可能な客観的な分析ができる、測定する変数を自由に変えて探索的な研究ができるなどの利点もある。しかし、異なる学習者を比較するという性格上、集団間の特徴の相違に基づいて発達の流れの概略を推測するにとどまり、時間経過による質的変化や因果関係などの詳細を明らかにすることができないという短所がある。

4.1.3 観察型研究と介入型研究

　教室環境における語用論的能力の習得・発達を調査する研究は、教室学習の過程を観察・記述することを目標とする**観察型研究**（observational study）と、教室学習の成果を測ることを目的とし、目標の語用論的特徴の習得に対する特定の教育的処置の効果を検証する**介入型研究**（interventional study）とに分けられる（Kasper 2001）。観察型研究の対象はその授業の学習目標である場合も、ない場合もあるが、特別に用意された教室ではなく、通常の語学教室のありのままの姿を観察するのが一般的である。

　介入型研究は、特定の語用論的特徴の教室指導の結果を検証したり、異なる指導方法の効果を比較したりするために行われ、指導の前後に行う**事前テスト**（pretest）と**事後テスト**（posttest）の結果を比較する方法が採られる。さらに、効果の持続性を検証するために、事後テストの一定期間後に**遅延事後テスト**（delayed posttest）が実施されることもある。また、指導を受けた学習者集団（**実験群**（experimental group））に観察された効果が指導の結果であることを確認するために、同じ指導を受けなかった学習者集団（**統制群**（control group））と比較することも多い。指導は学校の通常のカリキュラム内で行う場合も、研究のために特別に用意された学習者集団を対象に行う場合もある。

4.2　データ収集方法

　次に、どのようなデータをどのように収集するのかについて述べる。言語

哲学や理論語用論では、研究者自身が考え出した内省的データを分析することが多いが、異文化間語用論や中間言語語用論では、母語話者や学習者からデータを収集する必要がある。データはその特徴によって、口頭インタラクションのデータ、筆記データ、自己報告データに分けられる。

4.2.1 口頭インタラクションのデータ

　口頭インタラクションのデータには、まず録音やビデオ撮影による自然談話の記録がある。利点は何と言っても本物の(authentic)言語行為の正確でありのままの記録を分析できることである。しかし、対象とする事象のサンプルを集めるためには膨大な自然談話データが必要である、状況変数を統制できないために比較可能なデータが得にくいなどの短所のため、実際には自然談話を対象とした研究は少ない。状況変数を統制するために、会話参与者の社会的役割が固定され、定型化されたやりとりが頻繁に起こる**制度的状況の会話**(institutional talk)のデータが収集されることもある。制度的状況の会話とは、ある組織の成員とその組織の活動に関与する外部者の間（例えば、医者と患者）や同じ組織の成員同士の間（例えば、師長と看護師）で行われる会話を指す(Bardovi-Harlig and Hartford 2005)。

　自然談話の代わりとなるものに、ロールプレイによって収集されたデータがある。ロールプレイとは、特定の状況・シナリオの中で与えられた役割を演じる活動で、語学の教室活動としてよく知られている。ロールプレイは、話者交替、言い淀みなどの口頭発話特有の特徴、準言語的(paralinguistic)特徴などの点で自然談話と類似したデータを採取できるだけでなく、比較的短期間にデータを収集できる、文脈的変数を統制できる、追実験が可能であるなどの誘出データに共通する実践上の利点も多い。しかし、行為者自身の動機や目的によって構造化される自然談話とは異なり、ロールプレイの対話は研究者側の研究目的によってあらかじめ構造化されたものであること(Kasper 2000)や、現実の世界におけるその後の影響が伴わないこと(Gass and Houck 1999)から考えて、ロールプレイによって得られたデータは自然談話と全く同じものではないことに注意が必要である。

もう1つの方法は、**模擬タスク**（simulated tasks）である。模擬タスクとは、実験的環境で引き合わせられた協力者が、与えられた課題を共同で解決していく際のやりとりを記録する方法である。課題は、互いに知り合いになるといった簡単なものから、観光客に勧めるホテルのリストを作成するといった難易度の高いものまで考えられる。模擬タスクは、口頭のインタラクションがある、比較可能なデータを得られる、現実の世界におけるその後の影響を伴わないという点で、ロールプレイと似ているが、協力者は架空の役割を演じるのではなく、課題の解決という現実の目標を持ちながら自分自身として話すことから、ロールプレイよりも自然談話に近い言語使用のデータが得られる可能性がある。

4.2.2　筆記データ

　口頭インタラクションのデータの実施上の問題点の1つに、音声データを書き起こすのに手間がかかることが挙げられる。そのため、記述式のアンケートによって得られた筆記データを分析対象とする研究も多い。筆記データを収集する方法には、談話完成テスト（DCT）と**多肢選択アンケート**（multiple choice questionnaires: MCQ）がある。DCTは、以下の例のように、研究対象となる発話が誘出できるように設定された短い場面描写と発話部分が空欄になった対話で構成されている。

(1) 自由記述型

You are talking to your friend after class. You missed the last class, so you don't have the lecture notes. What would you say?

_____

_____

（Rose 1994: 13）

(2) 対話型

At an office party, you had a bit too much to drink and were rude to one of your colleagues. The next day you call her up to check that she wasn't offended.

You: _____

Your colleague: Well, it's a long time since I was insulted like that. You should be ashamed of yourself.

(Johnston, Kasper and Ross 1998: 163–164)

　DCTを使うと大量のデータを短期間に収集することができ、データを書き起こす労力と時間も必要としない。また、自然談話の収集では実現が難しい協力者の属性や社会的文脈などの条件を容易に統制することもでき、言語間や集団間の比較が可能なデータの収集や追実験による再検証もしやすいため、異文化間語用論、中間言語語用論の研究では最もよく使われている。DCTによるデータは自然談話やロールプレイのデータよりも短く、構造的にも単純で直接的だという批判もあるが (Golato 2003)、協力者が自然の発話はこうあるべきだと考えているところを知ることはできるため、協力者の語用言語学的知識と社会語用論的知識を知る上では有効な手段と考えられる (Kasper 2000)。また、筆記によるデータの不自然さを解消するために、アンケートに記入する代わりに、口頭で答える**口述式談話完成テスト** (oral discourse completion test: ODCT) が用いられることもある。

　MCQは、協力者自身が考え出した回答を記入するかわりに、あらかじめ用意された複数の選択肢の中から最も適切だと思うものを選ばせる方法である。MCQは、言語産出だけでなく、言語理解力やメタ語用論的判断を調べる際にも使われる (Kasper 2000)。次の例をDCTの例 (1) と比較してみると違いがわかるだろう。

(3)
You are talking to your friend after class. You missed the last class, so you don't have the lecture notes. What would you say or do?
A. "Lend me your notes."

B. "I missed class yesterday because I was sick."
C. I would do my best without the notes.
D. "Can I borrow your notes?" （Rose 1994: 13–14)

　MCQ は、DCT よりも認知的負担が少なく、筆記に時間もかからないため、多くの項目に回答してもらいたいときには便利である。しかし、選択肢の中から近いものを選ぶだけなので、協力者が使うストラテジーの種類や直接度を調べることはできても、実際の発話で使われる言語形式まで明らかにすることはできない。また、協力者が考えるものが選択肢の中にない場合には、実際の答えと違うものを選ぶことになってしまうという点にも注意が必要である。

　なお、DCT や MCQ を使って複数の言語(例えば、学習者の L1 と L2、TL 母語話者)のデータを収集する場合には、アンケートの状況描写や相手の発話の丁寧度などに 2 言語間で極力差異が生じないように、一旦他の言語に翻訳したものを元の言語に翻訳しなおした上で、両者を比較し適宜修正を施す、**折り返し翻訳**(back translation)を行う必要がある。

4.2.3　自己報告データ

　口頭や筆記による産出データを分析しても、発話を行う際に回答者が状況に関する変数をどのように評価したのか、どのような意思決定過程や言語処理過程を経てそのような発話に至ったのかまでは知ることができない。そこで、そうした協力者の認識、判断、評価などを口頭または筆記で報告してもらい、データとして分析することもある。自己報告データの収集方法には、**評価尺度法**(rating scales)、**口頭報告**(verbal report)、**ダイアリー・スタディー**(diary study)がある。

　評価尺度法は、リッカート尺度(Likert scale)を用いて協力者のメタ語用論的な知識を採取する方法である。リッカート尺度は、提示された記述内容に対する賛否の程度や、何らかの客観的・主観的評価を答える二極尺度手法で、次の例のように、5 段階から 7 段階の一次元(一直線)に配置された目盛

りが使用されることが多い。

（4）
At a friend's home:
John and Paul are good friends. John borrowed Paul's car for the weekend. Unfortunately, when he was backing up to park, he didn't see a lamppost. He hit it and damaged the rear of the car. He is now returning the car to Paul.

3. How serious is John's offense?

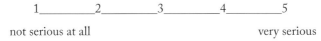

not serious at all　　　　　　　　　　　very serious

（Bergman and Kasper 1993: 101–102, 他の質問項目は省略）

　口頭報告は、インタビューや**発話思考法**（verbal protocol）によって協力者に口頭で報告をしてもらう方法であり、報告の内容によって、対象となる発話や行動に対する一般化された叙述である**自己報告**（self-report）、特定の言語行動様式の内省的または回想的な検証である**自己観察**（self-observation）、実際に言語行動に従事している最中に考えていることの言語化である**自己実況報告**（self-revelation）の3種類に分類できる（Cohen 1996）。口頭報告は言語処理過程の意識的なレベルしか描写しないが、それでも学習者の言語行動様式に関する精神活動の一端を明らかにできるため、中間言語の習得・発達過程を研究するためには有益な道具である（Robinson 1992）。

　ダイアリー・スタディーは、日記という形で定期的に記録された言語学習や指導の経験についての報告である。学習者が TL やその文化に対して取る態度、学習経験、日常でのインタラクションの経験やインプットに関する情報、それらに対する学習者自身の見解を知る手がかりを与えてくれるが（Kasper 2000）、時間がかかり継続が難しく、研究対象をあらかじめ特定したデータ収集にも向かないため、あまり活用されていない。

4.2.4 データ収集に関する注意点

　本節の最後に、データを収集する際に注意すべきことを3点挙げておく。まずは、どのデータ収集方法を用いるかは、その研究の目的や課題に照らして慎重に決めなければならないということである。例えば、同じ発話行為を調査するとしても、社会的文脈要因の評価がストラテジーの選択に与える影響を調べたいのであれば、DCTが最も効率的であるが、話者交替を伴う発話連続の中でストラテジーがどのように連鎖して発話行為が実現されるのかを調べたいのであれば、自然談話の記録やロールプレイを用いる必要がある。

　2つ目は、研究結果の有用性、信頼性をより高めるために、複数のデータ収集方法を組み合わせて使うとよいということである。例えば、ロールプレイやDCTで得られたデータに**フォローアップ・インタビュー**（follow-up interview）による口頭報告のデータも加えることによって、協力者の認知過程、精神活動にも言及したより説得力のある分析が可能となる（詳しくは5.1を参照）。

　3つ目は、誰のデータを収集するかは研究の目的や課題によって変わるということである。学習者の言語行動様式がTL母語話者にどれだけ近づいているかを調べるには、学習者のL2のデータとTL母語話者のデータを比べればよいが、語用論的転移の有無まで調査するのであれば、それらに加えて、学習者のL1の母語話者のデータが必要になる。さらに結果の信頼性を高めるためには、学習者とは別のL1母語話者のデータだけではなく、学習者自身がL1で行なった同じテストのデータとも比較する必要がある。

5. 分析例

　最後に、学習環境の影響を調査した量的研究（Shimizu 2009）と会話分析の手法を用いて発話行為の共同構築の様子を記述した質的研究（Kondo 2014）の分析例を簡単に紹介する。どちらもほめに対する返答を対象とした研究であるが、研究課題によってアプローチがまったく違うことがわかるだろう。

5.1 量的研究の分析例

（a） 協力者：アメリカ人中上級 JFL 学習者（外国語環境）と JSL 学習者（第二言語環境）各 24 名、基準データとして日本語母語話者とアメリカ英語母語話者各 30 名
（b） データ収集方法：ODCT、フォローアップ・インタビュー
（c） 分析カテゴリー：返答の型：①ほめを受け入れる「肯定型」（例「ありがとう」）、②ほめを拒絶する「否定型」（例「とんでもありません」）、③明示的に受け入れも拒絶もしない「回避型」（例「ほんと？」）
（d） 結果：

表1　返答の型の頻度

	肯定型	回避型	否定型
JFL 学習者	24%	18%	58%
JSL 学習者	21%	45%	34%
日本語母語話者	48%	39%	13%
英語母語話者	81%	15%	4%

（e） 分析：JFL 学習者は突出して否定型が多いのに対して、JSL 学習者は回避型が最も多く、否定型の頻度は JFL 学習者よりも低い。日本語母語話者は、肯定型とともに回避型の頻度も高く、否定型は少ない。JFL 学習者よりも JSL 学習者の方が日本語母語話者の傾向（回避型が多く、否定型が少ない）に近い（統計的有意差あり）。
（f） 考察：英語母語話者の否定型の使用頻度は 4% なので、JFL 学習者の否定型の頻度が高い原因は L1 の語用論的転移ではない。フォローアップ・インタビューを分析した結果、学習者が使っていた教科書に出てくるほめられたときの返答はすべて否定型で、授業でも「日本人は謙遜を示すためにほめられたら否定する」と教えられていたことから、原因は訓練上の転移であると考えられる。一方、JSL 学習者は滞日中に日本人から受けた訂正フィードバックや日本人がほめられたときの観察を通して、訓練上の転移によって形成された誤った仮説を修正した可能性があ

る。

5.2 質的研究の分析例

（a） 協力者：日本人英語学習者（アメリカ留学中の高校生）1名とアメリカ英語母語話者（ホストブラザー）1名
（b） データ収集方法：自然談話の録音
（c） 談話データ（抜粋）：

```
18   Kazu:and in th- in meets, (.)
19        (in) the first meet, I got very bad times (.)but after that
20        I- I had no skill about swimming so: (.)
21        I: I'm improved very- very good,
22   Max: um hum,
23   Kazu:so I got award for most improved,
24   Max: um hum,
25 → Kazu:but be- but that is because I was not goo:d
26 → Max: hahaha but you were good at the end right?
27 → Kazu:yeah, a little bit,
28 → Max: a little bit, [that's  good]
29   Kazu:              [in state ] championship
30        we- we got fourth place, in state in (four states)
31 → Max: yeah that's very good.
32 → Kazu:yeah but there were only five teams.
33   Max: (.) oh.
34   Kazu:oh. I [got- ]
35 → Max:       [still] that's very good.         (Kondo 2014: 24)
```

（d） 分析：Kazuの水泳チームでの成績についての会話。ほめとそれに対する返答がどのように生じるかを分析。25行目でKazuは自賛を避けるために直前の肯定的評価を否定的評価にすり替えるが、それに気づいたMaxが26行目で笑いと肯定的評価によって再び評価を上げている。

Max に上昇イントネーションの "right?" で同意を求められた Kazu は、27 行目で "yeah" と同意するが、すぐに "a little bit" を加えて自己評価が上がりすぎないようにしている。Max は 28 行目で Kazu への同意を示すために "a little bit" を繰り返してから、それに対する肯定的評価をしている。Max は 31 行目で Kazu の「州で 4 位だった」という説明に対して "very" を伴う強い肯定的評価を行い、Kazu は 32 行目で "yeah" と同意するも、「出場したのは 5 チームだけ」という否定的な情報を加えて評価を下げようとしている。Max は 35 行目で「5 チームだけ」であっても "very good" だとして、再度評価を上げようとしている。

(e) 考察：ほめられたときには同意するのが社会的に好まれる返答であるが、自賛をさけるという社会的規範に反してしまう。そのため、Kazu は会話の流れの中で巧妙に評価を上げ下げすることによって、自身や Max の発言に合わせながらも自賛を避けるという規範を守ろうとしている。

読書案内：「おわりに」にかえて

本章では、応用語用論の主な領域である異文化間語用論と中間言語語用論の研究目的、課題、方法について概説した。しかし、紙幅の都合で極めて簡潔に述べるにとどまったので、この分野をさらに勉強してみたいと思う読者のために、ぜひ読んでおくべき概説書と論文集を紹介しておく。

概説書

・Kasper, Gabriele and Kenneth R. Rose. (2002) *Pragmatic Development in a Second Language*, Malden, MA: Blackwell.: この分野の代表的な研究者 Kasper と Rose が共同で著した、語用論的能力の習得・発達に焦点を当てた概説書。習得理論、データ収集方法、発達パターン、文法能力との関係、学習環境、指導の役割、個人差要因についてまとめられている。出版からやや年数が経過しているが、習得研究としての中間言語語用論を学ぶためには現在でも必読の書である。

・清水崇文(2009)『中間言語語用論概論―第二言語学習者の語用論的能力の使用・習得・教育』スリーエーネットワーク：応用語用論(中間言語語用論、異文化間語用論)の分野を広くカバーした唯一の概説書。日本語で読めるこの分野の唯一の概説書でもある。中間言語語用論を学ぶために必要な理論語用論とSLAの基礎知識も解説されているので、初学者の入門書としても最適である。

・Ishihara, Noriko and Andrew D. Cohen. (2010) *Teaching and Learning Pragmatics*: *Where Language and Culture Meet*, Harlow, UK: Pearson Education.（石原紀子・アンドリュー D. コーエン (2015)『多文化理解の語学教育―語用論的指導への招待』研究社）：語学教師を対象に書かれた語用論的指導のガイドブックであるが、研究者が読んでも大変参考になる。理論を解説してから教室指導や評価についてアドバイスをする形をとり、実践的な教室活動の例も豊富に収録されている。

論文集

・Blum-Kulka, Shoshana, Juliane House and Gabriele Kasper. (eds.) (1989) *Cross-Cultural Pragmatics*: *Requests and Apologies*, Norwood, NJ: Ablex.：3.1で紹介したCCSARPの論文集で、依頼と謝罪を対象とした異文化間変異に関する論文3本、社会語用論的変異に関する論文4本、中間言語変異に関する論文2本が所収されている。もはや「古典」と言えるが、後続する発話行為研究の多くが依拠する方法論を確立したCCSARPについて知るためにも、異文化間語用論とは何かを理解するためにもぜひ読んでおきたい。

・Kasper, Gabriele and Shoshana Blum-Kulka. (eds.) (1993) *Interlanguage Pragmatics*, Oxford: Oxford University Press.：「中間言語語用論」の名を冠して初めて出版された書籍で、発話行為(感謝、謝罪、不平、依頼、訂正)の産出に関する論文5本(日本人英語学習者の研究を含む)、談話に焦点を当てた論文4本に加えて、語用論的能力の習得の説明に応用されているSLAの認知処理アプローチであるSchmidtの**気づき仮説**(Noticing

Hypothesis）と Bialystok の**二次元モデル**（Two-Dimensional Model）に関する論文が収録されている。
・Trosborg, Anna. (ed.) (2010) *Pragmatics across Languages and Cultures*, Berlin: Walter de Gruyter.：Handbooks of Pragmatics シリーズの 1 冊であり、言語事象、研究方法、応用（指導や評価）といった多様な観点で切り取った領域を包括的に解説した論文を中心に、異文化間語用論の論文 6 本、中間言語語用論の論文 6 本、指導と評価に関する論文 4 本、ビジネス（企業文化）コミュニケーションの論文 5 本を収録した大部の書である。近年の異文化間語用論研究を概観するのに役に立つ。

特定のテーマに関する論文集

・Rose, Kenneth R. and Gabriele Kasper (eds.) (2001) *Pragmatics in Language Teaching*, Cambridge: Cambridge University Press.：*Pragmatic Development in a Second Language* の著者 2 人が編集した、教室環境における語用論的能力の発達に関する論文集。概説論文 2 本、教室内の偶発的習得に関する観察型研究の論文 3 本、指導の効果に関する介入型研究の論文 5 本（日本人英語学習者、日本語学習者の研究を含む）が収録されている。
・Alcón Soler, Eva. and Alicia Martínez-Flor (eds.) (2008) *Investigating Pragmatics in Foreign Language Learning, Teaching and Testing*, Bristol, UK: Multilingual Matters.：外国語環境における語用論的能力の習得、指導、評価に関する論文集。教室環境、オンライン学習環境などにおける習得に関する論文 5 本（日本語学習者の研究を含む）、指導の効果の論文 3 本（日本人英語学習者の研究を含む）、語用論的能力の評価（テスト）の問題に関する論文 3 本が収録されている。
・Taguchi, Naoko (ed.) (2009) *Pragmatic Competence*, Berlin: Mouton de Gruyter.：書名には表れていないが、日本語学習者を対象とした研究のみを集めた論文集で、依頼、断り、ほめに対する返答などの発話行為から、敬語、スピーチ・スタイル、文末助詞、相槌までの多様な語用論的事象に関する 11 本の実証研究論文が所収されている。第二言語としての日本語

の語用論的側面の研究成果をまとめた貴重な書籍であり、日本語学習者の語用論的能力について研究したいと考えている人には、研究課題や研究方法の着想を得る上でも参考になる。
・Ross, Steven J. and Gabriele Kasper (eds.) (2013) *Assessing Second Language Pragmatics*, Basingstoke, Hampshire, UK: Palgrave Macmillan.：語用論的能力のアセスメントに関する論文集。含意の理解、語用論的アウェアネス、発話行為の遂行の測定ツールに関する最新の考察や教師による教室内評価に関する論文 6 本(日本語学習者の研究を含む)、ACTFL (American Council on the Teaching of Foreign Languages) の OPI (Oral Proficiency Interview) のデータを使ったコミュニケーション能力と相互行為能力の測定に関する論文 6 本(日本語学習者の研究を含む)を収録している。

参考文献

Achiba, Machiko. (2003) *Learning to Request in a Second Language*: *A Study of Child Interlanguage Pragmatics*, Clevedon, UK: Multilingual Matters.

Bachman, Lyle F. and Adrian S. Palmer. (1996) *Language Testing in Practice*, Oxford: Oxford University Press. (L. F. バックマン・A. S. パーマー　大友賢二、ランドルフ・スラッシャー監訳(2000)『実践言語テスト作成法』大修館書店)

Bardovi-Harlig, Kathleen and Beverly S. Hartford. (2005) Institutional Discourse and Interlanguage Pragmatic Research, In Kathleen Bardovi-Harlig and Beverly S. Hartford (eds.) *Interlanguage Pragmatics*: *Exploring Institutional Talk*, pp. 7–36, Mahwah, NJ: Lawrence Erlbaum Associates.

Bergman, Marc L. and Gabriele Kasper. (1993) Perception and Performance in Native and Nonnative Apology, In Gabriele Kasper and Shoshana Blum-Kulka (eds.) *Interlanguage Pragmatics*, pp. 82–107, Oxford: Oxford University Press.

Blum-Kulka, Shoshana, Juliane House and Gabriele Kasper. (1989) Investigating Cross-Cultural Pragmatics: An Introductory Overview, In Shoshana Blum-Kulka, Juliane House and Gabriele Kasper (eds.) *Cross-Cultural Pragmatics*: *Requests and Apologies*, pp. 1–34, Norwood, NJ: Ablex.

Canale, Michael and Merrill Swain. (1980) Theoretical Bases of Communicative Approaches to Second Language Teaching and Testing, *Applied Linguistics* 1, pp. 1–47.

Cohen, Andrew D. (1996) Investigating the Production of Speech Act Sets, In Susan M. Gass and Joyce Neu (eds.) *Speech Acts across Cultures*: *Challenges to Communication in a Second Language*, pp. 21–43, Berlin: Mouton de Gruyter.

Ellis, Rod. (1992) Learning to Communicate in the Classroom: A Study of Two Learners' Requests, *Studies in Second Language Acquisition* 14 (1), pp. 1–23.

Gass, Susan M. and Noel Houck. (1999) *Interlanguage Refusals*: *A Cross-Cultural Study of Japanese-English*, Berlin: Mouton de Gruyter.

Golato, Andrea. (2003) Studying Compliment Responses: A Comparison of DCTs and Recordings of Naturally Occurring Talk, *Applied Linguistics* 24 (1), pp. 90–121.

Johnston, Bill, Gabriele Kasper and Steven Ross. (1998) Effect of Rejoinders in Production Questionnaires, *Applied Linguistics* 19 (2), pp. 157–182.

Kasper, Gabriele. (1998) Interlanguage Pragmatics, In Heidi Byrnes (ed.) *Learning Foreign and Second Languages*: *Perspectives in Research and Scholarship*, pp. 183–208, New York: Modern Language Association of America.

Kasper, Gabriele. (2000) Data Collection in Pragmatics Research, In Helen Spencer-Oatey (ed.) *Culturally Speaking*: *Managing Rapport through Talk across Cultures*, pp. 316–341, London: Continuum.（ヘレン・スペンサー＝オーティー編著　田中典子・津留崎毅・鶴田庸子・熊野真理・福島佐江子訳（2004）『異文化理解の語用論：理論と実践』研究社）

Kasper, Gabriele. (2001) Classroom Research on Interlanguage Pragmatics, In Kenneth R. Rose and Gabriele Kasper (eds.) *Pragmatics in Language Teaching*, pp. 33–60, Cambridge: Cambridge University Press.

Kasper, Gabriele. (2006) Beyond Repair: Conversation Analysis as an Approach to SLA, *AILA Review* 19 (1), pp. 83–99.

Kasper, Gabriele and Kenneth R. Rose. (2002) *Pragmatic Development in a Second Language*, Malden, MA: Blackwell.

Kondo, Sachiko. (2014) Compliments and Responses to Compliments in L2 and L1 Speakers' Interaction: A Discursive Approach, *Sophia University Junior College Division Faculty Journal* 34, pp. 19–43.

Nelson, Gayle L., Waguida El Bakary and Mahmoud Al Batal. (1996) Egyptian and American Compliments: Focus on Second Language Learners, In Susan M. Gass and Joyce Neu (eds.) *Speech Acts Across Cultures*: *Challenges to Communication in a Second Language*, pp. 109–128, Berlin: Mouton de Gruyter.

Robinson, Mary A. (1992) Introspective Methodology in Interlanguage Pragmatics Research, In Gabriele Kasper (ed.) *Pragmatics of Japanese as Native and Target Language*, pp. 27–82, Honolulu, HI: Second Language Teaching & Curriculum Center, University of Hawai'i at Mānoa.

Rose, Kenneth R. (1994) On the Validity of Discourse Completion Tests in Non-Western Contexts, *Applied Linguistics* 15 (1), pp. 1–14.

Selinker, Larry. (1972) Interlanguage. *IRAL* 10, pp. 209–231.
Shimizu, Takafumi. (2009) Influence of Learning Context on L2 Pragmatic Realization: A Comparison between JSL and JFL Learners' Compliment Responses, In Naoko Taguchi (ed.) *Pragmatic Competence*, pp. 167–198, Berlin: Mouton de Gruyter.

第9章　会話分析と談話分析

熊谷智子

1. はじめに

会話分析と**談話分析**は、ともに発話の連鎖を分析し、その構造を明らかにしたり、発話による相互行為において何がなされているかを解明したりする方法である。しかし、両者の間には重要な違いもある。本章では、会話分析と談話分析の共通点・相違点を確認した上で、それぞれが語用論の研究法としてどのように貢献してきたか、また貢献し得るかを概観する。加えて、それぞれの分析方法を用いる上での留意点についても述べる。

2. 会話分析と談話分析：異なる2つのアプローチ

会話分析と談話分析は、時に厳密に区別されずに言及されることもある。しかし、研究的アプローチとして見た場合、両者にはいくつかの重要な違いが存在する。本節では、学問的背景、分析の目的と方法、分析対象とするデータに着目して、両者の比較対照を試みる。

会話分析は、社会学、特に伝統的社会学とは異なるものとしてハロルド・ガーフィンケルによって始められた**エスノメソドロジー**を背景としている。エスノメソドロジーは、「人々が実際的活動を秩序だった形で遂行するために用いている方法を解明する研究分野」(串田・好井編 2010: I) とされる。会話分析は、エスノメソドロジーに基づいて会話データの分析を構想したハーヴェイ・サックスによって創始された[1]。

一方、談話分析は言語学、特にテクスト言語学、あるいは語用論における**発話行為論**を背景としている (Levinson 1983)。Coulthard (1985) は、初期の談話分析は**構造主義言語学**の発想と手法を談話（文以上のまとまり）に適用したものだと指摘している。1980年代から第二言語・外国語教育のために母語話者や学習者の言語行動を分析する研究が盛んに行われるようになると、応用言語学分野における談話分析的手法の活用が顕著となった。

　こうした学問的背景の違いは、自ずと、どのような分析手法をとり、それによってどのような知見を得ようとするかに違いをもたらす。

　会話分析は、経験的・実証的アプローチを重視し、直感的判断や早まった理論化を厳に避けようとする。会話の相互行為を緻密に分析していくことで、くり返し起こるパターンを見つけ出し、それを通して話し手たちがどのように発話を産出・解釈し、秩序を作り上げているかを明らかにしようとすることが特徴的である。

　それに対して、談話分析では構造主義言語学的な手法が顕著に見られる。談話を**発話機能**に基づく単位に分割し、各々の単位が担う発話機能の種類を特定してラベルを付け、機能の連鎖パターンや各種機能を実現する言語形式のバリエーションを明らかにするタイプの分析が主となる。会話分析と比べ、談話分析においては、こうした分析を通じた規則性の発見や理論構築への志向が強い。加えて、それらの規則や理論に基づいて、（言語学において文の文法的適格性が論じられるように）特定の発話が特定の発話機能を実現するものとして適格かという判断が行われることもある。

　分析対象、すなわちどのようなものを分析データとするかということでは、会話分析の方が限定的である。会話分析の対象は**自然会話**に限られる。社会における成員たちの実際の相互行為の営みを知るという目的に照らせば、それは当然のことと言えよう。次節で述べるが、発話の連鎖構造や会話に現れる各種の現象の分析、転記法をはじめとする自然会話の扱い方などについて、会話分析がもたらした貢献は大きい。

　一方、談話分析の対象はより広く、言語学における「談話」の定義、すなわち「文以上のまとまり」に該当するすべてを含み得る。話すことによって

産出されたものだけでなく、レトリック分析や批判的言説分析などでは文章も対象になるが、本章では一連の発話、あるいは発話として想定された「文以上のまとまり」に主に注目していきたい。そこでは、自然会話はもちろんのこと、ロールプレイによるやりとりも、スピーチなどの独話も分析対象となる。さらには、場面を設定してそこでの発話を問うタイプの面接調査、**談話完成テスト**[2]式のアンケートへの回答も、談話分析のデータとなり得る。

　以上見てきたように、会話分析と談話分析にはいくつかの大きな違いがある。背景とする研究分野、およびそれによる手法や志向性の異なりをもつ2つのアプローチは、語用論の研究法として豊かな広がりを提供してくれる。以下、3節では実際の状況・文脈における生きた言語使用を解明する会話分析について、4節では調査データも含めた多様な種類の分析対象からの知見を引き出し得る談話分析について、これまでの研究例も概観しつつ、語用論研究法としての特徴を見ていくことにする。

3. 会話分析と語用論研究

　本節では、エスノメソドロジーに基づく会話分析の方法論や知見が語用論研究にどのように貢献してきたかを考えていく。以下では、状況・文脈における発話の分析(3.1)、会話分析の主要な分析概念(3.2)、会話から知見を引き出すためのデータ整備方法(3.3)について述べる。

3.1　"今・ここ"で立ち現れる「発話の働き」

　サックスが会話分析を始めた頃に関心をもった会話断片に、自殺予防センターにかかってきた電話の開始部分がある (Sacks 1992、串田 2010)。以下の(1)で、Aは自殺予防センターのスタッフ、Bはかけ手である。

(1)[3]　　1A：This is Mr. Smith may I help you

　　　　　　　　　　　（こちらはスミスです。どうされましたか。）

　　　　2B：I can't hear you.　（よく聞こえないんですが。）

> 3A：This is Mr. Smith.（スミスです。）
> 4B：Smith.　　　　（スミスさんね。）

　自殺予防センターの相談電話では、かけ手が名のりたがらないという問題があった。その状況でなされているスタッフによる 1A 前半の名のり「こちらはスミスです。」にサックスはまず着目し、次のように考えた。こうした会話開始時のやりとりでは、多くの場合、片方が名のれば相手も呼応して名のる。そうであれば、A の名のりは相手の名のりを導く手段となる。これは、明示的に相手の名を尋ねることとは異なり、拒絶や「なぜ聞くのか」などの反駁的な問いに遭うことなく必要な情報を引き出す手立てとなり得る。

　次に、サックスは 2B の「よく聞こえないんですが。」に着目する。この発話は、上記の(1)のこの位置で現れることで、会話のやりとりで自分がさすべき次の一手(すなわち、1A の誘い水に応じて名のること)を回避することを可能にする、とサックスは指摘している。問い返しに応じて A が自分の名前を繰り返し、B がそれを復唱すると、今度はまた A が話す番になる。それは、B が単に自分の話す番をやり過ごしたというよりも、2B〜4B のやりとりの結果、そもそも B の名のりが行われるべきスロットの生起が回避されたことになるのである。

　会話分析において重視されるのは、発話が何かを成し遂げ得るのは会話の特定の位置に現れたからこそ、ということである。上述の例で言えば、スタッフの名のりがかけ手の名のりを引き出すことにつながり得るのは、互いに知らない 2 人が話し始めた電話の開始時だからであり、「よく聞こえない」という発話も、会話の別の位置に現れれば単なる聞き取りの不具合を伝えるにすぎず、名のりの回避とは無関係ということになる。

　語用論の関心事は、ある特定の状況・文脈において発話がどのような意味をもち得るか、それが受け手によってどのように推論・解釈されるかということである。会話分析は、まさに会話の特定の文脈において発話が「何をしているか」、話し手たちがその発話をどのようなものとして解釈し、どのように協調的に会話を秩序立てているかを明らかにする研究分野である。パラ

言語・非言語的な情報も含めて発話連鎖を総合的に吟味する会話分析の緻密な手法は、実際の言語使用場面をデータとして生き生きとした知見を語用論研究にもたらす上で、極めて有効である。

3.2 会話分析におけるさまざまな分析概念

山田(1999)は、従来の言語学では会話をでたらめな現象ととらえ、実際の発話や状況に着目しないままに条件の理論化を行ってきたと指摘し、「一見でたらめに見える会話のなかに基本的な構造があることを発見したのは会話分析の最大の功績といえる」(p.1)としている。そして、会話分析が着目し、明らかにしてきた主要な現象として、会話の順番取り(ターン・テイキング)システム、隣接ペア、開始と終結、物語やトピックの組織化、選好による会話の組織化などを挙げている。これらの中から、ここでは**ターン・テイキング**のシステムと**隣接ペア**を取り上げる。

Sacks, Schegloff and Jefferson (1974)は、会話の最小単位を**ターン**とし、1つのターン内で1人が話し、話し手の交代が繰り返されること、その交代は多くの場合スムーズに、目立った沈黙や重なりなしに達成されていることに注目した。そして、数多くの会話の分析に基づいて、ターンには潜在的な完結点があり、それがターンの移行に適切な場となっていることを指摘した。さらに、以下のターン・テイキングの規則を述べ、ターンの移行の仕方の各種がどのような優先順で適用されるかを整理した。

1. ターンの移行適切場において
    a. 現在の話し手が次の話し手を選択(例. 質問や呼びかけによって)
       次の移行適切場で次の話し手がターンを取得する。
       次の話し手には話す義務が生じる。
    b. 自己選択
       1aが働いていない場合、最初に話し始めた者がターンを取得する。
    c. 現在の話し手が継続して話す

1a も 1b も働かない場合、現在の話し手が話し続けてもよい。
2. 次の移行適切場において 1c が働いていれば、1a、1b、1c がその順で優先的に再適用される。

この規則は、単にターンの移行だけでなく、**沈黙**や**重なり**など他の現象についても豊富な示唆を提供する。たとえば、会話で沈黙が生じた際、それが誰の沈黙(現在の話し手に選択された次の話し手が話し出さずにいるなど)なのか、あるいは誰のものでもない沈黙(現在の話し手のターン終了時点で次の話し手が選択されておらず、複数の候補者間ですぐ話し出す人がいなかったなど)なのかが判断可能になる。また、発話の重なりについても、それがターン移行のタイミングにしばしば起こるわずかな重なりなのか、ターンの完結点の予測がはずれたことによるものなのか、あるいは移行適切場を無視した割り込みなのか、といった分析が可能になる。

次に隣接ペアを取り上げよう。隣接ペアとは、Schegloff and Sacks (1973) で指摘された概念で、挨拶―挨拶、質問―答えのような、やりとりの基本単位となる発話機能のペアである。Levinson (1983: 303–304) は、隣接ペアとされる発話連鎖について以下の条件をまとめている。

(ⅰ) 隣接している
(ⅱ) それぞれが異なる話し手によって発せられる
(ⅲ) 第 1 部分、第 2 部分という順序で現れる
(ⅳ) 特定の第 1 部分が特定の第 2 部分を要求する

さらに Levinson (1983) は、隣接ペアの使用に関して、第 1 部分を発したところで現在の話し手は発話をやめ、次の話し手がそこで第 2 部分を発話する義務を負うとも述べている。

隣接ペアは、日常の言語使用を考えても誰もが思い当たり、経験的に納得できる概念であるが、隣接ペアの概念に照らすことによって、会話の流れにおいて特定の発話が何をなすものであるかが明らかにできる。たとえば、以

下の例を考えてみよう。

（2）　　1C：今日のお昼は何？
　　　　 2D：チャーハン。

2Dの「チャーハン」はそれだけを取り出せば1つの単語にすぎず、何をする発話なのか特定できないが、(2)のように質問の直後に位置することによって、答えの発話として機能し、解釈される。
　ただし、隣接ペアが互いに隣接しているというのはあくまで「原則として」である。たとえば、以下のような場合もある。

（3）　　1C：今日のお昼は何？
　　　　 2D：なんかリクエストある？
　　　　 3C：いや、別に。
　　　　 4D：じゃ、チャーハン。

(3)では、質問にさらなる質問が続き、2番目の質問への答えの後に最初の質問への答えがなされるという入れ子型になっている。ここで1Cに続く第2部分として答えがすぐに来なくても違和感や欠如感がないのは、2Dと3Cのやりとりが1Cへの答えを出すために必要な手続きであることがCとDの間で（また(3)の分析者にも）了解されているからである。こうした形は日常会話でよく見られるが、中にはもっと長い連鎖をはさんで実現される隣接ペアも往々にしてある。たとえば、片方の話し手が「今度の会合はいつにしましょうか」と尋ね、それに続いて参加者たちの都合や会議室の予約状況などがあれこれ検討された後で、もう1人の話し手が「では○月△日の10時からにしましょう」と答えを出すような場合がある。ここでも、一連のやりとりの間、会話の参加者たちは最初の質問（ペアの第1部分）を忘れることなく、それに対する第2部分を目指しているという意識はもっているはずである。このように隣接ペアは**会話の構造の組織化**にとって強い力をもって

おり、またその会話において参加者たちが何をしているのかということを分析する上で非常に有効な概念と言える。

隣接ペアは、会話分析で着目されてきた他の現象とも関係している。会話の**開始**や**終結**において、隣接ペアは挨拶の交換や収束に向かうための発話交換として特徴的な役割を果たしている (Schegloff and Sacks 1973)。また、**選好による会話の組織化**は、隣接ペアの第2部分の出現の仕方をめぐるものである。たとえば、誘いに対する承諾／断りの場合、**優先選好形式**の第2部分(承諾)は第1部分に続いてすぐに発せられるのに対して、**非優先選好形式**の第2部分(断り)は沈黙や言い訳などによって出現が遅れたり、全体が長くなったりする傾向がある。たとえば、「明日、一緒にテニスしない？」という誘いに対して、承諾であれば「あ、いいね。やろう！」などとなるのに対し、断りの場合は「あー…、明日？ 明日はねー、ちょっと予定入っちゃってるんだよね。」などといったように、遅れや引き延ばしが見られる。

このように、ターン・テイキングの規則や隣接ペアをはじめとする諸々の分析概念は、日常の何気ない会話の中で何が起こっているか、どのようなメカニズムが働いているかを記述し、分析する強力な道具立てを提供してくれる。それらによって、人々がことばによる相互行為を円滑に行う上でどのようなルールに従い、何を暗黙の了解としているかを、実際の会話データの中に見出していくことができる。

それに加えて重要なこととして、上記の分析概念や現象に関わるルールやメカニズムは、「円滑な会話は基本的にそれに沿う形で営まれていく」ということだけでなく、「それに合致しない場合」を浮かび上がらせることに役立つ。合致しない場合に何が起こり、それに会話参加者たちがどのように対応していくか、そもそも合致しない行動をとることで参加者たちは何をしようとしているのかなどを分析することを通して、さらに新たな発見が生まれる。隣接ペアの「第1部分に隣接して特定の第2部分が出現する」という条件に合致せず、第2部分が遅滞するという現象から、選好による優先的構造が見出されたことは上述のとおりである。

会話分析によって明らかにされてきたルールやメカニズムは、会話運営の

基底にある原則のようなものであるが、それらは常に守られるとは限らない。時には敢えて逸脱することによって、会話の参加者たちは何かをしているのである。その意味においては、会話分析によってもたらされたルールやメカニズムは、帰納的・実証的分析を積み上げた結果であるか、演繹的に導かれた理論であるかの違いはあれ、Grice (1975) の会話の公理とも通じる面があるのではないだろうか。会話の公理も常に守られるわけではない。質の公理に反して本心を語らない場合、様態の公理を遵守せずにあいまいな物言いをする場合、人は何をしようとしているのか。ターン・テイキングで停滞や割り込みが起こるとき、質問がなされたのに相手が答えをパスするとき、そこで何が起こっているのか。いずれも、ルールや原則によって基準となる進め方が見きわめられているからこそ、変則的なものがそれと分かり、当該の発話が何を意味することになるのかという分析の糸口が開かれる。

3.3　会話の転記：データ整備の手法

　何気なく行っている日常の会話も、いざ分析しようとすると、単なる「ことばで何と言っているか」よりもはるかに多様な要素を含む複雑な事象であることに気づく。電話のような音声だけのやりとりでも、沈黙による間や声の調子、話す速度など、パラ言語と呼ばれる諸要素がコミュニケーションの意味づけに関わっている。対面での会話ともなれば、さらに視線や表情、身振りや互いの身体配置など非言語的な要素も関わってくる。現在では録音・録画の機材も発達し、記録を採ること自体は比較的容易になったが、分析は録音を聴き、画像を目で追うだけでは行えない。録音・録画された情報を的確かつ詳細に転記し、会話の流れを見渡せるようにすることが、分析のための第1歩である。

　エスノメソドロジーの会話分析者の多くは、ほぼ同様の**会話転記法**を採用している。その例として、串田 (2010) に挙げられた転記 ((4a) は雑誌の対談記事などによく見られる書き起こし、(4b) は会話分析で用いられるゲイル・ジェファーソンの転記方法による文字化) を以下に引用する。

(4a)　　　L：なんかわりとアメリカ人気質ですよね。(笑い)
　　　　　R：(笑い)
　　　　　L：こう自己主張強いですよね。
(4b)　　　L：↑なんかわりとあ- アメ[リカ　]人＝
　　　　　R：　　　　　　　　　　　[°ん：,°]
　　　　　L：＝き(h)し[つですよね(h)][°h h°　][.hh][こ::　]う＝
　　　　　R：　　　　[nWAH h h　][HAHA][HA][°h h°]
　　　　　L：＝自己主張>強[いですよね<.]　　　　　(串田 2010: 215)

　(4b)では、例えば音調の極端な上昇(↑)、音の強さ(下線)、音の小ささ(°°)、発話スピードの速さ(＞＜)など音調や音量、発話速度などに関わること、発話の重なり([ ])や密着(＝)など発話間のタイミングに関わること、吸気音(.h　※hの数は音の相対的長さに対応)や笑い(呼気音も表すh　※大文字は音量の大きさを表す)など非言語音に関わることが様々な記号で細かく記されている。

　会話のどのような部分をどこまで緻密に転記するか、その際にどのような転記記号を用いるかは、原則として研究目的や個々の研究者の判断に委ねられてよい。しかしその一方で、発話の重なりや沈黙、イントネーション、発話速度や声の大きさの変化なども含めて会話を精密に記録できる方法が統一され、共有されることは、データや知見の共有の効率化、そしてそれによる研究の促進に大きく貢献する。会話分析におけるデータ転記方法を確立したと言われるゲイル・ジェファーソンについて、串田(2010)は「望遠鏡を発明したガリレオが天文学に対して果たした功績」(p.215)になぞらえ、「今日にいたる会話分析の隆盛にとって、最大の功労者はジェファーソンだという見方もできる」(pp.214–215)と大きな賛辞を寄せている。(ジェファーソンのシステムを参考にした転記記号は、好井・山田・西阪編 1999、串田・好井編 2010、西阪・串田・熊谷 2008 などを参照されたい。)

4. 談話分析と語用論研究

　第2節でも述べたように、会話分析と談話分析の分析方法や分析対象における違いは、両者の主たる関心のありかと関わっている。会話分析が会話参加者の用いる手続きや相互行為のありようを解明するのに対し、談話分析の関心は言語行動や談話という構造体に向けられており、それが手法や分析対象の選択範囲の広さにも反映されている。本節では、談話分析の2つの主要なアプローチ(4.1)と、分析対象とするデータの各種(4.2)について述べる。

4.1　談話分析のアプローチ

　談話分析における対象へのアプローチは、その目的や手法から2種類に大別できる。1つは談話の構造や構成要素を明らかにしようとするもの、もう1つは談話に随伴して頻繁に見られる現象に着目するものである。

4.1.1　談話構造の分析

　このアプローチにおいては、談話をまずさまざまなレベルのまとまりや単位に分割する。そして、まとまりや単位の分析を通して、**談話全体の構造的特徴**や**単位の連鎖パターン**を明らかにする。こうした方法は、音声の連鎖である言語を音素や形態素などさまざまなレベルの単位に分割し、個々の単位部分を分類してバリエーションを調べたり、連鎖のパターンから適格性を検討したりするという言語学的手法に通じるところが大きい。

　大きなレベルでのまとまりとしては、談話の開始部・本題部・終結部という捉え方がある。会話分析でも開始部や終結部の相互行為的特徴に着目していることは上述したが、談話分析では会話に限らずスピーチなどの独話にもこれが適用され、さらには文章の起承転結など、分析対象に応じた構造設定がなされる。

　より細かいレベルでは、**ムーヴ**(move)[4]、**意味公式**(semantic formula)(Beebe et al. 1990、藤森 1995)などの名称で呼ばれる、行為的機能を担う最小単位が用いられる。特に意味公式は、ある言語行動(発話行為)がどのよう

な機能的要素によって構成され、実現されているかを分析する多くの研究で利用されている。

　ここで、しばしば区別が紛らわしい**機能（意味公式）**と**言語行動**という２つのレベルの違いを確認しておきたい。たとえば「謝罪」は、意味公式のラベルとして用いられることもあるが、複数の意味公式のまとまりとして実現される言語行動を指す場合もある。２つのレベルの違いを、以下の遅刻を詫びる発話を例に考えてみよう。

（５）　　ごめーん、すっかり待たせちゃって。なんか電車が遅れたもんだから。お詫びにお茶でもおごるよ。

発話行為論や外国語教育においては、依頼といえば「〜してくれますか」、感謝といえば「ありがとう」などの典型的文型が想起されるが、実際のコミュニケーションにおいては、そうした一言だけで用が足りるとは限らない。多くの場合、私たちは他にもいろいろなことを言って１つの言語行動を実現している。(5)でも、自分の過失について相手に許しを請う「謝罪」という言語行動の目的を達成するための発話は、「ごめーん、／すっかり待たせちゃって。／なんか電車が遅れたもんだから。／お詫びにお茶でもおごるよ。」という４つの発話機能の単位から構成されている。その各々が意味公式である。この発話に見られる意味公式の種類（行為の名称によるラベル）[5]は、〈謝罪〉[6]〈過失の表明〉〈事情説明〉〈補償〉となる。このように、言語行動としての「謝罪」と、それを構成する意味公式の１つとしての〈謝罪〉は、レベルの異なるものとして区別する必要がある。

　意味公式は1980年代以降、応用言語学的研究、主として第二言語あるいは外国語としての英語教育・習得研究において盛んに用いられるようになった。Olshtain and Cohen (1983)、Beebe et al. (1990)などの研究では、英語学習者と英語母語話者による言語行動（謝罪や断りなど）の遂行の仕方を意味公式の使い方によって比較し、教育に生かす試みが行われてきた。その後、日本でも日本語教育で同様の研究が数多く行われてきた。

一例として Beebe et al. (1990) では、談話完成テストを用いて、日本語母語話者の日本語での断り、日本人英語学習者の英語での断り、英語母語話者の英語での断りのデータを収集し、どのような意味公式をどのような順序で用いているかという点から3つのグループの断り発話を分析している。そして、学習者と英語母語話者を比較することで英語の断り発話としての違いを調べ、学習者と日本語母語話者の断り発話を比較することで英語を使う場合の母語からの語用論的転移の可能性を探った。後者の比較に見られるように、意味公式を使うことで、異なる言語の発話であっても共通の土台での比較対照が可能になっている。

　こうした例に見るように、意味公式は言語行動における発話構成パターンを分かりやすく記述し、分析する上で役立つ。この種の分析は、性別や年齢など属性による差を見る社会言語学的な研究、および異なる言語における言語行動の対照研究にも数多く利用されている。

　その一方で、特定の言語行動にとどまらず、機能的単位の分析を用いて会話全体の構造や流れを明らかにしようとする研究もある。ザトラウスキー (1993) は、13件の電話会話を用いて日本語の勧誘の談話を分析した。そして、すべての発話について機能による単位分割とラベル付けを行い、発話の連鎖パターンや相互行為の内容を分析することによって、「話段」という談話内のまとまりの単位を提唱した。加えて、日本語話者の勧誘や勧誘の断りに特徴的に見られる行動として「気配り発話」および「思いやり発話」を指摘している。

　ただし、会話における相互行為のありようを記述・分析する場合、行為の名称による一元的な分類やラベル付与のみでは不十分な面も出てくる。熊谷 (1997) は、発話行為の名称のみによる機能特定の限界を指摘し、発話内容・発話姿勢、発話のきっかけ、会話の構成における働きなど、異なる観点に基づく12の項目によって発話を特徴づけし、その特徴の束として発話機能をとらえることを提案している。例えば、待ち合わせに遅れた友人に対する「いっつも遅れるんねえ。」という発話があったとすると、その発話機能を〈非難〉などとして特定する代わりに、12の観点に関わる特徴の集合として

考えようとするものである[7]。また、個々の発話の特徴を観点別に会話の流れに沿って連鎖として追っていくことで、態度表出や話題の操作なども含めたやりとりの展開を多角的に捉えることもでき、談話分析的手法を用いた相互行為分析の試みと位置づけられる。

4.1.2 談話に見られる現象への着目

談話分析のもう 1 つのアプローチとして、相づち、くり返し、フィラーなど特定の現象に着目した分析が挙げられる。それらの現象の談話における出現位置、コミュニケーション上の機能などを明らかにするものであるが、同時に形式のバリエーション、話し手の属性や場面による違いなどにも分析が及び、社会言語学との接点がここでも見られる。

方法としては、談話データの中から着目する現象が起こっている部分を拾い出して事例を数多く収集し、それらを談話の文脈に即して分類・分析するという形がとられる。**あいづち**についてはメイナード(1993)、堀口(1997)、永田(2004)など、**くり返し**については中田(1992)、アクドーアン・大浜(2008)など、**フィラー**については山根(2002)などの研究がある。また、Kumagai(2004)は、苦情の会話をデータに、ことばのくり返しを通して苦情を言う側と言われる側がどのようにそれぞれの談話目的を達成しようとしているかという相互行為分析を行っている。

これら談話の現象に着目する研究は、会話分析的な要素も併せもっている。特定の行動や事象の事例を談話／会話データから抽出・収集し、分類や機能分析によって特徴を明らかにしていくという手法は、談話分析的であるものの、それらのいずれもが、発話による相互行為の解明に貢献し得るものだからである。

同時に、これらの分析は語用論研究にも新たな切り口を提供した。伝統的な言語研究、語用論研究では、相づちやフィラー、くり返しといったものは、いわば話しことばにおける断片的な要素、あるいは単なる冗長性と捉えられており、研究対象の視野には入っていなかった。会話分析で研究されてきた沈黙や重なり、笑いなどについても同様である。しかし、こうした諸々

の事象がコミュニケーションにおいて重要な意味機能や効果をもっていることが明らかになってきた今、語用論研究の可能性が広がっている。伝統的な語用論においては、発話行為や含意を実現する「実質的な意味内容をもつ言語表現」のみが分析対象とされてきたが、こうした「断片的な諸要素」もまた、実際の言語使用における意味のやりとりを語用論的に明らかにしていくための貴重な手がかりとなるからである。

4.2　談話分析の対象データ

談話分析では、自然会話だけでなく調査によって収集された「文以上のまとまり」も分析対象となる。以下では、自然会話やロールプレイなどやりとりの形をしたデータ、および面接調査やアンケート（談話完成テスト）への回答データについて述べる。

4.2.1　やりとりの分析を可能にするデータ

談話分析でも会話分析と同様、自然会話をデータとして相互行為を分析することが行われる。こうした研究は、会話分析と談話分析の重なりの部分を形成するものである。しかし、用いる手法や分析上の関心には談話分析的な特徴があらわれている。4.1.1 で取り上げたザトラウスキー(1993)はその典型的な例で、電話による自然会話をもとに、日本語の勧誘談話の構造を分析し、言語行動の遂行の仕方についての知見を提供している。

自然会話ではないが、やりとりの形をしたデータとして**ロールプレイ**がある。ロールプレイは、ペアとなった参加者にそれぞれが行う言語行動を指定したロールカード(たとえば、片方には「友人を夕食に誘う」、もう片方には「友人からの誘いを断る」など)を渡し、各人の自由な言い方で実演してもらうというものである。外国語教育での会話練習などに利用されるが、言語行動データの収集にも用いられる。自然会話は話される内容が統制できないが、ロールプレイでは言語行動を指定することができる。あくまで設定された条件における「演技」としての談話であり、ぎこちなさは否めないが、同じ言語行動について一定数のデータを収集できるという利点から、言語間、

あるいは母語話者と学習者の対照分析にも利用されている。たとえば柳 (2012) は、日本人および韓国人のロールプレイをもとに、依頼行動の日韓対照分析を行っている。

ロールプレイに関しても、文字化データの分析では発話機能に基づく単位分割や意味公式のラベル付与などが行われ、意味公式のバリエーション、意味公式別の使用頻度、特徴的な連鎖パターンなどについて談話分析的な検討が行われる。

4.2.2 調査回答のデータ

談話分析が扱う多様なデータの中で、文章などを除けば、最も会話分析のデータと異なるのは**調査回答**であろう。相手からの発話(たとえば誘い)を提示して、それに対して断る発話を自由記述の回答で得る談話完成テスト、あるいは、「親しい友人から週末に夕食に誘われましたが予定があって行けません。こんな時、どのように言いますか」など、設定された場面での発話を口頭や筆記の回答で得る面接調査やアンケートなどがある。

調査回答は談話と呼べるのか、談話分析の対象となるものなのか、という疑問が感じられるかもしれない。しかし、やはりこれらは談話分析の対象と位置づけられる。こうした調査の回答(たとえば、「ごめん、今週末はもう約束が入ってるんだよ。また今度誘って。」など)は、1つ以上の機能的単位のまとまりであり、談話の定義に合致すると言える。また、談話分析の主要な手法である単位分割やラベル付け、そしてそれによる内容分析や連鎖分析が実際に数多く適用されてきたのは、この種のデータに対してなのである。4.1.1 で述べた Beebe et al. (1990)、Olshtain and Cohen (1983) などをはじめとする第二言語教育研究および言語間対照研究でも、分析データはほとんどが調査によって収集されたものであった。言語行動(発話行為)が、明示的遂行文や典型的な慣用表現の単独使用よりもむしろさまざまな働きかけを担う発話の組み合わせによって実現されるということを、量的なデータをもとに検証することは、語用論研究としても非常に重要と言える。

ただし、別の疑問も浮かぶ。調査の回答から得られるのはあくまで**言語使**

用意識にすぎず、実態ではない。ましてや、上記のような談話完成テストや面接・アンケートの回答は、通常なら相手とのやりとりの中で小出しにしていくような発話内容を一気にまとめて述べるという特殊な形態となっている。そうしたものから本当に語用論的な知見は得られるのか、という疑問である。これについては、熊谷(2000)でも述べたことであるが、調査からは回答者たちの言語行動の「遂行イメージ」が得られていると考えるのがよいのではないか。言わば、話し手の頭の中にある行動モデルのようなものである。実際の相互行為の場では相手の出方や反応に応じて変更や修正が入るであろうが、そうした調整が加わる前の、「基本的にこういう順に話を出すと穏当に事が進むだろう」「こう展開してしかるべきだ」と話し手たちが考えているような行動のイメージが、回答にはあらわれているのではないかと考える。ある言語行動について、100人なら100人の母語話者のもつ「遂行イメージ」を分析した結果、ある言語ではどのようなことをどのような順で言うかに一定の傾向が見出せたとすれば、それは言語教育への応用においても、語用論的知見としても十分に意義があるのではないだろうか。そのように考えると、言語行動調査の回答データを談話分析的手法で分析することが語用論研究にとってもつ意味がはっきりしてくるのではないかと考える。

5. 分析方法・分析データの効果的選択・活用に向けて

　以上、会話分析と談話分析について、それぞれの学問的背景と手法、使用するデータなどを比較する形で見てきた。両者はともに発話による相互行為のありようを明らかにするものであるが、一方でいくつかの重要な相違点も確認された。
　語用論に限らず研究においては、言わずもがなではあるが、研究の**目的**と**データ**と**分析手法**、この3つの整合性が極めて重要である。その研究によって何を明らかにしようとするのか、そのために適切なデータを分析しているか、データの性質や条件に適した分析手法が選ばれているか、ということである。

会話分析は、自然会話をデータとして、参加者たちの相互行為にくり返し現れる現象やパターンを緻密に分析し、どのように発話の意味が協働的に作り上げられ、解釈されていくかを明らかにする。一方、談話分析では、さまざまな種類のデータを用いることが可能で、発話の単位分割とラベル付与を主とした手法を用いながら、談話の構造、言語行動を実現する発話の構成や行動ストラテジーなどを明らかにする。また、特定の談話現象の形式や機能の分析も行っている。これらの手法のいずれを採用するかは、当該の研究の目的やデータとの適合性が重要な決め手となる。

　目的とデータにあった手法を選ぶ上では、さまざまな分析方法の特性を的確に把握する必要がある。それさえ用いれば何でも明らかにできるというような万能の分析手法は存在しない。どの方法にも、それに適したデータの種類があり、どのような問題解決に向いているか(いないか)という、いわゆる得手・不得手があるからである。

　同様のことはデータの側からも言える。自分のデータの性格と特徴を的確に見極め、適した分析手法を選択しなければならない。そもそも会話のやりとりの形をとっていないデータに会話分析の方法は適用できない[8]。また、言語行動の仕方を分析する場合も、意味公式の使用率や連鎖パターンの出現頻度などの**量的分析**に適したデータなのか、発話内容の**質的分析**に向いたデータなのかの判断が肝要であろう。対照分析においては、比較するデータの**等価性**の吟味も重要である。たとえば、異なる言語・文化をもつ複数の対象者グループに行われた調査のデータでは、談話完成テストなどで設定した場面の自然さ(実際に体験し得る場面か)の度合いにグループ間で差がないかなども勘案する必要がある。異文化に限らず、年齢、性別など、異なる属性をもつ対象者に等しく自然に起こりそうな場面を設定するのは非常に難しいが、少なくともそうした点を分析者が認識している必要はあるだろう。加えて、調査データは場面統制や量的分析を可能にする一方で、あくまで"そのような場面であればこのように言う<u>と思う</u>"といった「意識」が回答されたものであり、「実態」(実際の言語行動)の記録ではないことも、分析者は忘れてはならない。そうした諸々のことを意識することが、データから引き出

し得る知見の可能性および限界を知り、その特性を生かすことにつながる。

　分析手法でもデータでも、万能なものはない。しかし同時に、どの手法やデータにも得手や有用な面は存在する。この手法やデータを使えばどのようなことが見えてくるのか、それに加えて、この手法やデータではどこから先は見えない（見た気になってはいけない）のか、その見極めを的確につけてスタートし、分析や考察の途中でも常にそれを意識し、確認しながら結果を出していくことが重要なのではないだろうか。

　会話分析・談話分析は、実際の会話やロールプレイ、調査の回答など、具体的な発話データを扱いながら研究を進めていく手法である。それらは日常の言語使用の現場に最も近いところにあり、言語コミュニケーションにおける意味のやりとりや言語行動の成立など、語用論研究にとっての有益な情報を豊富に提供してくれる。典型例や作例に基づく演繹的な理論構築とはまた異なるアプローチとして、あるいは理論構築に刺激を与え、根拠を提供するものとしても、会話分析や談話分析が語用論研究にますます活用されていくことを願うものである。

読書案内

- 高梨克也 (2016)『基礎から分かる会話コミュニケーションの分析法』ナカニシヤ出版：会話分析の入門書。基本的な概念を分析事例とともに解説し、最近の分析観点についても分かりやすく紹介している。
- 串田秀也 (2006)『相互行為秩序と会話分析―「話し手」と「共－成員性」をめぐる参加の組織化』世界思想社：語用論的コミュニケーション研究が焦点を当ててこなかった会話の組織化、すなわち話し手であるとはどういうことなのかという問題を中心に据えることで、コミュニケーション研究の新たな道筋を示すという目標を掲げている。話し手となること、聞き手となることをめぐる様々な事象が、鋭い洞察のもとに分析されている。
- 三牧陽子 (2013)『ポライトネスの談話分析―初対面コミュニケーションの姿としくみ』くろしお出版：実験的に収集した会話をもとに、スピーチレ

ベル管理や談話管理、関係構築過程を分析し、談話レベルならではのポライトネスやフェイスワークの姿を明らかにしている。データ収集や文字化・コード付与の手順、留意点などの記述も具体的で参考になる。
・国立国語研究所(2006)『言語行動における「配慮」の諸相』くろしお出版：調査データをもとにした論文集。場面を設定して収集した発話回答を、機能の連鎖や特定の機能の使用率などの点から分析し、対人行動におけることばの「配慮」の諸側面を探っている。社会言語学的に設計されたデータの特徴を生かして属性差の分析が行われている。

注

1　会話分析の誕生と展開については、串田(2010)に詳しい解説がある。
2　談話完成テスト(Discourse Completion Test: DCT)とは、以下のように空白を埋めてやりとりを完成させる形の質問(通常、アンケートへの記入)によって、発話データを収集する方法である。
　　友人：来週末、引越しする予定なんだけど、手伝ってくれないかな。
　　あなた：＿＿＿＿＿＿＿＿＿＿＿＿＿＿＿＿＿＿＿＿＿＿
　　友人：あ、そうか。じゃ、しょうがないな。他の人にきいてみるよ。
3　日本語訳は串田(2010)による。
4　ムーヴ(move)については中田(1990)に解説がある。
5　意味公式やムーヴのラベルとなる発話機能の種類は〈　〉でくくって示す。なお、ラベルの名称は研究者によって異なり得る。
6　意味公式の〈謝罪〉は、慣用表現(日本語であれば「すみません」「ごめん」など)の発話が該当する。
7　12の観点は、①行為的機能、②相手へのはたらきかけの姿勢、③話題・内容に対する話し手の評価・態度、④同調性、⑤話し手の種類、⑥発話の受け手の種類、⑦話し手と相手との力関係への影響、⑧話し手と相手との親疎関係への影響、⑨発話のきっかけ、⑩発話のうけわたし、⑪発話のうけつぎ、⑫談話構成上のはたらきである。特徴分析は、各観点について設けた選択肢のチェックリストを用いて行う。例に挙げた発話「いっつも遅れるんねえ。」の機能をことばでまとめると次のようになる。
　　《相手への否定的評価態度をこめた陳述・表出。内容についての話し手の確信は不定(否定的評価を表出するための「ことばのアヤ」的な発話という可能性あり)。話題・内容に対する話し手の評価も否定的。話し手が、自身の発言として、目指す相手に直接向けて発した発話。力関係において話し手を優位に立たせる効果が

ある。自発的に行われた発話であり、話題を開始するはたらきももっている。》

(熊谷 1997：34)

8 ロールプレイのような自然会話でないものを会話分析のデータと認めるかどうかについては研究者間で見解が分かれると思われるが、少なくともロールプレイによって収集されたデータに会話分析の手法を適用することは可能であろう。

参考文献

アクドーアン, プナル・大浜るい子(2008)「日本語会話とトルコ語会話に見られる繰り返しとその応答について―依頼場面を中心として」『日本語教育』137、pp.1–10

Beebe, L.M., T. Takahashi and R. Uliss-Weltz. (1990) Pragmatic Transfer in ESL Refusals, In Scarcella, R.C., E.S. Andersen and S.D. Krashen (ed.) *Developing Communicative Competence in a Second Language*, pp.55–73, Boston: Heinle & Heinle Publishers.

Coulthard, M. (1985) *An Introduction to Discourse Analysis (second edition)*, London: Longman.

藤森弘子(1995)「日本語学習者にみられる「弁明」意味公式の形式と使用―中国人・韓国人学習者の場合」『日本語教育』87、pp.79–90

Grice, P. (1975) Logic and Conversation. In Cole, P. and J. Morgan (ed.) *Speech Acts (Syntax and Semantics 3.)* pp.41–58, New York: Academic Press.

堀口純子(1997)『日本語教育と会話分析』くろしお出版

熊谷智子(1997)「はたらきかけのやりとりとしての会話―特徴の束という形でみた「発話機能」」茂呂雄二編『対話と知―談話の認知科学入門』pp.21–46、新曜社

熊谷智子(2000)「言語行動分析の観点―「行動の仕方」を形づくる諸要素について」『日本語科学』7、pp.95–113、国立国語研究所

Kumagai, T. (2004) The Role of Repetition in Complaint Conversations, In Szatrowski, P (ed.) *Hidden and Open Conflict in Japanese Conversational Interaction*, pp.199–220, Tokyo: Kurosio Publishers.

串田秀也(2010)「サックスと会話分析の展開」串田秀也・好井裕明編『エスノメソドロジーを学ぶ人のために』pp.205–224、世界思想社

串田秀也・好井裕明編(2010)『エスノメソドロジーを学ぶ人のために』世界思想社

Levinson, S.C. (1983) *Pragmatics*, Cambridge: Cambridge University Press.(レヴィンソン, S.C. 安井稔・奥田夏子訳(1990)『英語語用論』研究社出版)

メイナード, 泉子・K(1993)『会話分析』くろしお出版

永田良太(2004)「会話におけるあいづちの機能―発話途中に打たれるあいづちに着目して」『日本語教育』120、pp.53–62

中田智子(1990)「発話の特徴記述について―単位としてのmoveと分析の観点」『日本語学』9(11)、pp.112–118

中田智子 (1992)「会話の方策としてのくり返し」『国立国語研究所報告 104 研究報告集 13』pp.267-302、秀英出版

西阪仰・串田秀也・熊谷智子 (2008)「特集「相互行為における言語使用―会話データを用いた研究」について」『社会言語科学』10(2)、pp.13-15

Olshtain, E. and A.D. Cohen. (1983) Apology: A Speech-Act Set, In Wolfson, N. and E. Judd (ed.) *Sociolinguistics and Language Acquisition,* pp.18-35, Rowley, MA: Newbury House.

Sacks, H. (1992) *Lectures on Conversation. 2 vols,* Jefferson, G (ed.) Oxford: Blackwell.

Sacks, H., E. Schegloff and G. Jefferson. (1974) A Simplest Systematics for the Organization of Turn-Taking for Conversation, *Language* 50(4), pp.696-735.

Schegloff, E. and H. Sacks. (1973) Opening up Closings. *Semiotica* 7-4, pp.289-327.

ザトラウスキー, ポリー (1993)『日本語の談話の構造分析―勧誘のストラテジーの考察』くろしお出版

山田富秋 (1999)「会話分析を始めよう」好井裕明・山田富秋・西阪仰編『会話分析への招待』pp.1-35、世界思想社

山根智恵 (2002)『日本語の談話におけるフィラー』くろしお出版

好井裕明・山田富秋・西阪仰編 (1999)『会話分析への招待』世界思想社

柳慧政 (2012)『依頼談話の日韓対照研究―談話の構造・ストラテジーの観点から』笠間書院

第10章　語用論調査法

木山幸子

1. はじめに

　何を対象としたものであれ研究は、方法論の観点からは質（定性）的研究（qualitative research）と量（定量）的研究（quantitative research）とに大別できる。質的研究は、1つの事柄についてあらゆる角度から、あらゆる要因を考慮しながらその性質を議論する。これに対して量的研究は、ある現象における特定少数の側面に注目し、複数のデータを収集することによって、より一般化した説明を導くことを目指す。一般化を試みるには、注目した要素以外はできるだけ統制する（＝実験的に検討する）ことになる。現象の解明に近づくには質的研究と量的研究がともに必要であり、両者はたがいに補い合う関係にあるといえる。本章では、量的研究方法論の観点から語用論研究のあり方について考えてみたい。

　Thomas（1995）は、語用論（pragmatics）を「相互交渉における意味（meaning in interaction）」と定義し、「話し手と聞き手の間の、そして発話の（物理的、社会的、言語的）文脈とその発話の選択可能な意味の間の、意味の取り決めにかかわるダイナミックな過程である」と述べている（トマス、浅羽監訳 1996: 25–26）。「相互交渉における意味」は、言葉が話し手と聞き手の間で実際にどのようにやりとりされたかを見なければ把握することができない。そこで語用論研究者たちは、現実に使われた言葉に関するデータを取りに出かける。出かける先、データの取り方は様々である。実際の会話を録音するとか、質問紙調査を行うとか、コーパスを調べるとか、または語用論的処理

を行っている間の生体反応を観察するとか、ありとあらゆる方法を編み出し、何とかして「意味の取り決めにかかわるダイナミックな過程」の一端でも捉えたいと工夫を凝らす。

　一口に語用論の量的研究といってもきわめて多岐にわたるし、色々に新しい方法を考えることが可能だが、本章では焦点を絞って次のように構成する。まず次節でこれまで実際に行われてきた調査・実験による語用論研究を簡単に概観し（第2節）、量的研究を行う上で必要最小限の統計の基本事項について押さえてから（第3節）、語用論研究の典型的な量的研究方法の1つとして、簡単な質問紙調査を想定したデータ解析方法（クロス集計表を使ったカイ二乗検定）の一連の手続きを紹介する（第4節）。最後に、人によって解釈の揺れが生じるような語用論的現象を量的分析に適用する場合に確認すべきこととして、評定者間信頼性係数にも触れる（第5節）。

2.　これまでの量的方法論に基づく語用論研究

　語用論の現象をもっとも自然な（authentic）ありのままの姿で抽出したいなら、予告なしに会話やメールなどの生のやりとりの記録を研究材料とするのがよいと思うかもしれない。しかしこのような完全な隠しどりは、倫理的な問題を別にしても、量的研究には適さない。先述したように、量的研究は現象の一般化を試みるものだが、そのためにその現象が偶然を越えて繰り返し起こっているかどうかを統計分析によって評価し、その結果を結論のよりどころとしている。一定の条件下で注目する現象が再現されなければならない。しかし自然な環境下では、必ずしも再現可能性は保証はない。

　たとえば、日本語の「です／ます体（敬体）」と「だ体（常体）」の比較など、話し言葉では基本的に文ごとに常にどちらかを選択しなければならないものであれば、比較的容易に再現できるかもしれない（それでも完全な隠しどりは倫理的に不可能である）。ところが、もしケンカのときの相手の呼び方を調べたい、などといった研究課題に取り組むとしたら、自然にケンカになるのを待っても（よほど険悪な関係でなければ）なかなか遭遇できるもので

はなく、統計分析に耐える量にはなりにくいだろう。また単に頻度が多ければいいというものでもない。たとえばケンカのときの相手の呼び方は男女で異なるという課題を検討するなどの場合、男女差以外の環境はできるだけ一定であるように統制しておかなければ、仮に男女差が顕著であっても、その結果はもしかしたら他の何かの要因(年齢、両者の関係等々)の影響も混在しているかもしれない[1]。すぐれた量的研究は、交絡する可能性のある要因をできるだけ排除して、注目する要因の効果のみを抽出できるように綿密に工夫された計画によって実現される。

　語用論研究のためには、実際にやりとりされた言葉の記録が必要となるが、そのやりとりにどこまで操作を加える(manipulate)かは、研究目的次第である。隠しどりをしないまでも、自由に話して(書いて)くださいといって得られた記録は、きわめて自然に近いが、なかなか数多く収集することは難しい。その限界を克服すべく、たくさんの研究者が労力を結集して言語使用記録を統合したものがコーパス(corpus)であり、これによって自然なデータの量的分析が可能となっている(石川・前田・山崎 2010 等)。一方、特定の発話行為(speech act)をたくさん抽出したいなど、コーパスに頻出しない特殊な状況に注目するなら、あらたに設定した状況下で役柄を指定してロールプレイを行うことが考えられる。さらには、検討したい状況や相手を実際の会話場面では実現しにくいなどの場合[2]、想定された状況下でどのように言うかを想像して書いてもらうという談話完成タスク(discourse completion task: DCT)という手法もある[3]。会話データは自然に近いものの条件の統制が難しく、DCT はその反対で、自然さは損なわれるものの条件統制は色々に工夫することができる。DCT によるデータは自然ではないという欠点はあるが、自然かどうかではなく、被調査者がその状況ではこうふるまうべきだといった規範意識を調べることは可能だろう。自然さと一般化可能性を同時に両立することは不可能なので、研究目的次第でいずれかを選ぶことになる。

　量的研究とのなじみやすさもあり、これまで語用論の量的研究としてもっとも多く用いられてきた手法は、やはり DCT をはじめとした質問紙調査

（questionnaire survey）だろう。そこで本章では、量的研究の第一歩として、ごく簡単な質問紙調査を想定し、データ分析の方法から報告までの一連の手続きを示す。

3. 統計分析のための基本事項

　量的研究を行うためには統計学の知識が必要となる。データ分析例を示す前に、最低限の基本事項として、変数の種類（3.1）、仮説検定の論理（3.2）を確認する。

3.1 変数の種類

　変数とは、「場合によって値が変化しうるもの」である。調査・実験では、何らかの場合分けをして、それによって事象の現れ方がどのように変わってくるかを検討する。その「場合」、つまり研究者があらかじめ想定・操作しておく変数のことを**独立変数**（independent variable）といい、独立変数に応じて変わってくる変数のことを**従属変数**（dependent variable）という。たとえば、相手が初対面か友人かで言葉づかいが変わるかどうかを調べるのなら、ここでは「相手」が独立変数であり、「言葉づかい」が従属変数となる。独立変数と従属変数は対になって使われる。なおこの同義語として、**説明変数**（explanatory variable）－**目的変数**（response variable）、また**予測変数**（predictor variable）－**基準変数**（criterion variable）の対があり、どの対を用いてもかまわない。本章では独立変数と従属変数の用語を用いる。

　独立変数も従属変数も、変数には量的か質的かという区別が重要となる。より厳密にいうと、①名義尺度（nominal scale）、②順序尺度（ordinal scale）、③間隔尺度（interval scale）、そして④比（率）尺度（ratio scale）の4種類の尺度（scale）[4]がある。それぞれ、次の通りである。

① 名義尺度：カテゴリ（カテゴリカル）データ（categorical data）ともいう。任意に与えられる分類、名前づけのこと。たとえば学校の同学年の中での

クラス分けである。1年1組、1年2組、3組…などと呼ばれていても、1組、2組、3組の間に大小関係はない。1年ひよこ組、1年かもめ組、1年うさぎ組、などと名づけて区別してもよいところを、仮に数字を割り当てただけの「質的変数」である。

② 順序尺度：各対象に割り当てられた数値同士が、大小関係のみを表す場合の尺度。たとえば競技、コンクールなどの順位がこれに当たる。1位、2位、3位と順序づけられるとき、1位は2位より成績が良い、優れていることを意味するが、1位と2位の差は、2位と3位の差と等しいとは限らない。したがって、本来順序尺度には加減乗除のいずれの尺度も施すことはできず、厳密には「質的変数」である。

③ 間隔尺度：割り当てられた数値同士が大小関係を表し、かつ連続した数値の間が等間隔である尺度。たとえば温度がこれに当たる。温度は、1度と2度の間、3度と4度の間は等しいが、原点は任意に定められており、華氏か摂氏かで0℃の温度は異なるので、絶対的なゼロはない。このような尺度には、加減の演算はできるが、乗除の演算は無意味である。

④ 比（率）尺度：測定値間に大小関係があり、間隔が等しく、さらに絶対ゼロ（absolute zero）を持つ尺度。たとえば、長さ、重さ、距離、時間などの物理量である。これらのデータには、加減乗除いずれに演算も施すことができる。3メートルは2メートルより大きく、2メートルと3メートルの間は3メートルと4メートルの間と等しく、さらに2メートルの2倍は4メートルである。

これらの変数の種類の違いを正しく把握しておくことは、数多い統計分析の中から適切な方法を選ぶために不可欠である。たとえば、会話相手（独立変数）に応じた言葉づかい（従属変数）を検討するとき、「そう<u>です</u>ね」と「そう<u>だ</u>ね」の違いに注目するとする。「〜です」と「〜だ」は質的な違い（変数）であるので、質的変数を扱う分析手法（カイ二乗分析等）が適用できるが、量的変数を扱う分析手法（t 検定、分散分析、回帰分析等）はそのままでは適用できない。

3.2 仮説検定

カイ二乗検定をはじめ、あらゆる統計分析[5]は、共通した**統計的(仮説)検定**(statistical test)の論理に基づいて実施される。仮説検定では、明らかにしたい仮説[6]とは反対の、「差や効果がない」とする「**帰無仮説**(null hypothesis), H_0」を立てる。収集したデータから得られる差や効果があらかじめ設定しておいた確率に関する水準より大きければ、帰無仮説を棄却し、「差や効果がある」とする「**対立仮説**(alternative hypothesis, H_1)」を採択し、その傾向は有意であると結論づける根拠となる。このデータから得られる差や効果に関する量のことを、**検定統計量**(test statistic)と総称する。相関分析なら r 値、カイ二乗検定なら χ^2 値、t 検定なら t 値、F 検定なら F 値を指す。これらの検定統計量が十分に大きいといえるかどうかを、**帰無分布**(null distribution)に基づいて判定する。t 検定なら t 分布、F 検定なら F 分布など、検定によって実際に参照する分布は異なる。

検定統計量が偶然を越えて大きいと判定する水準のことを、**有意水準**(significance level)、または**アルファ水準**(alpha level)と呼ぶ。偶然その検定統計量がそこまで大きくなる確率は何%である、というのが有意水準であるから、その確率が小さければ偶然とはいいがたいということで、帰無仮説を棄却することになる。有意水準をどこに設定するかは任意だが、5%、1%、または0.1%に設定されるのが一般的である。

さて、仮説検定の手続きは、母集団から一部のデータを取得し確率論に基づいて一般化可能性を推測するものである。したがって検定の結果は絶対ではなく、常に誤りの可能性を含んでいる。検定の誤りには2種類がある。まず1つは、帰無仮説が正しいのにそれを棄却してしまう誤り、すなわち偽陽性(false positive)である(作業仮説が誤りであるのに有意になってしまう誤り)。表1に示した通り、これを**第1種の誤り**(type I error)または**アルファ過誤**(alpha error)という。もう1つは、帰無仮説が真ではないのに採択してしまう誤り、つまり偽陰性(false negative)である(作業仮説が正しいのに有意にならない誤り)。こちらは**第2種の誤り**(type II error)または**ベータ過誤**(beta error)といわれる。有意水準のことをアルファ水準とも呼ぶのは、検

定結果が対立仮説を採択してはいけないのに採択してしまっているアルファ過誤をどの程度含んでいるかを示しているものだからである。また、対立仮説が真であるときに帰無仮説を正しく棄却できる確率のことを、**検出力**（statistical power、または単に power）という。

表 1 検定における 2 種類の誤り

事実	検定の結果	
	H_0 を採択	H_1 を採択
H_0 が真	正しい（$1-\alpha$）	第 1 種の誤り（α）
H_1 が真	第 2 種の誤り（β）	正しい（$1-\beta$）：検出力

　一般に、カイ二乗検定のような質的変数を扱う検定は、量的変数を扱う検定に比べて検出力が低い、つまり第 2 種の誤り（偽陰性）を生じやすいことが知られている。研究で明らかにしたい作業仮説が実際に正しくても、検定の結果が有意になりにくいことを意味する。反対に、量的変数を扱う検定は、検出力が高い分、第 1 種の誤り（偽陽性）を引き起こしやすい性質がある[7]。自身や他の研究者による量的分析の結果を妥当に評価するため、いたずらに「有意」という言葉におどらされないために、こうした検定における誤りの性質を把握しておくことが重要である。

4. 語用論の量的研究の一例：
クロス集計表に基づいたカイ二乗検定

　統計的仮説検定の基本事項について確認したところで、本節では量的語用論研究の典型例として、質問紙調査を想定し、得られた回答からクロス集計表を作り、それに基づいたカイ二乗検定を行うという一連の手続きを紹介する。なお、ここで紹介する例は、検定の内容を理解しやすくするためにごく単純化した研究課題としてある。データは架空のものを用意した。

4.1 お母さんを何と呼ぶ？：質問紙による頻度データの分析例

お母さんを何と呼ぶかを調べるとしよう。人前と家庭内とでは違うだろうから、ここでは第三者がいない場面で何と呼ぶか調査したとする。それを首都圏在住の 10 代の男女に尋ね、表 2 のとおりの回答が得られたとする。

表 2　10 代男女の母親への呼びかけ方（架空データ）

	「お母さん」	「ママ」
男性	78	59
女性	81	87

10 代男性では、「お母さん」と呼ぶ人が 78 人、「ママ」と呼ぶ人が 59 人となった。一方 10 代女性は、「お母さん」と呼ぶ人が 81 人、「ママ」と呼ぶ人が 87 人である。この調査において、「10 代女性より 10 代男性のほうが『お母さん』と呼ぶ人の割合が多い」ことは事実である。この事実を、「首都圏の 10 代」全員の傾向であると一般化してよいだろうか。たまたま今回尋ねたサンプルでこうなっただけである可能性はないだろうか。そこで、統計的検定を行って、得られたサンプルで見られた傾向（このデータの場合は母親の呼び方の比率の男女差）が偶然とはいえないほど大きいものかどうかを確率論に基づいて判断するのである。

前節で、データの変数（尺度）について「名義」、「順序」、「間隔」、「比（率）」の 4 つの種類があると説明したが、このデータはこれらのうち何に相当するだろうか。「お母さん」と「ママ」の間に大小関係はない。「男性」と「女性」の間にも大小関係はない。したがってこの変数は量的変数ではなく質的変数であり、順序関係もないので「名義尺度」である。「お母さん」と呼ぶ男性が何名で女性が何名か、「ママ」と呼ぶ男性が何名で女性が何名か…というように各カテゴリに含まれる頻度（この場合は人）を扱うことになるので、頻度データ（frequency data）となる。

このデータのように、性別の違いによって母親の呼び方が異なる関係、つまり一方の質的変数の変化にしたがってもう一方の質的変数も変化すること

を、**連関**(**association**)という[8]。質的変数間の連関の大きさを評価する手法として、カイ二乗(χ^2)検定(Chi-squared test)が用いられる[9]。

4.2 カイ二乗検定の手続き

3.2で述べたように、仮説検定はまず帰無仮説(H_0)の設定からはじまる。この場合、「母親の呼び方(お母さんかママか)に10代男女間での差はない」というのが帰無仮説となる。このような頻度データは、表3のようなクロス集計表(cross tabulation)[10]で表現される。クロス集計表では、各変数の各カテゴリの度数(frequency)が示される。一番右の列には行方向の合計(周辺度数: marginal frequency)、一番下の行には列方向の周辺度数があり、一番右下には総度数が示される。2つの変数に連関がない状態というのは、各セルの度数が周辺度数に比例した配分であると表現できる。これを期待度数(expected frequency)という。表3のカッコの中が期待度数である。

表3 10代男女の母親への呼びかけ方のクロス集計表(期待度数付き)

	「お母さん」	「ママ」	計
男性	78	59	137
	(71.4)	(65.6)	(137.0)
女性	81	87	168
	(87.6)	(80.4)	(168.0)
計	159	146	305

帰無仮説は、「お母さん(159)とママ(146)の配分に比例して、男(137)と女(168)の各行におけるお母さんとママの度数が出現する」、となる。カイ二乗検定により、2つの要因(aとb)から成るクロス集計表の各セル(i行, j列)の期待度数(e_{ij})と実際の度数(n_{ij})のずれが大きいか否かを評価し、ずれが大きければこの帰無仮説は棄却され、性別と母親の呼び方に連関があるとする対立仮説が採択される。χ^2値は10.1の式で表される。

$$\chi^2 = \sum_{i=1}^{a}\sum_{j=1}^{b}\frac{(n_{ij}-e_{ij})^2}{e_{ij}}$$

(10.1)

　この式は、すべてのセルについて実際の度数と期待度数の差の2乗を期待度数で割ったものの総和を表す。この χ^2 統計量が、χ^2 分布の当該の自由度 (degree of freedom: df)[11] において、あらかじめ設定した有意確率に対応する値 (臨界値 (critical value)) を越えていれば、帰無仮説は棄却される[12]。a×bのクロス集計表におけるカイ二乗検定の自由度は (a-1)(b-1) と定められており、今回の 2×2 のデータでは自由度は 1 となる。有意水準は、多くの仮説検定に基づく研究の慣例にしたがって 5% とする。であれば、χ^2 分布の自由度 1 における上側確率[13] 0.05 に対応する臨界値 (この場合 3.84) と、得られた値とを比べればよい。この性別＊母親の呼称データの χ^2 値は 2.30 となる[14]。この値は所定の臨界値 3.84 より小さいので、帰無仮説は棄却されず、これらの2つの変数の連関は有意ではないということになる。母親を「お母さん」と呼ぶ比率は男性のほうが (56.9%) 女性より (48.2%) 高いが、それは偶然の域を出ていないと言わなければならない[15]。

4.3　セルが3つ以上のクロス集計表の分析：残差に注目する

　2×2 のカイ二乗検定では、各変数に 2 つしかカテゴリがないので、有意になればすなわち 2 つのカテゴリの間に差異があると考えることができた。しかし、カテゴリ数が 3 つ以上の場合はどうなるだろうか。カイ二乗検定の帰無仮説はあくまでも実際の度数と周辺度数との差異はないというものである。したがって、仮に帰無仮説が棄却されても、実際の度数と周辺度数とは有意に異なる、つまり、そこで得られたクロス集計表の度数の現れ方は偶然ではないと言えるだけであり、その中のどのセルが有意に多いのか少ないのかといったことまでは示していない。

　しかし現実に研究を行う私たちは、どこに違いがあるのかを知りたくて

データを集めるだろう。3セル以上を含むクロス集計表についてカイ二乗検定の結果が有意であった場合に、セルごとに、期待度数に比べて実際に得られた頻度が有意に大きいか小さいかを評価するために、クロス集計表の残差(residual)に注目することができる(Haberman 1973)。

今度は、母親の呼び方について、年代による差を10代、20代、30代、40代とで比べてみるとしよう。女性限定で、表4のようなクロス集計表ができたとする（データは架空である）。10代ではママと呼ぶ方がずいぶん多く、20代ではママのほうが若干多く、30代では若干お母さんが多く、40代ではお母さんのほうがずいぶん多い。「お母さん」と「ママ」のどちらが多いかが逆転するのは20代と30代の間だが、大きな差ではなさそうである。

表4　年代別の女性の母親への呼びかけ方のクロス集計表（期待度数付き）

	「お母さん」	「ママ」	計
10代	68	96	164
	(83.2)	(80.8)	(164.0)
20代	74	79	153
	(77.6)	(75.4)	(153.0)
30代	71	65	136
	(69.0)	(67.0)	(136.0)
40代	93	57	150
	(76.1)	(73.9)	(150.9)
計	306	297	603

カイ二乗検定の帰無仮説(H_0)は、先述のように「実際の出現度数が期待度数と同じである」ことであった。カイ二乗検定の自由度は、(a-1)(b-1)であるので、この場合(2-1)(4-1)で3となる。上述のχ^2値を算出する式にこのクロス集計表の各度数を入れると、13.72となる[16]。これを自由度3の場合のχ^2分布の臨界値と比べる。すると、上側確率0.05の臨界値である7.81よりも、さらに0.01の臨界値である11.34よりも大きい値である。したがっ

てカイ二乗検定の結果、帰無仮説は棄却される。女性の母親の呼び方がママであるかお母さんであるかは、年代によって有意に異なると結論づけられる。

年代と呼び方の連関が有意であるとわかったので、次にどの年代とどの年代が有意に異なるかを調べるために、クロス集計表の残差に注目する。残差分析は、まず要因の効果が有意であった後に、どの群間が有意であるのかをさらに検討するので、「事後検定(post-hoc analysis)」、「多重比較(multiple comparison)」と呼ばれるものの1つと位置づけられる[17]。

各セルにつき、実際の度数が期待度数からどれほど逸脱しているかを表す残差を算出する。ここでは測定間で比較可能であり、標準正規分布の下で値を解釈することのできる調整済み(標準)残差(adjusted (standardized) residual)を計算してみる。調整済み残差 d は、10.2 の式で得られる[18]。

$$d = \frac{n_{ij} - e_{ij}}{\sqrt{e_{ij}\left(1 - \frac{p_i}{N}\right)\left(1 - \frac{p_j}{N}\right)}}$$

(10.2)

p_i は行方向の周辺度数、p_j は列方向の周辺度数、N は総頻度数である。4.1 式と同様に、e_{ij} は期待度数、n_{ij} は実際の度数を表す。この式で得られる各セルの調整済み残差をまとめたものが以下の表である。

表5　年代別の女性の母親への呼びかけ方のクロス集計表の各セルにおける調整済み標準残差

	「お母さん」	「ママ」
10代	-2.8	2.8
20代	-0.7	0.7
30代	0.4	-0.4
40代	3.2	-3.2

調整済み残差は、z値（z-score）に相当する。z値は、標準正規分布の下で各標本の値が平均からどれだけ逸脱しているかを示す値である。z値による統計的検定（z検定）ではいつでも、5%有意水準の臨界値が1.96、1%水準の臨界値が2.58、0.1%水準の臨界値が3.29である[19]。表5の調整済み残差の中でこの臨界値の絶対値を上回るz値があるか探すと、10代の場合(2.8)に5%水準、40代の場合(3.2)に1%水準で有意となっている。正の方向で大きい値は「期待度数より有意に多い」、負の方向で大きい値は「期待度数より有意に少ない」ことを意味する[20]。したがって、10代女性がママと呼ぶ比率は期待されるより有意に高く、反対に40代女性がママと呼ぶ比率は期待されるより有意に低いといえる。20代と30代については、「お母さん」と「ママ」の呼び方の比率の差は有意ではない。

4.4　統計分析の報告

　量的研究の結果を学会や論文などで報告する場合、①対象としたサンプルの特徴、②そのサンプルに対して何らかの調査や実験を行って得られたデータの要約、③得られたデータを分析した結果が必要である。まず、対象としたサンプルの特性については、調査や実験であれば、ヒト（参加者）の特性を報告する。研究目的によって報告事柄も変わるが、募集した集団、人数、男女比、年齢（代表値、散布度、範囲）はどのような場合にも報告すべきだろう。様々な報告の仕方が考えられるが、たとえば以下のようにできる。

　　［報告例］
　　日本語を母語とする50名の大学生および大学院生（うち男性28名）が本実験に参加した。年齢は19.6歳から28.5歳（$M = 22.5$、$SD = 3.4$）であった。[21]

　年齢は、範囲を示して括弧の中に**平均**（mean: M）と**標準偏差**（standard deviation: SD）を示している。データの散らばり具合を示す指標（=散布度）としては、代表的なのが**分散**（variation）と標準偏差である。データの平均か

らの差を2乗して合計し、それを全体のデータ数(サンプル数)で割ったものが分散、分散の平方根をとったのが標準偏差である。データの特性を記述するためには、分散より標準偏差を示すことが多い。というのは、分散は個々の変数を2乗しており次元が異なっているのに対して、標準偏差は分散の平方根をとって次元を元通りにしているので、データの散らばり具合を把握しやすいからである。

　標準偏差には、不偏標準偏差(平均からの偏差平方和を n-1 で割ったもの)と標本標準偏差(平均からの偏差平方和を n で割ったもの)とがある。不偏標準偏差は、得られたサンプルから母集団を推測する文脈で用いられる指標である。一方調査・実験参加者の特徴の報告という文脈では、その特徴が母集団を推測するわけではなく単なる事実の報告なので、標本標準偏差を報告する[22]。報告の際は、以下の点に注意しなければならない[23]。

a. 英数字が半角であること(全角でないこと)
b. 統計値はイタリック(斜体)にする(ギリシャ文字は標準)
c. 数字、単位、等号不等号との間には半角スペースを置く(全角でないことに注意)
d. コンマの後には半角スペースを置く(全角でないことに注意)
e. 小数点は第2位か第3位まで示す(指標の種類ごとに論文内で一貫させること)
f. 「0.56」などのようにゼロ以下の小数点を示すとき、ゼロは省略されることがある(記してもよい。ただし論文内で一貫していること。)

　小数点を何桁まで報告すればよいかは、各研究者の方針にもよるであろうが、元々のデータが持っている桁数より1桁多く、多くても2桁まで示せば十分であろう。整数である人数や頻度の平均や標準偏差等を示すときには、小数点第1位か2位までで十分であるということである。
　次に、分析の方法や結果の報告については、クロス集計表に基づいたカイ二乗検定の基本的な報告の場合にはたとえば以下のようになる。

［報告例］

　年代によって女性の母親に対する呼び方が異なるかどうかを尋ねる調査を行った。カイ二乗検定を行ったところ、女性話者の年代によって「お母さん」と呼ぶ比率と「ママ」と呼ぶ比率が有意に異なっていた（$\chi^2(3) = 13.72, p < .01$）。さらにクロス集計表の残差分析によって 10 代から 40 代までの年代差を検討したところ、10 代における呼び方の比率の差（調整済み標準残差：2.8, $p < .05$）と、40 代における呼び方の比率の差（同 3.2, $p < .01$）が有意であった。20 代（同 0.7）と 30 代（同 0.4）においては、呼び方に有意差は認められなかった。

5.　語用論的機能の評定の信頼性：形式的手がかりがないとき

　前節で扱ったデータ例は、「お母さん」か「ママ」かという形式の違いを調べるものであったが、語用論が関心とする現象は、形式的な手がかりをよりどころとすることができない場合が多いだろう。語用論とは、ある言語表現の「相互交渉における意味（Thomas 1995）」を考えるものであった。1 つの言語表現は、それが置かれる環境（文脈や人の動機、対人関係等）によって意味が変わるところに関心があるわけだから、それは当然である。

　実際に他者と話をしていて、相手が言っていることから真意をはかりかねることはよくある。たとえば何かを頼んだり誘ったりして「考えておきます。」と言われた場合、それを言葉通りに本当に検討してくれるつもりなのか、それとも間接的に断られているか、どちらだろうか。相手の意図を判断するのに何ら形式的な手がかりはなく、文脈、相手の日頃のものの言い方、対人関係等あらゆる状況証拠を援用しながら、きっとこう思っているのだろうと推測するしかない。その受け取り方は、しばしば聞き手によって異なる。

　このような判断に揺れの生じ得る言語表現の語用論的機能を量的に分析することは可能だろうか。形式的に評定できない現象の評定、言い方を変えれ

ば主観による判断の揺れが起こりうるような現象を評定する際には、統計分析を行う前に、その評定方法の確かさを確認しておく必要がある。こうした、測りたいものをどれくらい正確に測っているか、その方法で何度やっても同じ結果が得られるかという問題を、**信頼性**(reliability)という(中澤・大野木・南 1997)[24]。形式に依らない内容から評定を行うような場合、その評定の手続きが信頼できる(reliable)ことを示す根拠を報告すべきである。本節では、信頼性、とくに複数の人の評定が一致する程度を示す指標として、**評定者間信頼性係数**(inter-rater reliability)について紹介する。

　当然のことながら、まず評定基準をできる限り明確かつ詳細に、自分以外の誰でもそれで評定できるような説明を用意する。その基準は、相互に排他的(mutually-exclusive)でなければならない。つまり、ある現象についてAとBという2つの分類を設けるなら、個々の現象がAでもありBでもあるということがないような基準をたてなければならない。この説明にしたがって、複数の評定者間が別々に(途中で相談せずに)評定を行い、その一致度がどの程度高いかを評価するのである。

　「考えておきます」の例を使って信頼性係数を計算してみよう。「考えておきます」という発話が起こった会話場面が仮に50回あったとして、それを録音、文字化した資料を2人の評定者(AさんとBさん)がそれぞれ読み、その「考えておきます」が字義通りの「検討」なのか間接的な「断り」なのかを別々に判断してもらったとする。その結果は、表6のようなクロス集計表に表すことができる(架空データである)。

表6 「考えておきます」の意図の評定結果の例(架空データ)

		評定者A		計
		「断り」	「検討」	
評定者B	「断り」	20	5	25
	「検討」	10	15	25
	計	30	20	50

ここで、両評定者の判断が一致している割合、つまり単純一致率（percentage agreement）を計算すれば、両者とも「断り」と評定した20名分と両者とも「検討」としている15名分（合わせて35名）を全50名で割った70%となる。しかし、この単純一致率だけでは評定者間信頼性の推定としては不十分である。なぜなら、まずこの割合は、両評定者の不一致のセルの分布を考慮していない。また、この単純一致率が偶然そのような割合になっただけである可能性を考慮していない。さらに単純一致率は、分類のカテゴリ数が少ないときにバイアスを生じやすいことが知られているからである。そこで、このような確率的なバイアスを補正する目的で、評定者間信頼性に関するいくつかの係数（coefficient）が提案されている。伝統的によく使われてきた指標は、Cohenのkappa（κ）係数であった。しかし統計的にはScottのpi（π）係数のほうが望ましいことが知られているが、この係数にはセルが2×2の分類にしか適用できないという限界があった。近年、この限界を克服するScottのπ係数を発展させた指標として、Krippendorffのalpha（α）係数が提案されている[25]。これは3条件以上の分類や2名以上の評定者のふるまいを考慮でき、さらに名義、順序、間隔、比率のすべての尺度に適用できる（Krippendorff 2004）[26]。Scottのπ係数とCohenのκ係数は、ともに次式で表現される。

$$\frac{P_a - P_e}{1 - P_e}$$

(10.3)

　ここで、P_aは観察された一致率（observed agreement）、P_eは偶然一致すると仮定される確率（chance agreement）を表す。πとκの違いは、P_eの導き方が異なる点にあり、前者はジョイント比（joint proportion）、後者はランダム確率（random agreement）を利用している。統計的には、ジョイント比が最もシンプルかつ頑健な（robust）測定法と考えられている（Uebersax 1987）。これに対してランダム確率は、評定者の奇異な評定を考慮せず、その結果しばし

ば値を膨張させてしまうことがある (Hayes & Krippendorff 2007)[27]。この係数の評価の目安として、Krippendorff (2004) は、0.8 以上であれば信頼でき、暫定的な結論には最低でも 0.667 以上を要すると述べている。

6. おわりに

　量的研究は、ある現象について一般化を導くためにデータを収集し統計的検定によって検討する過程であるとはじめに述べた。しかしこの手続きは、確率に基づく推測に過ぎない。ある領域で慣例となって金科玉条のように用いられている手法も絶対ではない。現行する手法は将来より良い別の手法に取って代わられ得るものであること、また 1 つのデータに適用できる手法は 1 つとは限らないことを念頭に置いておくべきである。

　本章で紹介した質問紙調査では、言語使用者本人の意識(主観)を尋ねることができる。しかし現実には、意識に上らないまま進行する多くの言語理解や産出のプロセスが潜んでいる。やりとりの「受け手(聞き手や読み手)」の無意識の反応を知る手がかりを得るためには、使用者の行動を検討する実験パラダイム (Holtgraves 2002、Noveck and Sperber 2006 等)や、行動にともなう種々の生理(身体)反応を調べることなどが考えられる(木山 印刷中)。そうした研究の実現には、様々な技法を適切に運用するための研究方法論を習得しなければならない[28]。人間の語用論的言語処理の機序を明らかにするためには、このような「主観 − 行動 − 生理」の三側面を相補的に考察することが必要になっていくだろう。はっきりとは捉えにくく、量的分析に適用させるには工夫を要する語用論的現象ではあるが、そこに果敢に挑もうとする研究が増えることが望まれる。

読書案内

・Holtgraves, Thomas. (2002) *Language and Social Action*, Lawrence Erlbaum.
　言語使用や理解を動機づける社会的要因や人間の特性について、実験的に

調査や行動実験によって検証するとはどういうことか、その醍醐味に触れることができる。

・石川慎一郎・前田忠彦・山崎誠 (2013)『言語研究のための統計入門』くろしお出版：コーパスデータに基づいて、本章で扱うことのできなかった量的変数を扱う様々な統計的分析手法の実際の進め方が紹介されている。
・田中典子 (2013)『はじめての論文：語用論的な視点で調査・研究する』春風社：会話観察、ロールプレイ、インタビュー、質問紙、テキスト分析等による語用論研究の実践的な入門書である。はじめて研究に取り組む際に、研究アイデアを見つける手がかりを得られるだろう。

注
1 これを交絡要因 (confounding factor) という。
2 たとえば、同じ「断り」を、同級生、先輩、後輩、先生のそれぞれ親しい場合と親しくない相手など、色々な組み合わせで相手を想定するような場合、参加者1人につきそれらのすべての組み合わせによる相手を連れてくるのは、現実的には難しいだろう。
3 語用論の関心事にしたがって調査・研究を行う入門書としては、田中 (2013) がある。
4 尺度 (scale) という用語は、心理学で心理特性等を測定する質問紙 (psychological scale) のことを指すことがあるが、ここでは統計分析のために用いるデータの種類について言及している。
5 t 検定、F 検定等々、様々な検定がある。
6 「作業仮説」という。
7 検定の結果が有意になるかどうかは、(差や相関などの) 効果の大きさとサンプル数に依存する。したがって、2種類の過誤の確率を抑えるために、調査・実験を行う際に過不足ないサンプル数を用意することが重要となる。適切なサンプル数がどの程度かを推定するためには、検定力分析 (power analysis) を行うことが推奨される。また、検定の結果をより正当に評価するために、サンプル数に依存しない効果の大きさそのもの (効果量；effect size) を把握することも重要である。本章では紙幅の都合で触れられないが、検定力分析や効果量については水本・竹内 (2008) や大久保・岡田 (2012) に詳しく紹介されている。
8 これに対して、量的な2つの変数が増減をともにする関係を「相関 (correlation)」という。
9 本章では、検定の適用の仕方を述べるものであり、実際的な統計ソフトウェア (R、SPSS 等) の使い方については触れることができない。表計算ソフト (Excel) でカイ二乗

検定を行う手順は、縄田(2007)で紹介されている。また、カイ二乗検定は、標準正規分布に従う検定統計量 z の検定結果と常に同じになるので、比率の差の検定として z 検定を適用することもできる(南風原, 2002, p. 190)。
10 クロス集計表は、連関表(contingency table)とも呼ばれる。
11 自由度は、各検定(t 検定、F 検定等)によって決められているので、適宜それらを参照することになる。統計ソフトウェアを利用する場合は、分析者が指定する必要はない。
12 統計学の教科書には、自由度に応じた臨界値(critical value)の一覧が巻末の付表として示されていることが多い。統計ソフトウェアを使用する場合は参照する必要はない。
13 その値より高くなる確率のこと。たまたまその値より大きくなる確率が十分に低ければ(0.5% とか 0.1% とか)、今回のサンプリングによる差は有意であると結論づけてよいことになる。
14
$$\chi^2 = \frac{(78-71.4)^2}{71.4} + \frac{(59-65.6)^2}{65.6} + \frac{(81-87.6)^2}{87.6} + \frac{(87-80.4)^2}{80.4} = 2.30 \qquad (10.4)$$
15 今とりあげた架空データでは、各セルの実際の度数も期待度数も数十であった。ところが、各セルの期待度数が 5 未満である場合には、注意が必要である。χ^2 値のみでは十分な精度の推測が行えないため、フィッシャーの精密検定(Fisher's exact test)を行うことになる。統計ソフトウェアでは、カイ二乗検定の際にこの結果を同時に出力することができる。
16
$$\chi^2 = \frac{(68-83.2)^2}{83.2} + \frac{(96-80.8)^2}{80.8} + \frac{(74-77.6)^2}{77.6} + \frac{(79-75.4)^2}{75.4} + \frac{(71-69.0)^2}{69.0} +$$
$$\frac{(65-67.0)^2}{67.0} + \frac{(93-76.1)^2}{76.1} + \frac{(57-73.9)^2}{73.9} = 13.72 \qquad (10.5)$$
17 質的な変数による量的な変数の変化を検討する分散分析(analysis of variance: ANOVA)を行う場合にも、3 群以上の比較には事後比較を行う。
18 R や SPSS といった統計ソフトウェアでも算出できる。
19 たいていの統計の教科書には、付録として主な分布の臨界値の表が掲載されている。
20 群間の差ではなく、そのセル 1 つについて、期待度数と実際の度数との差異が有意かどうかを検討しているものである。
21 発表する学術誌の領域によっては、M, SD とせずに「平均」「標準偏差」と日本語で示したほうがいいかもしれない。また、= の前後、カンマの後に半角スペースがあることに注意。
22 表計算ソフトや種々の統計ソフトウェアで計算できる。エクセルでは、標本標準偏差は関数(stdevp)で、データの範囲を指定すればよい。
23 このような表記の仕方は研究領域によっても異なるが、アメリカ心理学会が刊行している『APA 論文作成マニュアル』(アメリカ心理学会 2011)のスタイルが包括的に表記方法を提示しているので、参考になる。
24 これに対して、測りたいものを測れているかという問題を妥当性(validity)という。たとえば、国語力を測りたいのに算数のテストの得点を見ても無意味であり、国語のテ

ストを行わなければならない。
25 統計ソフトウェア(SPSSやSASのマクロ、R等)で計算できる。
26 コミュニケーション研究の国際学術誌 *Human Communication Research* では、2004年30号3巻で、内容分析(content analysis)における信頼性の特集が編まれた。
27 表6を例にジョイント比を採るπ係数とランダム確率に基づくκ係数とを比べてみると次のようになる。まず5.1式のP_aは単純一致率のことで、0.7となる。P_eは、ジョイント比で導出する場合、各評定者の周辺度数の和を総頻度数で割って評定者数で掛けたものの平方和を出し、それを全項目足せばよい。「断り」の評定について、評定者Aの周辺度数(両回答の合計)は21、評定者Bの周辺度数は34となるので、ジョイント比は(25 + 30)／(50*2) = 0.55である。これを平方和して0.3025となる。「検討」の評定も同様の計算をすると、(25 + 20)／(50*2) = 0.35、平方和が0.2025となる。これらを足した0.42がジョイント比であり、5.1式のP_eに代入して得られたπは、0.3939…となる。

　次にランダム確率に基づくκ係数を算出してみよう。P_aは同じである。P_eについては、まず評定者Aが「断り」といった確率が30／50で60％、「検討」の確率が20／50で40％である。評定者Bは、「断り」も「検討」も50％ずつである。すると両者が「断り」のランダム確率は0.6×0.5で0.3、「検討」のランダム確率は0.4×0.5で0.2となる。したがって全体のランダム確率は0.3 + 0.2で0.5となる。これを5.1式のP_eに代入すると、κ = 0.4が得られる。このように、若干ではあるがπ係数のほうが値が抑えられており、より保守的な(厳しい)指標であることが分かる。
28 統計の基礎については南風原(2002)、小野寺・菱村(2005)、吉田(1998)、統計ソフトウェアRを用いた統計分析入門については山田・杉澤・村井(2008)、SPSSの入門については馬場(2005)といった良書がある。言語研究における統計の教科書としては、石川・前田・山崎(2013)や小泉編著(2016)等がある。

参考文献

American Psychological Association. (2009) *Publication Manual of the American Psychological Association, 6th Edition*, Washington DC. American Psychological Association(アメリカ心理学会　前田樹海・江藤裕之・田中建彦訳(2011)『APA論文作成マニュアル 第2版』医学書院)

馬場浩也(2005)『SPSSで学ぶ統計分析入門　第2版』東洋経済新報社

Haberman, Shelby, J. (1973) The analysis of residuals in cross-classified tables, *Biometrics 29*(*1*), pp.205–220.

南風原朝和(2002)『心理統計学の基礎：統合的理解のために』有斐閣アルマ

Hayes, Andrew, F. and Krippendorff, Klaus. (2007) Answering the call for a standard reliability

measure for coding data. *Communication Methods and Measures 1*, pp.77–89.
Holtgraves, Thomas. (2002) *Language and Social Action*, Lawrence Erlbaum.
石川慎一郎・前田忠彦・山崎誠(2013)『言語研究のための統計入門』くろしお出版
木山幸子(印刷中)「語用論」『実験心理学ハンドブック』朝倉書店
小泉政利編著(2016)『クロスセクショナル統計シリーズ　ここからはじめる言語学プラス統計分析』共立出版
Krippendorff, Klaus. (2004) *Content analysis: An introduction to its methodology. Second Edition.* Thousand Oaks, CA: Sage.
水本篤・竹内理(2008)「研究論文における効果量の報告のために：基礎的概念と注意点」『英語教育研究』31, pp.57–66.
中澤潤・大野木裕明・南博文(1997)『心理学マニュアル　観察法』北大路書房
Noveck, Ira A., and Dan Sperber. (2006) *Experimental Pragmatics* (*Palgrave Studies in Pragmatics, Languages and Cognition*), Hampshire, UK: Palgrave Macmillan
縄田和満(2007)『Excelによる統計入門—Excel2007対応版』朝倉書店
大久保街亜・岡田謙介(2012)『伝えるための心理統計：効果量・信頼区間・検定力』勁草書房
小野寺孝義・菱村豊(2005)『文科系学生のための新統計学』ナカニシヤ出版
田中典子(2013)『はじめての論文―語用論的な視点で調査・研究する』春風社
Thomas, Jenny. (1995) *Meaning in Interaction: An Introduction to Pragmatics,* London: Longman.（トマス　浅羽享一監修　田中典子・津留崎毅・鶴田庸子・成瀬真理訳(1996)『語用論入門―話し手と聞き手の相互交渉が生み出す意味』研究社）
Uebersax, John S. (1987) Diversity of decision-making models and the measurement of interrater agreement, *Psychological Bulletin 101*, pp.140–146.
山田剛史・杉澤武俊・村井潤一郎(2008)『Rによるやさしい統計学』オーム社
吉田寿夫(1998)『本当にわかりやすいすごく大切なことが書いてあるごく初歩の統計の本』北大路書房

あとがき

　アルゼンチンの作家 J.L. ボルヘスは『七つの夜』の中で、「因果関係がわからないと魔法だと人は言うが、魔法にも因果関係はある」という趣旨のことを述べている。スマートフォンを百年前の人間が見たら魔法だと思うかもしれないが、現代人は概念的に大づかみに、ではあっても、そのしくみを理解しているので魔法だとは思わない。私に偏微分方程式の問題は解けないが、すらすら解答する数学者を見ても魔法使いだとは思わない。わからないながらに、その「わからなさ」が想像できる範囲に収まっているからだ。人は、自分の想像を越える「わからなさ」を前にしてその隔たりの質と量を越えられないと直感するとき、「魔法」と言うのだ。奇術の種明かしのように「わからなさ」が雲散霧消することもあるが、学問の場合そうはいかない。魔法のように見える薄い膜を少しずつはがしていくだけである。はがしてしまえば魔法の膜ではなく、それらは緻密な設計図やアイディアのメモに過ぎないとわかるだろう。

　とは言っても、若かりし頃の私自身も越えられそうにない壁を前に立ちすくんでいた者の一人だった。「たじろぐな。地道に進めばいつか越えられる」と言われても半信半疑のままだった。そんなとき壁を越えるためのヒントがあればどんなに心強かったことだろう。一瞬のうちに壁を消すことはできないにしても、どこから登れば登りやすいか、どのあたりでどういう注意を払えばよいか、勢いをつけて登れるところはどこか、などが、あらかじめわかっていれば、心構えはずいぶん違うはずだ。この本は、これ一冊で語用論のことがすべてわかるという魔法の書ではないが、進み方や注意の必要な点、面白さや難しさなどを説き導くガイドブックである。

　ひつじ書房の松本社長から、語用論研究法のガイドブックをつくりたいというお話をいただいたところから本書は始まった。編者に滝浦さんと加藤が

加わることはすぐに決まり、どのような領域をどの先生に依頼するかについて素案を作り、構成案を確定する作業も比較的スムーズに進んだ。各章の執筆者の先生に打診してご快諾をいただき、予定通りにほとんどの原稿が集まった。途中で予想外の事態が生じたことや、主に編者らの脱稿が遅れたこともあって、早くに原稿を用意して下さった寄稿者にはご迷惑をおかけした。原稿が揃うとすべての原稿に編者が目を通し、改善した方がよいところ、わかりにくいところ、全体の整合性から修正してほしいところなどのコメントを付けて戻し、修稿する形でピアレビューのプロセスを設けた。編者らが担当した章は、編者相互に読んで改善点の提案や問題点の指摘を行って、修稿する手順を踏んでいる。どの章も深い識見に裏打ちされた、極上の指南書として読み応えがあることがおわかりいただけると思う。

　編著者は、寄稿者の先生方に原稿をお願いしつつ、みずからもよいものを書かねばならないという気負いがあり、さらに全体の進行にも気を配らねばならず、苦労も多い。しかし、今回は滝浦さんと編集作業を進める中で学ぶことも多く、構成の相談をしながら一献傾ける機会もあり、苦労だけではなかった。語用論は、多種多様で、来る者は拒まずというくらい間口が広い。本書をきっかけとして今後若い研究者や学生・院生が語用論の研究に関わってくれるなら編者としてこれにまさる喜びはない。

秋空に七竈の朱の鮮やかなる頃に
加藤重広

索　引

A
alpha（α）係数　277

I
I原理　14

K
kappa（κ）係数　277

M
M原理　14

P
pi（π）係数　277

Q
Q原理　12, 14

R
R原理　12

T
T-form　109

V
V-form　109

Z
z値（z-score）　273

あ
あいづち　41, 252
曖昧指示　62
アノテーション　123
アンケート　254
暗示的指導　221

い
一般会話推意　24, 26
一般慣習推意　161
一般語用論（General pragmatics）　106
一般的な傾向　120
意図明示的コミュニケーション　189
意図明示的推論的コミュニケーション　193
異文化間語用論　217
異文化間発話行為実現プロジェクト　218
異文化間変異　217
意味公式　249, 250, 251, 254, 256
意味論的前提　31
インポライトネス　92, 98

う
うそ　194

え
エスノメソドロジー　239
遠隔化　88
演劇　109
演劇テキスト　109

お
横断的研究　220, 223
オーディエンス・デザイン　39

か
外国語環境　221
カイ二乗検定　269
介入型研究　224
解放的語用論　136
会話推意　24–26
会話的含意　117
会話の含意　219
会話の公理　247
会話分析　222
書かれたことば　125
書きことば性　114
過去のコミュニケーション　105
重なり　244, 252
過剰般化　220
仮説検定　266
含意　30
間隔尺度　265
関係性の原則　10
韓国語　86
観察型研究　224
慣習推意　24, 29
慣習的発話内行為　21
間主観化　110, 116, 117

間接照応　56
間接発話行為　219
関連性　37
関連性の伝達原理　190

き
記憶指示　50, 58, 59
基幹発話行為　39
聞き手側　97
聞き手の視点　69, 70
聞き手の注意　63, 64
聞き手領域指示　52, 62
戯曲　113
疑似前提　33
気づき仮説　234
機能　250
機能から形式へ　85
機能―形式の対応づけ　108, 109
規範　81
帰無仮説 (null hypothesis), H_0　266
協調原理　9–11, 22, 30, 38, 44
協調の原理　77
共同構築　222
共鳴　43
距離　100
距離区分　50, 51
近接化　89

く
グライス　77
くり返し　252
クロス集計表 (cross tabulation)　269
訓練上の転移　220, 231

け

敬意逓減の法則　93
経験論的データ分析　126
敬語　87
形式—機能の対応づけ　108, 109
形式文脈　35, 37
ゲイル・ジェファーソン　247, 248
言語行為　85
言語行動　250, 253–256
言語知識　36
言語論的転回　8
検索ソフト　119
検出力　267
言説的　88
検定統計量（test statistic）　266
現場指示　50, 59

こ

語彙学習　188, 196, 197
語彙的意味　111
攻撃的言語行動　111
皇室敬語　101
口述式談話完成テスト　227
構造主義言語学　240
行動　278
口頭報告　229
後方照応　54
合理性　82
コーパス　263
コーパスアプローチ　119, 123
コーパスデータ　125
コーパス編纂　119
心の理論　188, 193, 197, 208, 211
誤執行　17, 18

呼称　91, 109
誤信念課題　193, 206
誤発動　17, 18
コピュラ　180
コミュニケーション能力　221
語用言語学　107, 219
語用障害　204
語用的労力　13
語用論化　110, 117
語用論性　133, 137, 147, 153
語用論的機能　275
語用論的空間　112
語用論的失敗　220
語用論的視点　105
語用論的転移　218
語用論的ノイズ　113
語用論的フィロロジー　108
語用論的類型論　135, 136
語用論的労力　14
コロケーション　123
コンコーダンサ　123

さ

再現可能性　262
最小性の原理　14
裁判記録　109, 113
させていただく　92
残差　270, 271
サンプルテキスト　121

し

ジェスチャー用法　64, 73
自己観察　229
事後検定（post-hoc analysis）　272

自己実況報告　229
事後テスト　224
自己報告　229
指示　49
指示詞　49, 50
指示表現　49
事象叙述文　173, 181
自然会話　240, 253
自然談話の記録　225
事前テスト　224
実験群　224
質的研究　222, 261
質的分析　126
質の原則　10
ジップの法則　12
質問紙調査　264
視点　63
自閉スペクトラム症　203
社会言語学　80
社会語用論　107, 219
社会語用論的変異　217
集合発話行為　39
従属変数（dependent variable）　264
縦断的研究　220, 223
自由度（degree of freedom: df）　270
受益構文　164
主観　278
主観化　110, 116
授受表現　94
述体　177
順序尺度　265
準推意　29
使用基盤モデル　6
状況可能　176

状況文脈　34, 37
焦点　166–169, 174
情報意図　189
情報構造　167
情報の信頼性　199
書簡　109, 113
処理労力　37, 190, 191
事例研究　223
真正なデータ　113
シンボリック用法　73
信頼性（reliability）　276
真理条件　6

す

推意　22, 24–30, 44, 170–172, 182, 201
遂行イメージ　255
遂行動詞　17–19
遂行文　17
ストラテジー　82
スピーチレベル　86
スモールトーク　42

せ

誠実性条件　19, 20
生得的教育（natural pedagogy）仮説　188
制度的状況の会話　225
生理　278
世界知識　36, 37, 160
選好　162, 175, 178, 180, 181, 183
潜在的ポライトネス　100
前提　31–33, 166, 168
前提の残存　31
前方照応　54

そ

相互含意　30
相互行為能力　221
操作　263
相対敬語　89
増幅規則　14
属性　59, 60
属性叙述文　173, 181
素材敬語　89
存在論的前提　31

た

ターン　243, 244
ターン・テイキング　243, 246
ダイアリー・スタディー　229
第一世代のコーパス　120
ダイクシス　49
ダイクシス表現　49
第三者敬語　90
第三世代のコーパス　122
対照語用論　86
第二言語環境　220
第二世代コーパス　121
対立仮説（alternative hypothesis, H_1）　266
多肢選択アンケート　226
多重比較（multiple comparison）　272
脱文脈化　4, 5
単位　249
談話化　110
談話完成タスク（discourse completion task: DCT）　263
談話完成テスト　226, 241, 251, 254
談話（言説）的アプローチ　221
談話標識　41, 111, 182
談話文法　160, 161, 164, 182

ち

遅延事後テスト　224
注意　63
中間言語　218
中間言語語用論　135, 137, 146, 148, 218
中距離指示　52, 62, 65
中国語　86
調査回答　254
聴者中心モデル　38
調整　33
調整済み（標準）残差（adjusted (standardized) residual）　272
直示　49, 61, 68
直示表現　49
沈黙　244, 252

つ

追随的注意　66, 67
通時的機能―形式の対応づけ　111
通時的形式―機能の対応づけ　110
通時的語用論　108
通時的スピーチアクト研究　111
通時的変化　116

て

ていただく　95
丁寧過剰　93
丁寧語　88
データの信頼性　124
データ分析　126
データ問題　114, 124
適切移行場　41

適切性条件　17, 20
てくださる　95
転記　247, 248
電子辞書　122
伝達意図　189, 191, 194
伝達効率　78
伝達的発話内行為　21

と
統覚　177, 179
統計的処理　120
同語反復文　11
統制　263
統制群　224
特殊会話推意　24, 26
独立変数（independent variable）　264
度数（frequency）　269
取り消し可能　171
取り消し可能性　25, 30, 170
とりたて詞　167

に
二次元モデル　235
二重敬語　93
日常言語学派　8
日本語記述文法　160, 161, 167, 170, 177, 182, 183
人魚構文　180
人間関係像　90
認識的警戒心　192
認識的警戒心（epistemic vigilance）　188
認識論的意味　111
人称区分　50, 51
認知言語学　6, 36

認知効果　190, 191
認知的警戒心　198
認知類型論　136

の
能力可能　176

は
ハーヴェイ・サックス　239
橋渡し推論　55
働きかけ　83
発言権　40, 41
発語行為　16
発話　2, 7
発話解釈　8
発話機能　240, 250, 251
発話行為　15, 16, 20, 21, 44, 218
発話思考法　229
発話内行為　15, 16, 19
発話内目的　19
発話内力　16, 20, 35
発話媒介行為　15, 16
話されたことば　125
話しことば性　114
話しことば対書きことば　114
話し手側　97
パラ言語　2
パラダイム・シフト　127
パラメータコード　121
パロール　7

ひ
非従属化　178, 179
皮肉　11, 188, 194, 202, 209

百科全書的知識　35
非優先選好形式　246
表意　28
評価尺度法　228
表出的意味　116
標準偏差 (standard deviation: SD)　273
評定者間信頼性係数 (inter-rater reliability)　276
標本標準偏差　274
比 (率) 尺度　265
頻度データ (frequency data)　268

ふ
フィラー　41, 252
フェイス　79
フォローアップ・インタビュー　230
複雑適応系　161
普遍性　4
不偏標準偏差　274
ブラウン＆レヴィンソン　78
フレーム知識　57, 73
分散 (variation)　273
文法化　117
文脈　1, 3-5, 10, 27, 30-32, 34, 35, 37
文脈化　5
文脈効果　37
文脈指示　50, 54, 55
分裂文　166, 167

へ
平均 (mean: M)　273
ヘッジ　147-151
偏移　81
変化　81

変数　264

ほ
方法論　124
飽和　28
ポライトネス　77, 218
ポライトネスの規則　78
ポライトネスの原理　79

ま
マクロの視点　106, 118
魔女裁判　118

み
ミクロの視点　106, 118

む
ムーヴ　249

め
名義尺度　264
明示的指導　221
命題行為　16
命題的意味　116
面接調査　254

も
モーダルな属性　60
モーダル用法　61
模擬タスク　226

や
優しいうそ　202

ゆ

有意水準（significance level）　266
優先選好形式　246
誘導的注意　65, 67, 70
誘導的注意用法　64, 65

よ

様態の原則　10
呼びかけ語（vocatives）　109

ら

ラポールトーク　42
ラング　2, 7
濫用　17, 18

り

量的研究　222, 261
量的分析　120, 126
量の原則　10
臨界値（critical value）　270
隣接ペア　244–246

る

類型論的談話分析　135

れ

例外的な用例　120
歴史語用論　91
歴史語用論ジャーナル　107
歴史社会語用論　106
歴史的コンテクスト　115
歴史的裁判記録　113
歴史的談話分析　106
レポートトーク　42

連関（association）　269
連結的意味　116
連鎖パターン　249, 251, 256
連想照応　56, 73
連体形　138–142, 144–146

ろ

ロールプレイ　225, 253

わ

わきまえ　83
話者交替　40, 41
話者中心モデル　38
ワッフル現象　220

執筆者紹介(五十音順　*は編者)

加藤重広(かとう しげひろ)　北海道大学・大学院文学研究院言語科学講座　教授 *
主な著書：『日本語語用論のしくみ』(研究社、2004)、『日本語統語特性論』(北海道大学出版会、2013)、など。

木山幸子(きやま さちこ)　東北大学・大学院文学研究科言語学研究室　准教授
主な論文：Individual mentalizing ability boosts flexibility toward a linguistic marker of social distance: An ERP investigation (共著、*Journal of Neurolinguistics* 47、Elsevier、2018)、「自他両用の「－化する」における自動詞用法と他動詞用法の比較—新聞コーパスの用例に基づく多変量解析」(共著、『言語研究』139 号、日本言語学会、2011)、など。

熊谷智子(くまがい ともこ)　東京女子大学・現代教養学部　教授
主な論文・著書：『三者面接調査におけるコミュニケーション—相互行為と参加の枠組み』(共著、くろしお出版、2010)、「面接調査談話における〈出演者〉のプレイ」(『コミュニケーションのダイナミズム—自然発話データから』ひつじ書房、2016)、など。

澤田淳(さわだ じゅん)　青山学院大学・文学部　准教授
主な論文：「日本語の授与動詞構文の構文パターンの類型化—他言語との比較対照と合わせて」(『言語研究』145 号、日本言語学会、2014)、「ダイクシスからみた日本語の歴史—直示述語、敬語、指示詞を中心に」(『日本語語用論フォーラム 1』ひつじ書房、2015)、など。

椎名美智(しいな みち)　法政大学・文学部　教授
主な著書：『歴史語用論入門—過去のコミュニケーションを復元する』(共編著、大修館書店、2011)、『歴史語用論の世界—文法化・待遇表現・発話行為』(ひつじ書房、2014)、など。

清水崇文(しみず たかふみ)　上智大学・言語教育研究センター・
　　　　　　　　　　　　大学院言語科学研究科　教授
主な著書：『中間言語語用論概論—第二言語学習者の語用論的能力の使用・習得・教育』(スリーエーネットワーク、2009)、『コミュニケーション能力を伸ばす授業づくり—日本語教師のための語用論的指導の手引き』(スリーエーネットワーク、2018)、など。

滝浦真人(たきうら まさと)　放送大学・教養学部・大学院文化科学研究科　教授 *
主な著書：『ポライトネス入門』(研究社、2008)、『日本語は親しさを伝えられるか』(岩波書店、2013)、など。

松井智子(まつい ともこ)　東京学芸大学・国際教育センター　教授
主な著書：*Bridging and Relevance* (John Benjamins、2000)、『子どものうそ、大人の皮肉—ことばのオモテとウラがわかるには』(岩波書店、2013)、など。

堀江薫(ほりえ かおる)　名古屋大学・文学部・大学院人文学研究科　教授
主な著書：*Complementation: Cognitive and Functional Perspectives* (編著、John Benjamins、2000)、『言語のタイポロジー—認知類型論のアプローチ』(共著、研究社、2009)、など。

語用論研究法ガイドブック

A Guidebook for Research in Pragmatics
Edited by KATO Shigehiro and TAKIURA Masato

発行	2016 年 11 月 28 日　初版 1 刷
	2019 年 12 月 5 日　　　2 刷
定価	2800 円 + 税
編者	ⓒ 加藤重広・滝浦真人
発行者	松本功
装幀者	大崎善治
カバーイラスト	萱島雄太
印刷・製本所	株式会社 ディグ
発行所	株式会社 ひつじ書房
	〒 112-0011 東京都文京区千石 2-1-2 大和ビル 2 階
	Tel.03-5319-4916 Fax.03-5319-4917
	郵便振替 00120-8-142852
	toiawase@hituzi.co.jp　http://www.hituzi.co.jp/

ISBN978-4-89476-835-2

造本には充分注意しておりますが、落丁・乱丁などがございましたら、小社かお買上げ書店にておとりかえいたします。ご意見、ご感想など、小社までお寄せ下されば幸いです。

［刊行のご案内］

手続き的意味論
談話連結語の意味論と語用論
　武内道子 著　定価 7,800 円＋税

コミュニケーションへの言語的接近
　定延利之 著　定価 4,800 円＋税

発話行為から見た日本語授受表現の歴史的研究
　森勇太 著　定価 7,000 円＋税

［刊行のご案内］

日韓対照研究によるハとガと無助詞
　　金智賢 著　定価 7,800 円＋税

日本語語用論フォーラム 1
　　加藤重広 編　定価 4,800 円＋税

コミュニケーションのダイナミズム
自然発話データから
　　井出祥子・藤井洋子 監修　藤井洋子・高梨博子 編　定価 2,600 円＋税

［刊行のご案内］

学びのエクササイズ ことばの科学
　加藤重広 著　定価 1,200 円＋税

歴史語用論の世界
　文法化・待遇表現・発話行為
　　金水敏・高田博行・椎名美智 編　定価 3,600 円＋税